변호사
논증법

변호사 논증법

초판 1쇄 발행 2010년 8월 23일
초판 32쇄 발행 2024년 10월 21일

지은이 최훈

발행인 이봉주 **단행본사업본부장** 신동해
편집장 조한나 **디자인** 이석운 **일러스트** 부창조
마케팅 최혜진 이은미 **홍보** 반여진 허지호 송임선
국제업무 김은정 김지민 **제작** 정석훈

브랜드 웅진지식하우스
주소 경기도 파주시 회동길 20
문의전화 031-956-7355(편집) 02-3670-1123(마케팅)
홈페이지 www.wjbooks.co.kr
인스타그램 www.instagram.com/woongjin_readers
페이스북 www.facebook.com/woongjinreaders
블로그 blog.naver.com/wj_booking

발행처 ㈜웅진씽크빅
출판신고 1980년 3월 29일 제406-2007-000046호

ⓒ 최훈, 2010
ISBN 978-89-01-11244-2 03100

변호사 논증법

논쟁에서 이기기 위한 4가지 실전 논리

최훈 지음

웅진 지식하우스

아내와 딸에게

한 아이의 목숨이 달린 재판

길고 복잡한 일급 살인죄에 대한 청문이 끝났습니다. 증언도 들었고 법 해
석도 다 들었으니 이제 여러분의 임무는 사실을 판단하는 겁니다. 한 사람
이 죽었고 한 사람의 목숨이 달린 중대한 일입니다. 피고인의 유죄를 의심
할 만한 근거가 있다면 여러분은 무죄 평결을, 그렇지 않다면 유죄 평결을
내려주십시오. 어떤 결정이든 만장일치가 돼야 합니다. 일단 유죄로 평결
하면 재판관의 자비는 없을 겁니다. 이 경우 사형선고가 불가피합니다. 여
러분은 막중한 책임을 지고 있습니다, 고맙습니다.

살인 사건의 배심원이 된 열두 명의 사람들이 피고인의 유죄 여부를
두고 논쟁하는 모습을 그린 영화 〈12명의 성난 사람들〉의 첫 장면이
다. 내가 배심원이라고 생각해보자. 나의 평결이 한 사람을 죽음으로
몰고 갈 수 있다. 내 주장 하나하나에 피고인의 목숨이 달려 있다. 피
고인이 정말로 살인을 했다면 죽어도 싸다고 생각할 수 있지만, 만약
범인이 따로 있다면? 흠, 좀 무섭다.
한 사람이 이렇게 말한다.

글쎄, 이 애는 평생 학대받고 살았어요. 가난하게 태어나서 아홉 살 때 엄마가 돌아가시고 아버지가 위조범으로 감옥에 가자 고아원에 보내졌죠. 순탄한 삶은 아니었고 아이는 거칠고 반항적이죠. 왜일까요? 매일 맞고 자랐으니까요. 18년간 고달픈 인생을 보냈는데 몇 마디는 해야 하지 않을까요?

피고인은 불쌍한 아이구나. 그러나 이런 동정심이 내 판단을 흐리는 것은 아닐까? 불쌍하다고 해서 그것이 살인범이 아니라는 증거는 아니지 않은가? 그러나 다른 사람이 이렇게 말한다.

이런 애는 믿을 수 없어요. 평생 이런 애들을 봤는데 한마디도 믿으면 안 돼요. 거짓말을 밥 먹듯 하죠.

역시 나처럼 생각하는 사람이 있다. 동정할 가치가 없다. 그런데 이건 또 무슨 소리인가?

이봐요. 댁은 태어나서 거짓말을 한 번도 안 했소?

그래, 태어나서 거짓말을 한 번도 안 한 사람은 없지. 그런데 거짓말을 한 적이 있다고 해서 거짓말쟁이의 말은 믿으면 안 된다는 말을 못하나? 이거 잘 모르겠다.
또 다른 사람은 이렇게 말한다.

설명하긴 힘들지만 유죄라고 믿어요. 아니라고 증명하지도 못했잖아요.

유죄가 아니라고 증명을 못했으면 유죄인가? 그건 아닌 것 같은데. 다른 사람이 대답해준다.

그럴 필요가 없죠. 검사가 할 몫이니까요.

이 사람 말이 맞는 것 같다. 그렇지. 왜 유죄가 아니라는 걸 증명해야 해. 그건 검사가 해야지. 그런데 내 생각이 맞나?

난 그냥 유죄 같아요. 본 사람도 있잖아요. 내 생각은 이래요. 사적인 감정은 빼고 사실만 말하죠. 먼저 그 노인은 살인이 일어난 집 아래층에 살았어요. 살인이 있던 날 12시 10분에 싸우는 소리를 들었고 애가 "죽여버릴 거야." 하는 소리를 들었죠. 그러고 나서 마루에 넘어지는 소리가 나서 뛰어나가니 그 애가 계단을 내려와 도망치고 있었죠. 노인은 경찰에 신고했고, 가슴에 칼이 꽂힌 남자를 발견했소. 사망 추정 시간도 자정쯤이고요. 이게 사실이오. 사실로 볼 때 그 애는 유죄요.

역시 피고인이 유죄라는 증명이 나오고 있다. 이렇게 증거를 제시했으니 말이다. 증거는 또 있다. 길 건너에 사는 여자가 살인을 목격했다는 증언이 있다.

여자는 침대에 누웠는데 잠이 안 왔죠. 더워서 일어난 여자는 창 밖을 내다보다가 그 애가 아버지를 찌르는 걸 봤소. 그때가 12시 10분이고 모든 것이 맞아떨어져요. 전철길 옆에 창이 있어서 살인 장면을 봤대요. 전철이 움직이고 있었다잖아요. 승객은 없었다잖아요. 시내로 가는 거라서 불도 꺼져 있었고. 불이 꺼져 있을 때는 그 너머도 볼 수 있다고 증명해 보였잖아요.

피고인도 할 말이 있을 거다. 그 시간에 영화를 보고 있었다나.

그 애 얘기는 설득력이 약해요. 그때 영화를 보고 있었다는데 영화 제목이나 배우 이름도 기억 못했어요.

이런. 반박까지 나온다! 정말 유죄가 맞는 것 같다. 이젠 다 된 것 같다. 그런데 누가 이렇게 말한다.

빈민가에서 태어나 범죄의 소굴에서 자란 건 다 아오. 빈민가에서 자란 애들은 잠재적인 사회악이오.

또 다른 사람은 "거 말 한 번 잘했소. 그런 애들은 쓰레기요. 절대 봐줘선 안 되지."라고 맞장구친다. 그런데 이건 아닌 것 같다. 빈민가에 산 것이 유죄인 것과 관련이 있나? 논점에서 벗어난 것 아닌가? 내 의심을 다른 사람이 잘 꼬집어준다.

이봐요, 나도 평생 빈민가에서 살았소.

그런데 범죄자는 아니지 않은가?

이 아이는 유죄가 분명한 것 같다. 그러나 판사가 말한 것처럼 이 아이의 생명이 달린 문제다. 신중하게 결정해야 한다. 그런데 이 아이에게도 변호사가 있지 않았나? 누군가 이렇게 말했다.

변호인은 반대 심문도 제대로 안 했어요.

제대로 변호를 안 한 모양이다. 왜 그랬을까?

그 애 변호사도 유죄란 걸 알았소.

아무리 그래도 그렇지. 유죄란 걸 알아도 변호하는 것이 변호사가 할 일 아닌가? 누군가 옳은 소리를 했다.

내가 그 소년이라고 생각해봤어요. 다른 변호사를 요구했겠죠. 내 인생이 걸린 재판인데. 변호사가 증인을 그렇게 다루다니요.

그래야지. 변호사는 아무리 흉악한 범죄자라고 해도 피고인 편에서 변호해야 하는 것 아닌가?

이런 명백한 사건을 갖고도 변호사들은 쉴 새 없이 떠들어대죠. 그게 직업이잖아요.

이게 변호사가 할 일 아닌가?

자비로운 변호사

어떻게 하면 논리적으로 생각하고 말할 수 있을까? 업무 때문에 누군가를 설득해야 할 사람, 입학 시험이나 입사 시험을 준비하는 사람, 말하는 것을 직업으로 삼은 사람, 모두 그런 필요성은 느낀다. 논리적 사고력을 알려주는 책은 많다. 논리학과 수사학도 그런 것을 연구하는 학문이다. 그런데 이 책은 논리적 사고를 **변호사**에게 배우자고 말한다. 변호사만 논리적으로 생각하는 사람은 아니다. 판사도, 검사도, 그리고 기자도, 교수도 모두 논리적인 사람들이다. 그런데 왜 하필 변호사에게 배우나?

영화에서 한 배심원이 말한 것처럼 범인이 누군지 명백한 사건을 가지고도 쉴 새 없이 떠드는 것이 변호사가 할 일이다. 피고인이 유죄라는 것을 알아도 그에게 유리한 증거를 찾는 것이 변호사의 역할이다. 아니, 그럼 피고인이 유죄라는 것을 뻔히 알면서도 우기는 것이 변호사가 할 일이라는 것인가? 그것은 아니다.

이 영화에서 배심원 중 한 명(그가 주인공이다)은 소년이 범인이라는 증거를 뒤집는다. 첫 번째 증언에서 노인은 위층에서 싸우는 소리를 듣고 뛰어나가서 소년을 목격했다고 말했다. 그런데 그 노인은 발을 전다. 발을 저는 노인이 어떻게 뛰어갈 수 있는가? 두 번째 증언에서 길 건너 사는 여자는 창 밖으로 범행 현장을 목격했다고 말했다. 그런데 그 여자는 원래 안경을 쓴다. 코에 안경 자국이 있다. 자려고 누워 있었으면 안경을 안 쓰고 있었을 텐데 어떻게 창 밖의 사건을 제대로 목격할 수 있겠는가? 배심원도 아는 것을 변호사는 왜 몰랐을까? 피고인에 대한 관심의 차이다. 그 배심원도 그 소년이 정말 무죄라고 믿는 것은 아니다. 그리고 소년의 말을 다 믿는 것도 아니다. 그러나 그는 이렇게 말한다.

전부 유죄라고 하니 나까지 손을 들면 이 애는 그냥 죽게 될 것 아닙니까?

이런 **자비심** 때문에 그는 소년에게 유리한 증거를 찾게 된 것이다. 이 자비심은 원래 변호사의 것이다. 우리가 변호사에게 논리적 사고를 배운다는 것은 그의 자비심을 배운다는 뜻이다.

쉬운 논리, 착한 논리

우리가 변호사에게 배울 것은 화려한 말솜씨가 아니다. 상대방을 압도하는 논리 기술도 아니다. 그것만 배워서는 논리 문제를 푸는 기술자나 궤변론자가 될 뿐이다. 우리가 변호사에게 배워야 할 것은 바로 상대방에 대한 관심과 자비심이다. 그런 자비로운 마음을 가졌을 때 진정 논리적으로 생각할 수 있고, 결과적으로 논쟁에서도 이길 수 있다. 그리고 애먼 사람의 목숨도 구할 수 있다. 〈12명의 성난 사람들〉의 배심원처럼.

이 책은 논리학의 연구 성과를 바탕으로 한다. 그러나 논리학 책에서 가르치는 논리 기술은 배우기 어렵다. 열 몇 개의 논리 규칙, 또 그만한 수의 오류를 외워야 한다. 그 많은 것을 외우고 실제 상황에 정확히 적용하는 것은 불가능에 가깝다. 주장들이 제시되는 상황은 수학 공식처럼 딱딱 떨어지는 것이 아니라 이렇게도 볼 수 있고 저렇게도 볼 수 있는, '살아 있는' 맥락이기 때문이다. 이 책은 그 많은 논증과 오류의 이름을 외우는 대신에 마음가짐을 강조한다. 바로 자비로운 태도다. 그런 태도는 마음먹기에 달려 있다. 내 머리가 나쁜 것을 탓할 필요가 없다. 착한 마음, 자비로운 마음만 가지면 누구나 논리적인 사람이 될 수 있다. 그리고 논쟁에서도 이길 수 있다.

네 가지만 기억하라!

1부에서는 자비로운 해석의 원칙을 필두로 해서 **변호사 논증법**의 네 가지 원칙을 제시한다. 이 네 가지 원칙을 지켰느냐의 여부에 따라 올바른 주장과 올바르지 않은 주장을 판단한다. 고려해야 할 가짓수가 훨씬 적으므로 판단의 실수를 줄일 수 있다. 그리고 그 원칙들은 설득이 제시되는 구체적인 맥락에 적용되므로 정확하게 판정할 수 있다.

2부에서는 변호사 논증법의 네 가지 원칙이 실제 상황에서 어떻게 쓰이는지를 여러 사례와 논증 기법을 통해 보다 자세하게 다룬다. 물론 논리학에서 쓰이는 여러 논증이나 오류의 이름이 등장할 것이다. 그러나 그것들은 보조적인 역할을 할 뿐이다. 네 가지 원칙들만으로 도 〈12명의 성난 사람들〉의 배심원이 되었을 때 고민해야 할 문제들이 해결된다. 곧 논증에서 동정심이 논점을 흐리게 하는지, 거짓말을 한 적이 있는 사람은 상대방을 거짓말쟁이라고 비판할 수 없는지, 입증은 누가 해야 하는지, 근거는 어떻게 제시하고 어떻게 반박하는지, 언제 논점에서 벗어났는지를 어떻게 아는지 등을 판단할 수 있다.

변호사는 재판에서 승리하는 것이 목표이기는 하지만 법률과 규범에 맞게 변호한다. 얼핏 보면 설득력이 있어 보이지만 사실은 올바르지 않은 논증들이 있다. 변호사 논증법의 네 가지 원칙을 알게 되면 그런 논증들에 쉽게 넘어가지 않게 된다. "당신의 논증은 이러저러한 점에서 문제가 있습니다."라고 지적할 수 있고 그 지적이 옳기 때문에 훨씬 더 설득력이 있어서다. 그리고 설득을 하는 사람도 올바르지 않다는 비판을 받지 않고 정확하게 설득할 수 있다. 그런 편이 훨씬 더 효율적이다.

변호사가 논증하는 모습을 배워라. 그러면 올바르면서도 성공적으로 설득

할 수 있을 것이다. 이것이 이 책이 말하려는 바다. 변호사 논증법의 원칙들을 지켜서 논리적으로 설득했을 때 성공적인 설득인 동시에 올바른 논증이 된다. 반면에 그 원칙들을 지키지 않았다면 비록 설득에는 성공했더라도 올바른 논증이 되지는 못할 것이다. 그리고 설득의 대상이 되는 사람이 그 원칙들을 잘 알고 있다면 설득에도 성공하지 못할 것이다. 법을 모르는 어수룩한 사람은 다른 사람에게 속거나 그 사람을 따라서 불법적인 행동을 하게 된다. 마찬가지로 올바른 논증의 원칙을 모르는 사람은 다른 사람의 올바르지 않은 논증에도 넘어갈 수밖에 없다.

법과 규범이 중요하지만 그것만 가지고 살 수는 없다. 가끔은 거기서 일탈해야 재미있는 삶이 된다. 물론 다른 사람에게 피해를 주지 않는 한에서 그래야겠지만. 마찬가지로 올바른 논증의 원칙만 가지고 설득을 잘할 수 있는 것은 아니다. 이 책에서 경계하는 여러 전략들, 곧 오류가 실제 설득에서는 오히려 도움이 되는 것이 사실이다. 역시 다른 사람에게 큰 피해를 주지 않는 한(설득에서 피해는 주로 속이거나 방해하는 것이다), 그런 전략들을 적절히 구사하면 더 생산적인 설득이 되는 것은 분명하다. 그러나 그런 전략을 알려주는 책은 많다. 내가 잘 아는 분야도 아니다. 이 책에서는 올바른 논증의 원칙을 배우고 적용해보라.

2
실전 논리 비법

고 | 시청자의 눈물 : 동정심에의 호소 | 실전 논리 비법 : 감정은 참조만 하라

변호사 논증법이란?

Chapter 1

말의 힘, 진실의 힘
변호사 논증법의 네 가지 원칙

변호사 논증법의 세계에 들어가기에 앞서 **논증**이 무엇인지부터 알아보자. 논증의 궁극적인 목적은 상대를 설득하는 것이다. 단 원칙에 맞게 **논리적으로 설득**하는 것이다. 논증은 기본적으로 대화의 형태로 되어 있다. 사설, 광고, 연설처럼 이쪽에서 저쪽을 향해 일방적으로 메시지를 전하는 것처럼 보이는 경우에도 사실은 대화를 통해 논증을 하는 것인 경우가 많다. 사설을 읽고 광고를 보는 우리 역시 머릿속에서 그것을 작성한 사람과 메시지를 주고받기 때문이다. 따라서 일방적인 것은 논증이 아니다. 행인이 길을 묻는 것이나 선생님이 학생에게 답을 묻는 것은 논증이 아니다. 분명한 '정답'이 있을 뿐, 설득을 위한 서로 다른 '의견'은 없기 때문이다.

논증은 말싸움과도 다르다. 변호사 역시 재판에서 이기려고 하지만 어디까지나 '논리'를 통해서 이기려고 한다. 반면 말싸움에는 그런 것이 없다. 각자 자기주장만 우긴다. 누가 옳고 그른지에 대한 분명한 원칙이 없으니 싸움은 경찰서에 가서야 끝난다.

논증은 합리적이고 논리적인 방법으로 상대를 이기고자 하는 '대화의 스포츠'다. 분명한 룰이 있고, 페어플레이를 해야 하고, 결과에 승복해야 한다. 그래서 논증은 아주 세련된 대화의 기술인 동시에 누구라도 참여하면 거기에 복종할 수밖에 없는 절대 게임이다. 이것이 바로 논증의 힘이다. 잘난 척하는 김 대리도, 자기 멋대로인 교수님도, 공부 잘하는 친구 녀석도 꼼짝 못하게 만들 수 있다. 깊이 생각하고 잘 벼린 논증 앞에서는 권위도, 지위도 무용지물이다. 말의 힘이고 진실의 힘이다. 그리고 논리의 힘이다.

· · · · · ·
첫 번째 원칙
자비로운 해석의 원칙 + 역지사지의 원칙

그런데 막상 나와 다른 생각을 가진 사람을 만날 때 대다수 사람들은 '대화의 스포츠'인 논증을 하려 들지 않는다. 주로 "말도 안 돼!"라거나 "들어보나 마나 아니냐."라는 비판이 주를 이룬다. 그 정도는 점잖고 "미친×아냐?"라는 욕설도 듣는다. 이런 사례는 흔하다. 그러나 나와 반대되는 의견을 가진 사람일수록 그 의견에 이르게 되는 데는 어떤 특별한 근거가 있을 것이라는 생각을 왜 못할까? 세상 사람들은 모두 다 나만큼 똑똑하다. 그런데 그들이 내가 보기에 그렇게 말도 안 되는 주장을 했을 때는 그 나름의 고민이 있었을 것이라고 자비를 베풀어서 생각해봐야 한다. 이것은 그 사람의 주장이 옳다고 인정하라는 것이 아니다. 그 사람이 그렇게 터무니없는 주장을 했을 때는 뭔가 이유가 있을 것이라고 생각하고 그 이유를 들어본 다음에 조목조목 비판하는 것이 더 효율적이라는 것이다.

논리복음 1장 1절

변호사 논증법에 대해서 이야기하다가 갑자기 웬 자비가 튀어나오는가 싶겠지만 나는 자비야말로 논리적 설득을 가능하게 하는, 가장 좋은 덕목이라고 생각한다. 자비는 본디 종교에서 말하는 것이다. 그런데 종교에서 우리에게 베풀라고 말하는 자비나 지금 상대방의 주장을 자비롭게 해석하라는 것이나 그 정신은 똑같다. 석가모니나 예수가 사랑 또는 자비를 베풀라고 말할 때 나에게 잘하는 사람에게 그러라고 하셨을까? 예수는 다음과 같이 말했다.

> 너희가 만일 자기를 사랑하는 사람만 사랑한다면 칭찬받을 것이 무엇이겠느냐? 죄인들도 자기를 사랑하는 사람은 사랑한다. 너희가 만일 자기한테 잘해주는 사람에게만 잘해준다면 칭찬받을 것이 무엇이겠느냐? 죄인들도 그만큼은 한다. 너희가 만일 되받을 가망이 있는 사람에게만 꾸어준다면

칭찬받을 것이 무엇이겠느냐? 죄인들도 고스란히 되받을 것을 알면 서로 꾸어준다. 그러나 너희는 원수를 사랑하고 남에게 좋은 일을 해주어라. 그리고 되받을 생각을 말고 꾸어주어라. 그러면 너희가 받을 상이 클 것이며 너희는 지극히 높으신 분의 자녀가 될 것이다. 그분은 은혜를 모르는 자들과 악한 자들에게도 인자하시다. | 루가복음 6장 32-35절 |

한마디로 말해서 내게 잘못하는 사람에게도 자비를 베풀라는 것이다. 내게 잘해주는 사람에게 잘하는 것은 예수의 말씀대로 죄인들도 할 수 있다. 요즘 식으로 말하면 조직폭력배도 하는 짓이다. 조직폭력배는 자기에게 충성을 바친 사람의 뒤를 얼마나 잘 봐주는가? 그렇다고 그런 것을 삶의 규범으로 삼을 수는 없지 않은가?

위 예수의 말씀을 패러디하여 논리적 설득에 대해서도 똑같이 말해볼 수 있다.

너희가 만일 자기와 의견이 같은 사람의 주장만 받아들인다면 칭찬받을 것이 무엇이겠느냐? 비논리적인 사람들도 자기와 의견이 같은 사람의 주장은 받아들인다. 그러나 너희는 자기와 의견이 다른 사람의 주장을 받아들이고 그 사람이 왜 그런 말을 했을까 그 근거를 생각해보아라. 그러면 너희는 논리적인 사람이 될 것이다. | 논리복음 1장 1절 |

상대방의 주장에 자비를 베풀어 최대한 합리적인 주장으로 해석하라. 이것이 변호사 논증법의 첫 번째 원칙인 **자비로운 해석의 원칙**이다. 상대방의 주장을 액면 그대로 해석해서 잘못부터 찾아낼 것이 아니다. "나라면 저런 뜻으로 주장했을 거야."라고 상대방에게 감정이입을 한 다음 선의로 해석해서 가능한 한, 가장 강한 주장이 되게 해야 한다. 왜 그런 수고를 해야 할까? 종교에서의 자비는 착한 사람이 되기 위해서다. 그럼 설득을 할 때는 왜 상대방의 주장에 대해 자비를 베풀라는 것일까? 왜 논리적인 사고를 하면서도 착한 사람이 되라는 것일까? 두 가지 이유 때문이다.

첫째는 그것이 주장을 펼치는 상대방을 합리적인 사람으로 인정하는 것이기 때문이다. 사회를 이루고 살아가는 우리에게 효과적인 의사소통이란 생존을 위해서 꼭 필요한 것이다. 그리고 효과적으로 의사소통하기 위해서는 내가 상대방을 합리적인 사람이라고 인정해야 상대방도 나를 합리적인 사람이라 간주할 것이다. 안 그러겠는가? 내가 상대방을 무시하는데 상대방이 나를 인정하겠는가?

싸움에서 헛발질하지 않으려면

둘째는 현실적인 이유에서다. 논리적이라는 것은 나쁘게 말하면 계산적이라는 뜻일 수도 있는데 자비를 베풀어야만 토론에서 상대방의 본뜻을 오해하는 일이 일어나지 않게 된다. 상대방이 합리적인 사람이라고 인정한다는 것은 그 사람의 주장을 가능한 한, 가장 좋은 논증이 되도록 해석해야 한다는 뜻이다. 예를 들어 어떤 사람이 "일본 사람들은 친절해."라고 말했다고 하자. 우리는 이 주장에 대해서 쉽게 반박할 수 있다. "무슨 소리야, 내가 만난 일본 사람 중에는 친절하지 않은 사람도 있어."라고 말이다. 그러나 원래 "일본 사람들은 친절해."라고 주장한 사람이 친절하지 않은 일본 사람이 있다는 것을 모르고 이런 주장을 했을까? 그 사람은 비록 불친절한 사람도 있지만 "일본 사람들은 대체로 친절하다."라는 의도로 그런 주장을 했을 것이다. 그런데 그 주장을 "일본 사람들은 모두 친절하다."라는 주장으로 이해했다면 오해한 것이다. 간단한 예지만 이것이 바로 상대방의 주장에 대해 자비를 베풀어야 되는 까닭이다.

상대방의 주장을 비판하기 쉽게 아주 약한 주장으로 해석하는 것을 **허수아비 공격의 오류**라고 부른다. "일본 사람들은 대체로 친절하다." 라는 주장은 비판하기 어렵지만 "일본 사람들은 모두 친절하다."라는 주장은 비판하기 아주 쉬운 허수아비다. 그런 허수아비를 공격

> **허수아비 공격의 오류 :** 상대방의 주장을 왜곡해서 본디 주장보다 약하게 만들어놓고 공격한 다음에 본디 주장이 틀렸다고 반박하는 경우를 말한다. 공격을 받은 주장, 곧 허수아비 주장은 본디 주장과 같지 않으므로 허수아비 공격은 오류다.

해서 이겨봐야 무슨 소용이 있는가? 상대방은 원래 그런 주장을 한 것이 아니므로 헛발질을 한 것일 뿐이고, 오히려 단박에 상대방에게서 반박이 들어올 것이다. 자신의 주장을 오해했다고 말이다. 따라서 "들어보나 마나 아니냐."보다는 "저 사람 이야기를 일단 들어봅시다."와 같은 태도가 필요하다. 반박은 그 이후에 해도 늦지 않다.

특히 대화를 나눌 때보다 주장을 글로 쓸 때 자비를 베푸는 것이 더 중요하다. 대화를 나눌 때는 상대방의 주장을 오해했더라도 금방 반

박이 들어오기 때문에 쉽게 자신의 잘못을 고치거나 자신의 본뜻을 밝힐 수 있다. 그러나 글은 피드백이 느리다. 상대방에게 자비를 베풀지 않고 오해를 한 글은 오해를 한 상태로 한참 동안 남아 있을 수밖에 없다. 만약 그 글이 논술이나 보고서라면 당연히 좋은 평가를 받기 힘들다. 이 주제를 오해했다고 다시 써오라고 할 수 없으니 말이다. 그런 글을 쓴 당사자가 유명한 사람이라면 여기저기서 비판 글이 쏟아질 것이다. 그 사람은 그것을 보고 자기주장을 수정하거나 해명할 것이다. 그러나 글을 쓴 사람이 평범한 사람이라면? 읽는 사람은 이런 엉터리 같은 주장이 있나 하고 무시해버릴 것이다. 무시를 당하지 않기 위해서라도 자비를 베풀라.

우리 사회에서 얼른 받아들이기 힘든 주장일수록 자비를 베풀기가 힘들다. 가령 우리는 "독도는 일본 땅이다.", "개고기를 먹는 것은 야만적이다.", "마약 복용은 범죄행위가 아니다."와 같은 주장을 듣고는 바로 말도 안 되는 소리라고 비판하는 경향이 있다. 그 주장들이 옳다고 받아들이라는 것이 아니다. 그런 주장을 하는 근거가 무엇인지 제대로 알고 그 근거에 대해서 검토해야 그 주장들을 효과적으로 비판할 수 있다. 나와 의견이 다르다고 해서 부르대면 토론에서 진다. 논리적으로 설득하기 위해서는 자비심을 가지고 차분해져야 한다.

나는 자비로운 해석의 원칙이 가장 잘 실현되는 곳이 변호사의 논증이라고 생각한다. 변호사는 고대 그리스의 소피스트처럼 돈을 벌기 위해 혈안이 되어 있으므로 자비와 거리가 먼 사람처럼 생각되지만 그렇지 않다. 프롤로그에서도 말했지만 변호사들은 자신이 심정적으

| 변호사 논증법을 익히는 첫 걸음 |

기존 지식과 선입견으로는
옳다고 또는 옳지 않다고 생각되는 주장이라도
모든 가능성을 의심해보라.
그리고 합당한 근거를 찾아라.
아버지를 죽인 자식의 변호를 맡았다고 할지라도.

로 동조하지 않는 의뢰인의 사건이라고 할지라도 자신의 일처럼 적극적으로 변호해야 한다. 가령 아버지를 죽인 자식의 변호를 맡았다고 생각해보자. 변호의 가치가 전혀 없는 파렴치범이라고 생각하기 전에 정말로 이 사람이 아버지를 죽였는지, 죽인 것이 맞는다면 아버지를 죽일 수밖에 없었던, 이해할 만한 이유가 있는지를 찾아보는 것이 변호사의 자세다. 이것은 바로 자신의 기존 지식과 선입견으로는 옳다고 또는 옳지 않다고 생각되는 주장이더라도 모든 가능성을 의심해보고 합당한 근거를 찾는 자비로운 해석의 원칙이기도 하다. 변호사가 기존 지식과 선입견을 버리고 사건을 바라보는 것—비록 그것이 돈 때문이든 또는 변호사의 윤리 때문이든—은 사실 논리적인 사람이 가장 먼저 갖추어야 할 열린 자세다. 우리는 그 점을 배워야 한다.

논증을 할 때 나와 반대되는 쪽의 변호사가 되어 그쪽 입장에서 생각해보라. 그것은 반대쪽을 논리적으로 설득할 수 있는 가장 좋은 전략이다. 독도가 우리 땅이라고 생각하더라도 독도가 일본 땅이라고 주장하는 쪽의 변호인 또는 대변인이 되어보라. 그러면 상대방이 꺼낼 수 있는 무기를 먼저 알아내어 거기에 대비할 수 있다. 우리나라 사람들은 대부분 독도가 당연히 우리 땅이라고 생각하므로 그렇게 자비를 베풀지 않아도 우리끼리는 그럭저럭 넘어갈 수 있다. 그러나 국제사회로 가면 사정이 달라진다. 독도 영유권 문제가 국제적인 이슈가 되었을 때 국제사회가 무조건 우리 편을 든다는 보장이 어디 있는가? 그럴 때 독도가 일본 땅이라는 근거들을 전혀 모르고 있다가는 불의의 일격을 당할 수밖에 없다. 상대방을 더 잘 이해하게 되면 상대방을 더 잘 비판할 수 있다. 자비로운 해석의 원칙은 그것을 가능하게 해준다. 일종의 가상 스파링 또는 시뮬레이션인 셈이다. 그런데 허수아비와 스파링을 할 것인가? 상대방을 세게, 곧 합리적으로 해석하라. 상대방을 이기기 위해서는 변호사처럼 논증하라.

악마의 변호사가 되어보라 : 역지사지의 원칙

자비로운 해석의 원칙은 상대방의 논증뿐만 아니라 나의 논증에도 적용된다. 내가 변호사가 되었다고 해보자. 나는 당연히 내 주장이 옳다고 생각하므로 그 주장을 뒷받침하는 증거(근거)도 받아들인다. 그러나 판사가 그것을 꼭 받아들일까? 알 수 없다. 그러므로 입장을 바꿔 판사의 입장이 되어서 생각해보아야 한다. 그래서 상대방(판사)도 받아들일 수 있는 증거라면 그 증거가 뒷받침하는 주장은 상대방이 받아들일 가능성이 굉장히 커진다. 그러면 나는 논증의 원래 목표, 곧 상대방의 설득을 성공적으로 달성하게 된다. 반면에 상대방이 받아들일 수 없다는 생각이 든다면 다른 증거를 찾아보든가, 아니면 그 증거를 뒷받침할 또 다른 증거를 찾아봐야 한다.

판사는 그래도 중립적인 사람이다. 자비로운 해석의 원칙에 정말로 충실하다면 더 나아가 나와 다투는 상대편 변호사나 검사의 입장에서도 내 증거를 받아들일 수 있는지 생각해봐야 한다. 이른바 '악마의 변호사'가 되어보는 것이다. 로마 가톨릭에서는 누군가를 성인(聖人)으로 추대하고 싶을 때 그 사람이 정말로 성인이 될 자격이 있는지 비

악마의 변호사 : 로마 가톨릭에서 누군가를 성인으로 추대하려고 할 때 성인 추대를 찬성하는 '하느님의 변호사' 쪽 논증을 반박하는 역할을 맡는다. 1587년에 도입되어 1983년에 없어졌다. 그런데 위키피디아에 따르면 악마의 변호사가 없어진 후 추대된 성인의 수가 급격히 늘었다고 한다.

판적인 시각으로 조사하게 하는데 그 역할을 맡은 사람이 바로 악마의 변호사다. 이 사람은 사사건건 시비를 걸고 부정적인 면만 뒤져서 찾아낸다. 그 사람의 비판도 견디어낸다면 정말로 강한 근거가 되지 않겠는가?

내가 누군가와 논쟁을 한다. 당연한 말이지만 주장이 다르니까 논쟁을 한다. 그러나 상대방을 설득하기 위해서는 내 주장을 뒷받침할 근거를 상대방이 받아들일 수 있어야 한다. 그런데 그것은 상대방의 입장에서 생각해봐야 한다. 내가 과연 저 사람의 입장이라면 내가 제시하는 이 근거를 받아들일 수 있을까라고 생각해보는 것, 이것이 곧 역지사지의 정신이다. 이러한 정신을 **역지사지의 원칙**이라고 이름 붙여보자. 역지사지의 원칙은 자비로운 해석의 원칙과 비슷한 것으로서 별도의 원칙이라고 볼 수는 없지만 중요하므로 따로 이름을 붙여보자.

내가 여자는 치마만 입어야 한다고 생각한다고 치자. 나는 치마가 여자답다는 것을 근거로 든다. 나는 다른 사람들도 이 근거를 받아들일 수 있는지 없는지는 모른다. 그러므로 입장을 바꿔서 상대방의 입장이 되어 생각해보아야 한다. 상대방도 받아들일 수 있다고 생각된다면 상대방이 내 주장도 받아들일 가능성이 굉장히 커진다. 그러면 나는 논증의 원래 목표, 곧 상대방의 설득을 성공적으로 달성하게 된다. 반면에 상대방이 받아들일 수 없다는 생각이 든다면 다른 근거를 찾아보든가, 아니면 여자는 치마만 입어야 한다는 주장을 버려야 한다.

입장을 바꿔서 생각해본다니 참 좋은 말인 것 같다. 그러나 상대방 입장에서 죽어라고 생각만 해본다고 그 입장이 뭔지 생각이 날까? 그래서 대화와 소통을 강조하는 것이다. 아무리 똑똑한 사람도 다르게 생각하는 데는 한계가 있다. 여러 사람, 특히나 나와 반대편에 있는 사람, 그 사람이 '악마'라고 하더라도 만나서 이야기해봐야 그 한계를 극복할 수 있다. **자비로운 해석의 원칙**과 **역지사지의 원칙**은 이 책 곳곳에서 강조될 것이다.

· · · · · ·
두 번째 원칙
근거 제시의 원칙 + 근거 확인의 원칙

논증은 어떻게 진행될까? 국가를 상대로 담배를 불법화해달라는 소송을 제기했다고 해보자.

변호사 : 흡연은 불법화해야 합니다.

판　사 : 자세히 말씀해보세요.

변호사 : 다른 식품은 발암물질이 조금이라도 발견되면 몽땅 폐기 처분하잖습니까?

판　사 : 그렇지요.

변호사 : 담배에는 62가지의 발암물질이 들어 있습니다. 그런데 왜 없애지

　　　　않습니까?

　변호사와 판사가 '담배 불법화'를 논점(이슈)으로 토론을 하고 있다. 더 정확하게 말하면 담배는 불법화되어야 한다고 변호사가 판사를 설득하고 있다. 판사도 이미 담배는 불법화되어야 한다고 생각하고 있다면 이런 설득 과정은 굳이 필요 없을 것이다. 그 주장을 판사가 받아들이지 않기 때문에 변호사는 논증이라는 과정을 통해 상대방이 그 주장을 받아들이도록 설득하는 것이다.

　그 주장을 받아들이게 하는 가장 쉬운 방법은 위협을 하거나("너 내 말 안 들으면 죽어!") 세뇌를 시키는 것이다(세뇌가 논증보다 시간은 오래 걸리지만 더 쉬울 수 있다). 그러나 우리는 그런 것을 논증이라고 하지 않는다. 논증을 통한 설득은 합리적인 방법을 사용한다.

법정의 기본 공식

앞의 논증에서는 "모든 식품은 발암물질이 조금이라도 발견되면 전부 폐기 처분한다."와 "담배에는 62가지의 발암물질이 들어 있다."가 **근거**가 된다. 이 근거들을 상대방이 받아들이고 있는지 확인한다. 그리고 그 근거들로부터 자신이 하고자 했던 **주장**을 이끌어낸다. 이것이 **논증**이다. 만약 상대방이 합리적인 사람이라면 그 근거들을 받아들일 경우 그리고 그 근거들에서 주장이 올바로 도출된다는 사실을 확인할

경우 담배는 불법화해야 한다는 주장을 받아들일 것이다. (앞에 소개한 변호사의 논증은 다른 식품과 담배의 비슷한 점에 근거해서 주장을 펼친다는 점에서 유비 논증이다. 유비 논증은 10장에서 설명하겠다.)

상대방이 받아들일 수 없는 주장을 상대방에게 설득하기 위해서는 상대방이 받아들일 수 있는 근거를 제시하라. 그리고 상대방의 논증에서 그런 근거를 찾아라. 이것이 변호사 논증법의 두 번째 원칙인 **근거 제시의 원칙** 그리고 **근거 확인의 원칙**이다. 나와 의견이 다른 상대방을 논증

> **소크라테스 대화법 :** 소크라테스는 대화 상대방이 어떤 근거들을 받아들이는지 확인한 다음에 거기서부터 자신이 원하는 결론을 이끌어 내는 방법을 사용했다. 그런 대화법을 소크라테스 대화법이라고 한다. 1970년대의 미국 드라마 〈하버드 대학의 공부벌레들〉은 로스쿨을 배경으로 하는데 거기서 킹스필드 교수는 소크라테스 대화법을 사용한 것으로 유명했다. 그러나 학생들에게 질문을 계속 던지는 것뿐이지 진정한 소크라테스 대화법은 아니었다.

을 통해 설득하는 것은 쉬운 일이 아니다. 그러나 그러기 위해서는 근거 제시의 원칙을 적용해야 한다. 내가 아니라 상대방이 받아들일 수 있는 근거로부터 시작하라. 거기서 이런 주장이 따라 나오므로 당신은 이 주장을 받아들이지 않으면 안 된다는 방식으로 논증을 펼쳐야 한다. 한편 설득의 대상이 되는 상대방은 근거 확인의 원칙을 기억해야 한다. 그는 자신을 설득하는 사람이 무슨 근거를 제시하고 있고 그 근거가 자기가 받아들일 수 있는 것인지를 알아야 한다. 그 근거에 바탕을 두고 설득을 당하든 비판을 하든 해야 한다.

근거 제시의 원칙과 근거 확인의 원칙은 판사를 설득해야 하는 변호사에게 필수적이다. 그는 자기 자신 또는 자신의 의뢰인을 설득하는 것이 아니라 상대방, 곧 판사를 설득하는 것이다. 그러기 위해서는 자

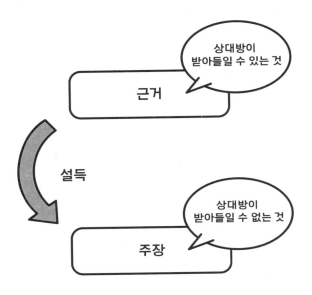

| 주장과 근거, 그리고 논증 |

내 주장을 상대방에게 설득하려면
상대방이 받아들일 수 있는 근거를 제시해야 한다.
이 과정이 곧 논증이다.
논리학에서는 '근거'와 '주장' 대신에 '전제'와
'결론'이라는 말이 더 많이 쓰인다.
이 책에서는 전제와 결론이라는 말도 쓰겠지만
주로 근거와 주장을 가지고 논증을 설명하겠다.

신이 받아들이는 근거가 아니라 판사가 받아들일 만한 근거들을 찾는다. 그래서 그 근거들로부터 이러이러한 주장이 따라 나오므로 이 주장을 받아들일 수밖에 없지 않느냐고 논증을 하는 것이다. 또 변호사는 검사나 상대방 변호사를 비판하기 위해서 그가 어떤 근거들을 제시하는지 확인한다. 이것을 잘하기 위해서는 상대방의 입장에서 생각해야 한다. 곧 자비로운 해석의 원칙이 필요하다. 변호사들은 이런 것들을 잘 알고 있다. 우리는 그 점을 배워야 한다.

주장 있는 곳에 근거 있다

이런 기본이 갖추어지지 않은 논증이 굉장히 많다. 그뿐만 아니라 논증을 하는 당사자나 상대방 모두 그것을 금방 알아차리지 못할 때도 있다. 근거 제시 및 확인의 원칙을 어기는 경우는 크게 두 가지다. 하나는 근거를 아예 제시하지 않는 경우다. 옛날에도 그랬지만 요즘 아이들은 이유를 물어보면 '그냥'이라는 말을 참 많이 쓴다. 워낙 많이 써서 인터넷에서는 그 두 글자도 '걍'이라고 한 글자로 줄여 쓴다. 아무 근거도 제시하지 않을 때 또는 못할 때 쓰는 말이다.

애들이니까 그렇지 토론을 할 때 그런 경우가 있겠느냐고 생각할지 모르지만 의외로 많다. 마치 고장 난 녹음기처럼 자신의 주장만 반복하고 왜 그런지 근거는 제시하지 않는 것이다. "독도는 우리 땅이다."라고 주장하는 우리나라 사람에게 물어보라. 왜 우리나라 땅인지 근거를 제시할 수 있는 사람이 얼마나 될까? 독도는 우리나라 땅이 아니라는 것이 아니다. 그런 주장만 하지 근거를 제시하지 못한다는 말이다.

논증 상대방도 논증을 펼치는 사람이 무슨 근거를 제시했는지 아예 확인해보려고 하지 않는다. 소설가 복거일 씨 같은 사람은 영어 공용화를 주장한다. 그리고 많은 사람들은 복거일 씨의 주장에 반대한다. 그러나 막상 복거일 씨가 무슨 근거를 가지고 영어 공용화를 주장하는지 아는 사람은 별로 없다. 복거일 씨는 분명히 어떤 근거를 가지고 주장을 하고 있을 텐데 그 근거는 쏙 빼고 주장만 가지고 그를 비난하는 것이다.

국문학자인 마광수 교수를 싫어하는 사람도 많았다. 방송 프로그램에 마 교수와 함께 출연해야 한다는 말을 듣고 거절한 다른 교수가 있었다. 그 교수에게 마 교수의 글을 읽어본 적이 있느냐고 물었더니 "내가 왜 그 사람 글을 읽어요?"라고 대답했다고 한다. 자기가 싫어하는 사람의 주장만 알고 있지 그 사람이 무슨 근거로 그런 주장을 하는지 알려고도 안 하는 것이다. **논증은 근거와 주장이 항상 쌍으로 묶여 다닌다.** 잊지 마라.

근거 제시 및 확인의 원칙을 어기는 또 하나의 경우는 근거를 제시하기는 하지만 잘못된 근거를 제시할 때다. 이 책에서는 그런 잘못된 근거를 여러 가지 보여줄 것이다. 틀린 말이어서 근거로 받아들일 수 없는 경우(5장), 상대방이 동의할 수 없는 것을 근거로 제시하는 경우(6장), 맞는 말이긴 하지만 논점에서 벗어난 경우(7장, 8장, 9장) 등이 그런 예들이다.

다음 원칙으로 넘어가기 전에 잠깐! 앞에서 상대방이 합리적인 사람이라면 자신이 받아들일 수 있는 근거가 제시되었고 거기서 주장이 올바르게 도출되는 경우 그 주장을 받아들일 것이라고 말했다. 그러면 합리적이지 않은 상대방은 어떤 사람을 말할까? 자신이 받아들일 수 있는 근거에서 주장이 올바르게 도출되더라도 그 주장을 받아들이지 않는 사람이다. 독불장군이고 몽니를 부리는 사람이다. 권위만 내세우는 아버지가 대표적이다. "아버지, 이렇고 저렇고 해서 이렇게 하려고 해요."라고 조목조목 설명하면 권위만 내세우는 아버지는 이런 식이다. "시끄럽다. 아버지가 제일 잘 알아! 내가 너보다 몇 년을 더 산 줄 알아! 다 니들 잘 되라고 하는 거야!"(2009년 6월 30일자 〈한겨레〉의 김현진 씨 칼럼에 이런 내용이 나온다.)

이런 사람과는 합리적인 토론이 되지 않는다. 뭔가 다른 방법을 써야 한다. 한 귀로 듣고 한 귀로 흘리는 방법도 가능하다. 그러나 무시하지 않고 굳이 설득해야 한다면 풍자나 위협이나 조롱 같은 전략이 더 효과적이다. 그러나 그 방법을 알려주는 것은 이 책의 범위 밖이다. 우리는 어디까지나 합리적인 대화가 가능한 사람끼리의 논리적 설득 방법에 대해 이야기하고 있음을 잊지 마라.

. . . . .
세 번째 원칙
입증의 책임 원칙 + 입증의 권리 원칙

사형제 폐지를 놓고 또다시 헌법재판소에 위헌 소송이 제기된다고

해보자. 그래서 공청회가 열렸다. A는 사형제 폐지를 찬성하는 변호사다.

> A : 모든 인간은 인권을 가지고 있죠?
>
> B : 그렇죠.
>
> A : 다른 사람에게 죽임을 당하지 않는 것은 인간의 권리죠?
>
> B : 그렇죠.
>
> A : 흉악범도 인간이지 않습니까?
>
> B : 당연한 것 아닙니까?
>
> A : 그러니까 흉악범이라고 해도 사형시키면 안 됩니다.

사형제를 반대하는 A는 상대방이 받아들일 만한 근거들을 하나하나 내놓는다. 그리고서 그것을 전제로 해서 B에게 사형제는 없어져야 한다는 주장을 설득하고 있다. 이 정도면 A는 근거 제시의 원칙을 충실하게 지키고 있는 셈이다.

B가 사형제를 찬성하는 사람이라면 어떻게 대꾸해야 할까? 일단은 자신의 주장을 철회하는 것이 가능하다. 아무리 생각해봐도 상대방이 제시한 근거들이 자신이 다 받아들이는 것들이고 거기서 상대방의 주장이 옳다는 결론이 나올 수밖에 없다고 생각된다면 사형제를 찬성하던 그동안의 주장을 철회해야 한다. 그것이 몽니쟁이가 아닌 합리적인 논쟁 참여자의 자세다.

반면에 B는 사형제를 계속 찬성할 수도 있다. 그러기 위해서는 두 가지 방법이 가능하다. 하나는 상대방이 제시한 근거들 중에서 하나를 부인하는 것이고, 다른 하나는 그 근거를 모두 인정해도 사형제를 폐지해야 한다는 결론이 따라 나오지 않는다고 지적해야 한다. 첫 번째 방법의 예로는 모든 인간은 인권을 가지고 있다는 근거가 잘못되었다고 주장할 수 있다. 두 번째 방법의 예로는 상대방이 말한 모든 근거를 인정하지만 인권도 특별한 경우에는 제한할 수 있다거나 헌법의 인권보다 국민감정이 우선한다고 응수할 수 있다.

논증은 상대방이 받아들일 수 있는 근거를 이용해서 상대방을 논리적으로 설득하는 과정이라고 했다. 논쟁에 참여하고 있는 당사자들은 논증의 그런 목적을 달성하기 위해 최선을 다해야 할 책임도 있고 권리도 있다. A는 먼저 그 책임을 다했다. 그 나름대로 적절한 근거를 이용해서 주장을 펼쳤다. 그러면 입증의 책임은 B에게 넘어간다. 그는 거기에 대해서 대답해야 할 의무가 있다. 그 의무를 완수하지 않는다면 이 논쟁에서는 A가 B를 설득하는 데 성공했다고 볼 수밖에 없다. 한편 A는 B가 자신의 의견을 말할 기회를 빼앗아서는 안 된다. 그의 입증의 권리를 존중해줘야 하는 것이다.

이렇게 논리적인 설득에 참여하는 사람들은 자신의 주장이 옳음을 밝힐 책임과 권리가 있다. **입증의 책임이 있는 사람은 그 책임을 회피하지 마라. 그리고 상대방이 가진 입증의 권리를 침해하지 마라.** 이것이 변호사 논증법의 세 번째 원칙인 **입증의 책임 원칙과 입증의 권리 원칙**이다. 입증의 책임과 권리는 법정의 가장 기본적인 규칙이다. 법정은 판사라는 심판관이 있기 때문에 원고와 피고 측 변호사 또는 검사와 변호사 중 누가 입증의 책임을 지고 누가 입증의 권리가 있는지 명쾌하게 판단한다. 변호사는 혹시 책임과 권리의 분배가 공정하게 이루어지지 않으면 그것을 지적한다. 가령 "판사님, 원고 측은 입증의 책임을 부당하게 피고에게 떠넘기고 있습니다."라고.

정치인 vs. 언론 : 입증의 책임

먼저 입증의 책임에 대해 이야기해보자. 사형제 찬반 논쟁의 경우처럼 입증의 책임은 논쟁에 참가하는 당사자들 사이에서 탁구공처럼 왔다 갔다 한다. 사형제에 반대하는 A가 먼저 주장을 펼쳐서 사형제에 찬성하는 B에게 입증의 책임을 넘겼다. 만약 B가 A의 주장에 적절하게 대거리한다면 입증의 책임은 다시 A에게 넘어갈 것이다. 그렇게 서로 지지 않으려고 겨루다가 어느 한쪽이 입증의 책임을 완수하지 못하면 논쟁에서 지게 된다.

입증의 책임이 현재 누구에게 있는지 정확히 알아야 한다. 그렇지 않으면 자기에게 입증의 책임이 없는데도 부담을 져서 불리한 입장에 처하게 된다. 가령 언론이 어떤 정치인의 뇌물수수 의혹을 보도했다고 해보자. 언론과 정치인 중 누구에게 입증의 책임이 있을까? 언론이 어느 정도의 증거를 가지고 의혹을 제기하느냐에 따라 다르다. 만약 아무 증거도 없이 글자 그대로 의혹 수준이라면 정치인에게는 입증의 책임이 전혀 없다. 또 그 언론이 '찌라시' 수준이라면 무시해도 괜찮다. 혹시 영향력 있는 언론이라면 구체적인 증거를 밝히라고 그 언론에 입증의 책임을 떠넘겨야 한다. 반면에 의심할 만한 상당한 증거를 제시해 보도했다면 그때는 정치인이 입증의 책임을 져야 한다.

논증이라는 게임에서는 입증의 책임이 누구에게 있느냐에 따라 특정 입장에 어드밴티지가 주어지므로 입증의 책임은 중요한 문제다. 2장에서는 어느 쪽에 입증의 책임이 있는지 상세하게 밝힐 것이다. 그전에 대충 말해보면 당연히 먼저 문제 제기를 하는 쪽에 입증의 책임이 있다. 사형제를 반대하는 쪽이나 특정 정치인이 뇌물을 받았다고 주장하는 언론처럼 사람들에게 딴지를 거는 쪽은 근거 제시의 원칙에 따라 자신의 주장이 왜 옳은지 증명할 부담을 먼저 진다. 반면에 뭔가 의심스럽거나 상식에 어긋나는 주장을 하는 쪽은 먼저 문제 제기를 하지 않았더라도 입증의 책임이 있다. 예컨대 외계인이 있다고 믿는 사람은 왜 그렇게 믿느냐는 질문을 받으면 비록 질문을 받는 입장이지만 대답해야 할 의무가 있다.

"부장님의 제안은 잘못됐습니다" : 입증의 권리

입증의 권리도 입증의 책임 못지않게 중요하다. 근거를 제시해야 할 때 단순히 근거를 제시하지 않아서 입증의 책임을 지지 않는 정도가 아니라 적극적으로 토론의 진행을 방해해서 입증의 권리를 침해하는 경우가 있다. 다음 대화를 보자.

사원 : 부장님의 이 제안은 잘못이라고 생각합니다. 시장 조사가 제대로 되

어 있지 않습니다.

부장 : 곧 승진 심사를 할 때가 되지요?

사원은 근거 제시의 원칙을 지키고 있으므로 입증의 책임은 부장에게 넘어갔다. 그러나 그는 승진 심사로 일종의 위협을 하고 있다. 이러면 토론은 더 이상 진행되지 않고 부장의 의사대로 결론이 난다.

앞서 논증은 말싸움과 다르다고 했다. 말싸움은 수단과 방법을 가리지 않고 상대방을 이기는 데 목적이 있다. 논증은 상대방을 논리적으로 설득하는 것이다. 그러기에 자유로운 토론이 가능해야 한다. 상대방의 주장에 대해 반대 의견이 있으면 반론을 하고 상대방은 다시 그것에 대해 답변하고……. 이것이 논증의 기본적인 구조다. 논리적인 설득은 무조건 이기는 것이 목적이 아니라 논점에 대해 서로 협력해서 더 좋은 해결책을 찾는 것이 목적이다. 그러므로 토론 규칙을 따를 것을 사전에 암묵적으로 합의한 사람들끼리만 논증에 참여해야 한다.

그 규칙 중 하나가 다른 사람이 주장할 기회를 막지 않는 것이다. "입 닥쳐!"라고 말하거나 아예 입을 틀어막는 것은 극단적인 형태의 토론 방해다. 꼭 그렇게 노골적으로 방해하지 않더라도 위 대화에서처럼 상대방을 협박 또는 구박해서 압박하거나 속박하는 것도 토론 방해다. 부장은 합리적인 토론의 진행을 방해해서 상대방이 발언할 권리를 빼앗는다는 점에서 입증의 권리 원칙을 어기고 있는 것이다. 이 책에서는 특히 사람에 호소하거나 감정에 호소해서 논증을 할 때 어떻게 토론의 진행이 방해되는지 생생하게 보여줄 것이다(8, 9장).

네 번째 원칙

논점 일탈 금지의 원칙

하숙집 아줌마와 하숙생이 다음과 같은 대화를 나눈다.

아줌마 : 너 하숙비 안 내니?

하숙생 : 아주머니, 오늘 굉장히 예쁘시네요.

어느 드라마에 나온 이 대화는 사실 논증 상황은 아니다. 그러나 굳이 말하자면 하숙생은 입증의 책임 원칙을 어기고 있다. 하숙집 아줌마가 하숙비에 대해 물었으니 해명이 됐든 변명이 됐든 말해야 할 의무가 있는데 그것을 피했기 때문이다. 한편 하숙생은 곤란한 상황을 벗어나기 위해 일종의 말 돌리기를 하고 있다. 다시 말해서 하숙비라는 논점을 아줌마의 미모라는 논점으로 돌리고 있다. 만약 이때 하숙집 아줌마가 "어제 마사지를 받았는데 그게 효과 좀 받았나?"라고 하거나 다른 하숙생에게 "너도 그렇게 생각하니?"라고 물으면 하숙생의 논점 돌리기는 성공한 것이다.

현재 논의되고 있는 주제를 **논점**이라고 한다. 그리고 그 논점에서 벗어나는 것을 **논점 일탈**이라고 부른다. 논증에서 근거가 하는 일은 주장을 뒷받침하는 것이다. 그러

> **'이탈'과 '일탈' :** 이탈과 일탈은 비슷한 말이지만 이탈에 비해 일탈이 주로 추상적인 곳에 쓰인다. 기차는 이탈했다고 하지만 청소년은 일탈했다고 말한다. 그러므로 논점 이탈보다는 논점 일탈이 적절한 말이다.

나 아무 근거나 제시한다고 해서 주장이 지지되는 것은 아니다. 그 근거가 제대로 기능해야 주장을 뒷받침하는 증거의 역할을 한다. 주장을 뒷받침하는 근거가 되려면 어떤 조건이 필요할까? 일단 상대방이 받아들이는 근거여야 한다는 것은 근거 제시의 원칙에서 말했다. 그러나 그것만 가지고는 안 된다. 하숙집 아줌마와 하숙생의 대화에서 아줌마가 오늘 예뻐 보인다는 하숙생의 말을 아줌마는 아마 받아들이겠지만 그것이 하숙비를 안 낸 것에 대한 올바른 근거 역할은 하지 못한다(성공적인 설득이 아니라 올바른 설득이 우리의 주제임을 잊지 마라). 곧 아무리 상대방이 받아들일 수 있는 근거라고 하더라도 그것이 지금 문제가 되고 있는 주장과 관련이 없는, 엉뚱한 소리라면 역시 근거로서 기능을 하지 못할 것이다.

논점 일탈이란 그렇게 관련이 없는 근거들을 이용해서 주장을 뒷받침하는 경우를 말한다. 그런데 논점 일탈을 하더라도 현재 논의되고 있는 주제에서 완전히 벗어난, 자다가 봉창 두드리는 경우는 거의 없다. 가령 하숙비에 대해 논의하면서 하숙집 아줌마의 미모를 언급하는 것은 누가 봐도 논점에서 벗어났으므로 그것 때문에 논점 일탈이 문제가 되는 경우는 없을 것이다. 그래서 논점 일탈을 조심하라고 할 때 조심할 점을 **주제 관련성**과 **증거 관련성** 두 가지로 구분해서 생각해볼 수 있다. 먼저 주제 관련성이란 근거가 주장과 같은 주제여야 한다는 것이다. 그런데 방금 말한 것처럼 이 주제 관련성을 어기는 경우를 알아차리지 못하는 사람은 거의 없다. 문제는 증거 관련성이다. 근거는 주장을 뒷받침하는 증거가 되어야 한다.

예를 들어보자. 영화나 음악 또 소프트웨어의 불법 다운로드가 심각한 사회 문제다. 책도 불법 복제를 하기는 하지만 책과 달리 디지털 매체는 복제를 해도 원본과 똑같기 때문에 그 정도도 훨씬 심하고 불법이라는 의식도 별로 없다. 최근에는 영화나 음악을 불법으로 업로드하거나 다운로드하는 행위에 대해 단속하는 일이 많다. 인터넷 게시판에서 그 단속에 반발하는 네티즌의 댓글을 보면 영화나 음악의 수준이 낮다는 의견을 많이 찾아볼 수 있다. 또 소프트웨어의 값이 비싸다는 의견도 많다. 이 네티즌들의 주장과 근거를 정리하면 이렇다.

주장 : 불법 다운로드를 단속하는 것은 옳지 않다.

근거 : 왜냐하면 영화, 음악, 소프트웨어가 수준이 너무 낮거나 비싸기 때문이다.

이 근거와 주장은 불법 다운로드라는 같은 주제를 다루고 있다. 그러므로 주제 관련성은 있다. 그렇다면 증거 관련성은 있는가? 음악 수준이 낮다는 것이 그 음악을 불법으로 다운로드해도 되는 근거가 되는가? 이것을 검사하는 방법은 거꾸로 그 근거가 틀렸다고 할 때 주장이 성립하지 않는지를 보면 된다. 음악의 수준이 낮으면 불법으로 다운로드해도 된다면 거꾸로 수준이 높으면 불법 다운로드해서는 안 되는가? 소프트웨어가 비싸면

댓글 : 인터넷에 오른 원문에 대하여 짤막하게 답하여 올리는 글. '덧글', '답글', '리플'이라고도 한다. 댓글이 전혀 없으면 '무플'이라고 하고, 악성 댓글은 '악플'이라고 한다.

불법으로 다운로드해도 되고 싸면 해서는 안 되는가? 수준이나 가격은 다운로드 행위의 불법성과 아무 관련이 없다. 디지털 매체가 아닌 경우를 생각해보면 된다. 아니, 아무리 조잡한 중국산 제품이라고 해도 그것을 훔치는 일이 용서되겠는가? 또 어떤 보석을 훔치는 일이 잘못인 이유가 비싸기 때문인가? 그런데 왜 하필 디지털 매체의 경우에만 그런 근거가 성립할 수 있는가? 그래도 되는 디지털 매체의 특성이 따로 설명되지 않는 이상 증거 관련성은 없다.

근거 제시 및 확인 원칙에 따르면 논증에서 근거는 일단 상대방이 받아들일 수 있는 것이어야 한다. 그러나 아무리 상대방이 받아들이는 근거를 많이 모아도 주장과 관련이 없으면 말짱 황이다. 그러니 **논점에서 벗어나지 마라.** 이것이 변호사 논증법의 네 번째 원칙인 **논점 일탈 금지의 원칙**이다. 논점에서 벗어난 대표적인 예를 법정 상황에서 보자. 검사는 피고인이 살인 사건의 범인임이 분명하다고 입증할 책임이 있다. 그런데 검사는 이 살인 사건이 얼마나 잔인한지 열심히 묘사한다. 그때 피고인의 변호사는 이렇게 외친다. "지금 검사는 논점에서 일탈하고 있습니다. 이 사건의 잔인함은 이 피고인이 범

피고, 피고인, 피의자 : 피고는 민사 재판에서 원고와 맞서는 사람이고, 피고인은 형사 재판에서 검사에 의해 기소가 된 사람이다. 피의자는 범죄의 혐의가 있어 조사를 받고 있는 사람이다. 피고와 피고인을 헷갈리는 사람이 많다. 영어에서는 둘 다 defendant이므로 번역할 때도 주의해야 한다.

인이라는 것과 아무 상관도 없습니다."

논점 일탈은 논술 시험을 치를 때도 강조되는 것이다. 아무리 맞는 주장을 하더라도 그 주장이 논술 시험에서 제시한 논제의 논점에서

벗어나면 0점을 줘도 할 말이 없다. 달리기로 비유하자면 정해진 코스가 아닌 엉뚱한 코스를 달린 셈이기 때문이다. 논점 일탈 금지의 원칙은 그만큼 중요하다. 이 책에서는 논점 일탈 금지의 원칙을 7장에서 다시 한 번 자세하게 설명할 것이다. 그리고 사람에게 호소하거나 감정에 호소하거나 무지에 호소해서 논증할 때 논점에서 벗어날 위험이 크므로 8장과 9장에서 사례를 들어 언급할 것이다.

　대부분의 논리학 교과서는 사람에의 호소, 감정에의 호소, 무지에의 호소를 논점 일탈의 오류 중 하나로 취급한다. 그러나 사람[감정, 무지]에 호소하고 있다고 해서 무조건 오류로 단정한다면 또 다른 오류를 저지를 가능성이 높다. 논증은 대화 상황에서 이루어진다. 만약 앞에서 말한 하숙집 아줌마가 논리적인 사람이라면 하숙생에게 뭐라고 말을 해야 할까?

　"너는 논점에서 벗어나고 있어."

　이렇게 말해야 할까 아니면,

　"보는 눈은 있네. 내가 예쁜 건 맞다만 그것하고 네가 하숙비 안 낸 게 무슨
　상관이니?"

　이렇게 말해야 할까? 자비로운 해석의 원칙에 따르면 후자처럼 물어야 한다. 하숙생 나름대로 아줌마가 예쁜 것과 하숙비를 안 낸 것 사이

에 모종의 연관 관계가 있는 것으로 생각했을지도 모르기 때문이다.

논점 일탈의 오류 : 주장을 뒷받침하기 위해 제시한 근거가 주장과 관련이 없다면 논점 일탈의 오류를 저지른 것이다. 논점 일탈의 오류는 영어로 'red herring', 곧 '훈제 청어'라고 한다. 과거에 도망자들이 경찰견의 추격을 피하기 위해 훈제 청어로 경찰견의 후각을 마비시켜 교란시켰다고 한다. 그 이후로 '훈제 청어'는 '중요한 이슈에서 주위를 다른 곳으로 돌리다' 라는 뜻으로 쓰이고 있다.

논리학 교과서에서 논점 일탈의 오류를 배웠다고 대뜸 논점 일탈의 오류라고 단정한다면 앞에서 말한 허수아비 공격의 오류를 저지를 수도 있다. 하숙집 아줌마는 후자의 질문으로 입증의 책임을 하숙생에게 넘겨야 한다. 그러면 하숙생은 입증의 책임 원칙에 의해 그 질문에 대답해야 할 의무가 생긴다. 그때 증거 관련성이 있는 근거를 제시하지 못하면 논점 일탈의 오류로 판정해야 한다. 논증에 대한 평가는 이런 식으로 진행되어야 한다.

● **변호사 논증법 종합 적용 : 보라돌이를 변호하라**

지금까지 변호사 논증법의 네 가지 원칙에 대해 설명했다.

1. **자비로운 해석의 원칙＋역지사지의 원칙**: 상대방의 주장에 자비를 베풀어 최대한 합리적인 주장으로 해석하라.

2. **근거 제시의 원칙＋근거 확인의 원칙**: 상대방이 받아들일 수 없는 주장을 상대방에게 설득하기 위해서는 상대방이 받아들일 수 있는 근거

를 제시하라. 그리고 상대방의 논증에서 그런 근거를 찾아라.

3. 입증의 책임 원칙+입증의 권리 원칙: 입증의 책임이 있는 사람은 그 책임을 회피하지 마라. 그리고 상대방이 가진 입증의 권리를 침해하지 마라.

4. 논점 일탈 금지의 원칙: 논점에서 벗어나지 마라.

이 원칙들은 이 책이 진행되면서 더 구체적으로 설명될 것이고, 여러 사례들에 적용될 것이다. 사례에 따라 강조되는 원칙은 다르겠지만 대체로 네 가지 원칙이 모두 동원되어야 한다. 1부를 마치기 전에 사례를 하나 들어서 이 원칙들이 어떻게 적용되는지 이야기해보겠다.

1997년 영국 BBC에서 제작한 〈꼬꼬마 텔레토비〉라는 어린이 프로그램이 있었다. 우리나라에서도 아침마다 텔레비전에서 방영되어 "텔레토비 친구들 안녕!" 하는 목소리가 늦잠을 자려는 아빠들을 깨웠다. 그런데 그 프로그램의 캐릭터 중 보라돌이가 게이(남성 동성연애자)라는 주장이 나왔다. 어린이들이 즐겨 보는 프로그램에 그런 속뜻이 숨어 있을까? 이것은 동성애에 대해 혐오감을 갖고 있는 사람이 퍼뜨린 음모가 아닐까? 말도 안 되는 주장이라고 몰아가기 전에 왜 그렇게 생각하는지 자비로운 해석의 원칙을 적용하여 들어보자.

그런 주장을 하는 사람들은 몇 가지 근거들을 제시한다. 보라돌이의 보라색과 머리에 달린 역삼각형의 뿔이 게이의 상징이라는 것이다. 일단 이것은 근거를 갖춘 주장이다. 그런데 그 근거를 상대방(소문을 들은 대중들)이 받아들일 수 있어야 근거 제시 및 확인의 원칙을 만족시킨다. 그러나 정말로 보라색이나 역삼각형이 게이의 상징인지는 알 수가 없다. 그 말이 틀렸다는 것이 아니라 그 말이 맞는지 틀렸는지 확인할 수가 없다는 것이다. 그래서 보라돌이가 게이라는 주장을 들은 상대방은 그 이상의 근거를 제시하라고 요구해야 한다. 곧 보라색이나 역삼각형의 뿔이 게이의 상징인 증거를 제시하라는 것이다. 입증의 책임 및 권리의 원칙에 따르면 이 증거는 애초에 주장을 제기한 쪽이 제시할 책임이 있다. 세상 사람들이 받아들이기에는 뭔가 새로운 주장이기 때문이다. 그러면 주장을 제기한 쪽은 보라색이 남성을 상징하는 파란색과 여성을 상징하는 빨간색을 합한 색이므로 게이를 상징하는 색이 분명하다는 식으로 대답할 것이다.

주장을 들은 상대방은 주장을 제기한 쪽에 또 다른 입증의 책임도 넘길 수 있다. 보라색과 역삼각형의 뿔이 정말로 게이의 상징이라고 하자. 그렇다고 해서 보라돌이가 게이라고 말할 수 있을까? 그것은 우연의 일치가 아닌가? 보라색은 신라의 진골만이 입을 수 있는 옷 색깔인데 그럼 보라돌이가 신라의 진골이란 말인가? 그게 말이 안 되는 것처럼 게이라는 것도 말이 안 되는 것이 아닌가? 이런 질문으로 입증의 책임을 주장을 제기한 쪽으로 넘겨야 한다. 그러면 그 쪽은 더 많은 근거를 제시할 것이다. 보라돌이가 들고 다니는 빨간 핸드백도 게이들이 흔히 들고 다니는 것이고, 더구나 보라돌이 인형을 뒤집어쓰고 있는 사람도 실제 게이라더라 하고 말이다. 이런 식으로 입증의 책임이 두 진영 사이에서 왔다 갔다 할 것이다.

보라색, 역삼각형, 빨간 핸드백 등이 게이의 증거가 맞는다고 하더라도 보라돌이가 게이인 근거가 될 수 있을까? 여기서 논점 일탈 금지의 원칙

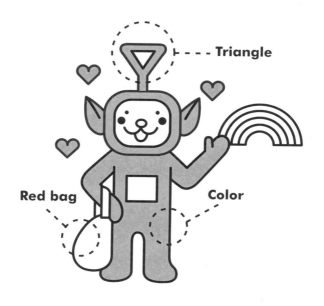

Triangle

Red bag   Color

| 변호사 논증법 종합 적용 |

보라돌이가 게이라 할지라도 변호한다
: 자비로운 해석의 원칙

역삼각형 뿔, 보라색, 빨간 핸드백은 정말 게이의 상징일까?
: 근거 제시의 원칙 + 근거 확인의 원칙

게이라고 주장한 네가 근거를 제시하라
: 입증의 책임 원칙 + 입증의 권리 원칙

근데, 보라돌이가 게이인 게 왜 중요한건데?
: 논점 일탈 금지의 원칙

을 적용해야 한다. 그것들은 주장에 대한 약한 근거는 될 수 있을지 몰라도 결정적인 근거는 될 수 없다. 그런 간접적인 근거 말고 보라돌이가 게이를 나타낸다는, 움직일 수 없는 근거를 제시하기 전까지는 보라돌이가 게이라는 주장은 사람들을 설득하지 못한다. 입증의 책임은 여전히 문제를 제기한 쪽에 있고 그 책임을 아직도 완수하지 못했기 때문이다.

한편 자비로운 해석의 원칙을 다시 한 번 적용해서 보라돌이가 게이라는 주장을 통해 궁극적으로 하려는 주장이 무엇인지 물어보아야 한다. 그냥 보라돌이가 게이라더라 하는 정보를 제공하려는 의도일까, 아니면 보라돌이가 게이이므로 〈꼬꼬마 텔레토비〉를 어린이들에게 보여주면 안 된다는 주장일까? 전자라면 그냥 그런가 보다 하고 넘어가면 될 일이다. 만약 후자라면 논점 일탈 금지의 원칙을 다시 한 번 적용한다. 보라돌이가 게이면 어떠냐고 대꾸하는 것이다. 게이냐 아니냐는 성적 취향일 뿐이고 게이라고 해서 어린이들에게 해로운 영향을 끼치는 것도 아닌데 그런 문제는 논점(더 중요한 현안)에서 벗어나 있다고 비판할 수 있다(취향의 문제는 토론할 필요가 없다는 점은 3장에서 설명된다).

네 가지만 기억하라

1. 자비로운 해석의 원칙 + 역지사지의 원칙
2. 근거 제시의 원칙 + 근거 확인의 원칙
3. 입증의 책임 원칙 + 입증의 권리 원칙
4. 논점 일탈 금지의 원칙

실전 논리 비법

Chapter 2

검사와 변호사,
누가 증명해야 할까?

입증의 책임

차장 검사는 혹시 내가 눈물을 흘리는 걸 보았느냐고 물었다. 페레 영감은 보지 못했다고 대답했다. 그러자 검사는 "배심원들께서는 이 점도 고려하시길 바랍니다." 라고 말했다. 그러자 이번에는 내 변호사가 성이 나서 지나치리만큼 목청을 돋워서, 그러면 내가 눈물을 흘리지 않는 것은 보았느냐고 따져 물었다. 페레 영감은 그것도 보지 못했다고 대답했다. 방청객들이 웃음을 터뜨렸다.

태양이 눈이 부시다는 이유로 살인을 저지른 《이방인》의 주인공 뫼르소의 재판 장면이다. 검사는 페레 영감으로부터 뫼르소에게 불리한 증언을 이끌어내려고 한다. 그가 어머니의 장례식에서 눈물도 흘리지 않는 정신 상태라는 것이다.

검사의 논증 방식은 이렇다. "페레는 뫼르소가 어머니의 장례식에서 눈물을 흘리는 것을 보지 못했기 때문에 뫼르소는 어머니의 장례식에서 눈물을 흘리지 않았다." 그러나 변호사도 만만치 않다. 그는 이렇게 논증한다. "페레는 뫼르소가 어머니의 장례식에서 눈물을 흘리지 않는 것을 보지 못했기 때문에 뫼르소는 어머니의 장례식에서 눈물을 흘렸다." 여러분이 이 재판의 배심원이라고 해보자. 어느 쪽을 '고려' 해야 할까?

입증의 책임은 누구에게?

배심원으로서의 판단은 잠시 미뤄두기로 하고 우선 다음 대화를 살펴 보자.

> 여자 : 여기서는 담배를 피우면 안 돼요.
>
> 남자 : 왜 안 되죠?
>
> 여자 : 왜 된다고 생각해요?

우리는 1부에서 입증의 책임 원칙 세 번째 원칙 에 대해 강조했다. 입증의 책임이 있는 사람은 그 책임을 회피하지 말아야 하며, 입증의 책임을 다른 사람에게 떠넘겨서는 안 된다. 그럼 위 대화에서는 입증의 책임이 누구에게 있을까? 만약 여자에게 있다고 생각하면 남자가 여기서 담배를 피우면 안 되는 이유를 묻는 것은 정당하다. 여자에게 입증의 책임이 있음을 확인시켜주기 때문이다. 그런데 여자는 오히려 입증의 책임을 남자에게 떠넘겼다. 만약 남자가 입증의 책임 개념을 잘 모르는 어리보기라면 여자의 그 질문에 어떻게 대답해야 할지 열심히 궁리할 것이다.

실제로 이 대화의 여자처럼 질문을 통해 입증의 책임을 넘기라고 가르치는 책도 있다. "너의 이런 행동은 옳지 않아."라고 말한다면 당연히 말한 쪽이 왜 옳지 않은지까지 입증해야 한다. 그러나 이 주장을 "너는 이런 행동이 옳다고 생각하니?"라고 질문의 형태로 던진다고 해보자. 아니라고 대답할 수는 없는 노릇이다. 그렇다고 "네."라고 대답하면 "왜 그렇게 생각하니?"라고 질문이 들어올 것이다. 이럴 수가! 내 행동이 옳지 않다는 문제 제기는 상대방이 먼저 했는데 내 행동이 옳다는 것을 입증해야 할 책임이 나에게 넘어와 버렸다!

만약 입증의 책임이 누구에게 있는지 명확하게 밝혀주지 않는다면 대화는 앞의 남녀의 경우처럼 건설적인 토론으로 나아가지 않고 끊임없이 이어질 것이다. 그리고 입증의 책임이 없는데도 토론에서 입증의 책임이라는 무거운 짐을 지게 되는, 억울한 일이 생긴다. 그러므로 누구에게 입증의 책임을 지워야 하는지 분명히 알아야 한다. 누가 입증의 책임을 져야 할까?

토론은 공을 주거니 받거니 하는 탁구 경기와 비슷하다. 공 대신에 내게 주어진 입증의 책임을 완수한 다음 그것을 상대편에게 넘긴다. 나에게 넘어온 공을 제대로 넘기지 못하면 지는 것처럼 내게 넘어온 입증의 책임을 다하지 못하면 토론에서 지고 만다. 따라서 그 과정에서 입증의 책임이 누구에게 있는지 알아야 그 책임을 다하고 있는지, 아니면 회피하는지 판단할 수 있다. 나는 입증의 책임을 판단하는 네 가지 기준을 제시하려고 한다.

주장하는 자, 증명하라

첫째, **먼저 주장한 쪽이 입증의 책임을 진다.** 새로운 주장을 하는 사람은 근거 제시의 원칙두 번째 원칙 을 지키면서, 곧 상대방이 받아들일 수 있는 근거를 조목조목 제시하면서 주장을 한다면 입증의 책임을 다한 것이다. 그러면 입증의 책임은 대화 상대방에게 넘어가게 된다. 이것은 입증의 책임의 가장 기본적인 기준으로서 너무 당연한 말이다.

그런데 이런 당연한 원칙을 지키지 않는 사례가 흔하다. 주장하는 쪽이 입증의 책임을 다하지 않고 발뺌하는 것은 정치권에서 상대방을 궁지에 몰 때 즐겨 써먹는 수법이다. '매카시즘'의 어원이 된 매카시의 폭로 사건은 그런 사례로 이미 널리 알려져 있다.

미국의 매카시 의원은 1950년 상원의회에서 국무부에 205명의 공산주의자가 있다는 폭탄선언을 했

조지프 매카시 (Joseph Raymond McCarthy, 1908~1957) : 미국 공화당 상원의원을 지냈다. 그가 공산주의자로 본 사람 중에는 유명한 영화 배우 찰리 채플린이 있었고, 그를 도와 공산주의자를 밀고한 사람 중에는 미키 마우스의 아버지인 월트 디즈니가 있었다. 그가 공산주의자로 본 사람 중에는 실제 공산주의자로 밝혀진 사람도 있기는 했다. 그러나 중요한 것은 그가 아무런 증거(근거)도 제시하지 못했다는 것이다.

다. 그러나 매카시는 그들이 공산주의자라는 증거는 아무것도 제시하지 못했다. 그가 가장 기본적인 입증의 책임을 다하지 않았는데도 그의 발언으로 미국 사회는 각계에서 공산주의자를 추방하려는 광풍에 사로잡혔다.

어리석게도 역사에서는 똑같은 잘못이 반복된다. 여전히 일부 정치인이나 언론은 '카더라'라고 폭로한 다음에 '아니면 말고'라고 발뺌을 한다. "누구는 빨갱이라더라." 또는 "누가 돈을 얼마를 받아먹었다더라."와 같은 폭로는 폭로한 쪽이 증거까지 제시해야 한다. 그렇지 못할 경우에 의혹의 대상이 되는 상대방은 주장하는 쪽에 입증의 책임이 있다는 사실만 상기시키면 된다. 그런데도 현실에서는 입증의 책임이 없는 쪽에 자꾸 의혹을 해명하라고 요구한다. 이것은 입증의 책임 원칙^{세 번째 원칙}을 어기는 것일 뿐만 아니라 적반하장의 뻔뻔스러운 짓이다. "주장하는 자 증명하라!" 이 말을 잊지 말아야 한다.

물은 답을 알고 있을까?

이제 앞의 대화에서 누구에게 입증의 책임이 있는지 분명해졌다. 여기서 담배를 피우면 안 된다고 주장한 여자에게 책임이 있다. 그런데 이 대화와 비슷한 다음 대화를 보자.

> 스컬리 : 외계인은 없어.
> 멀 더 : 왜 없다고 생각해?

스컬리 : 그럼 왜 있다고 생각하는데?

스컬리와 멀더는 외계인을 소재로 즐겨 다룬 외화 〈엑스 파일〉의 주인공들이다. 그들이 실제로 이런 대화를 나눈 것은 아니지만 그랬다고 가정해보자. 먼저 주장한 쪽에 입증의 책임이 있다는 첫째 기준에 따르면 스컬리 쪽에 입증의 책임이 있으므로 그녀는 입증의 책임을 회피한 것처럼 보인다. 과연 그럴까? 그렇지 않다. 주장을 먼저 하지 않았더라도 **뭔가 이상한 것의 존재를 주장하는 쪽, 상식과 어긋나는 주장을 하는 쪽이 입증의 책임을 진다.** 이것이 입증의 책임의 둘째 기준이다. 그 존재가 의심스러운 것들은 예나 지금이나 쌔고 쌨다. 우리나라에서는 귀신이나 도깨비, 서양에서는 마녀, 요정, 플로지스톤(산소가 발견되기 전까지 물체가 탈 때 나온다고 생각한 원소) 같은 것이 있다고 믿는 사람들이 있었다(물론 지금도 있다). 요즘 세상에도 기(氣), 윤회, UFO, 신, 텔레파시 등을 신봉하는 사람들이 있다. 믿는 데 돈이 드는 것도 아니고 그런 것을 믿는다고 해서 문제되는 것은 아니다. 문제는 그것들이 존재한다는 증거를 제시해야 하는데 그러지 않는다는 것이다. 그런 것들을 믿지 않는 사람들이 더 많고, 현대 사회에서 가장 믿을 만한 지식인 과학이 그것들의 존재를 입증해주지 않으므로 그것을

회의주의자 : UFO, 신, 텔레파시 같은 초자연적 현상을 믿지 않는 사람을 회의주의자라고 한다. 〈엑스 파일〉의 스컬리도 회의주의자다. 사실은 초자연적 현상을 믿는 사람들이 자신들이 믿는 것이 존재한다고 밝힐 입증의 책임이 있는데 미국 같은 사회에서는 초자연적 현상을 믿는 사람이 많아서 오히려 회의주의자들이 그 잘못을 지적하려고 열심히 강연도 하고 책도 펴내고 있다.

063

뒤집고 싶으면 증거를 제시해야 한다. (증거를 제시할 때는 단순히 내가 경험했다는 증거 이상의 것을 제시해야 한다. 5장에서 이 점에 대해 말하겠다.)

2003년에 《물은 답을 알고 있다》라는 책이 베스트셀러에 올랐다. 이 책에서 저자 에모토 마사루는 샬레에 물을 떨어뜨려 영하 20도의 냉장고에 세 시간쯤 넣어둔 후 결정 구조를 관찰했는데 클래식 음악을 들려주거나 '사랑', '감사' 같은 단어를 보여준 물은 결정 구조가 아름답고, '망할 놈'이란 단어나 헤비메탈 음악을 들려준 물의 결정은 흉측하더라고 주장한다. 물 입자가 사랑과 감사를 느낄 수 있는 '의식'을 갖고 있는데 '고맙습니다'라는 단어는 감사의 주파수를 물에게 보내 아름다운 결정을 만들고 '망할 놈'이라는 단어는 비난의 주파수를 내보내 결정 구조를 깨뜨리기 때문이란다. 참, 신비로운 일이다. 사실이라면 말이다.

역시 베스트셀러인 《과학 콘서트》의 저자이며 물리학자인 정재승 교수는 이 책에 대해 '과학계의 황홀한 사기극'이라고 혹독하게 비판했다. 물이 세계 각국의 언어를 이해하고 해석할 수 있는 '의식'이 있다는 과격한 주장을 하려면 꼼꼼히 그 근거를 대야 한다는 것이다(〈한겨레〉 2003년 7월 19일자). 책을 낸 출판사는 이 서평에 대해 반박문을 실었다. 이 책에서는 "물 입자가 사랑과 감사를 느낄 수 있는 의식을 갖고 있다."는 표현을 구사한 적이 없지만 있다고 하더라도, 그에 대해 반박을 하려면 정 교수가 꼼꼼히 그 근거를 대야 한다는 것이다. 또 "종이에 쓴 글씨가 단어의 의미에 따라 서로 다른 주파수를 낸다는 주장은 실소를 자아낸다."는 평가는 정 교수 스스로 실험과 관찰을 통해

"종이에 쓴 글씨는 서로 다른 주파수를 내지 않는다."는 사실을 증명한 뒤에나 할 수 있는 발언이라는 것이다(〈한겨레〉 2003년 7월 26일자).

정 교수는 바로 다음과 같은 재반박문을 실었다.

> 반론문에 흐르는 주된 논리 가운데 하나는 '책 내용이 의심스럽다고 반박하려면 그 근거를 대라'는 것이다. 이것은 초자연 현상을 믿는 사람들이 자주 범하는 논리적 오류다. 어떤 현상이 사실이라고 주장할 때는 사실임을 증명하는 증거를 스스로 제시해야지 '사실이 아니란 증거는 있느냐'고 반박하면 안 되기 때문이다.
>
> 마사루는 종이에 쓴 글씨가 슬픈 주파수, 감사의 주파수를 내보내 물 결정 구조를 바꾼다고 주장했지만 그 자신도 주파수를 잰 적이 없다. 그런데 '감사의 주파수가 있다는 근거를 대라'고 했더니 '아니라는 증거는 있느냐?'고 따지는 격이다. 과학의 영역 안에서는 '있다는 증거가 없는 한, 존재하지 않는 것이다.' |〈한겨레〉 2003년 8월 2일자|

정 교수의 판정승! 비록 문제 제기는 서평을 통해 정 교수가 먼저 했지만 입증의 책임은 신비롭고 믿기 힘든, 새로운 사실을 주장하는 책의 저자 쪽에 있지 정 교수 쪽에 있는 것은 아니다.

외계인이 없다는 거 증명할 수 있어? : 무지에 호소하기

우리는 세상살이에서 모르는 것이 참 많다. 태풍의 진로가 어느 쪽으로 바뀔지도 모르고 내일 주가가 오를지 내릴지도 모르며 북한에 핵무기가 있는지 없는지도 모른다. 그런데 어떤 주장이 참 또는 거짓임을 모른다는 사실을 전제로 해서 그 주장이 참 또는 거짓이라는 사실을 추론해내면 어떻게 될까? 다음과 같이 말이다.

> 외계인이 존재하지 않는다는 증거는 없다. 따라서 외계인은 존재한다.
> 아무도 신이 존재하지 않는다는 것을 증명한 일이 없다. 따라서 신은 존재한다.

만약 이런 식의 증명 방법이 허용된다면 세상에 그 존재를 입증하지 못할 것이 없다. 앞에서 그 존재가 의심스럽다고 말한 것들도 다 그런 식으로 그 존재를 증명할 수 있으니까. "너 귀신이 없다는 것, 증명해 봐? 못하지? 거 봐. 귀신은 있는 거야."와 같은 식으로 말이다.

논리학자들은 이런 식의 논증을 **무지에의 호소**라고 부르고 많은 경우 오류로 취급한다. 어떤 것이 참이라는 것을 모른다고 해서 바로 거짓이 되는 것이 아니라 참인지 거짓인지가 결정 안 되는 것뿐이다. 우리의 무지는 지식의 한계와는 관련이 있지만 지식의 대상인 사실 자체와는 관련이 없다. 무지에서는 무지만 나올 뿐 그 이상의 것은 나오지 않는다.

> **무지에의 호소 오류 :** 어떤 것이 거짓임이 밝혀지지 않았기 때문에 참이라고 주장하는 것이 무지에의 호소 논증이다. 어떤 것이 거짓임이 밝혀지지 않았다는 사실은 그것이 참이라는 증거가 될 수 없으므로 이런 논증은 오류다. 그러나 입증의 책임이 없을 때는 무지에 호소해도 올바른 논증이 될 수 있으므로 주의해야 한다.

방금 무지에 호소하는 논증은 많은 경우 오류로 취급된다고 말한 것은, 같은 형식인데도 잘못된 추론이 아닐 때도 있기 때문이다. 아무리 생각해도 귀신이 있다고 주장하는 친구에게 "너 귀신이 있다는 것 증명해봐? 못 하지? 거 봐. 귀신은 없는 거야."라고 말하는 것에는 문제가 없는 것 같다. 귀신이 있다고 주장하는 쪽과 없다고 주장하는 쪽 모두 무지에 호소해서 논증을 하고 있지만 둘 다 오류라고 말한다면 귀신이 없다고 생각하는 쪽은 뭔가 억울하다. 이 경우 입증의 책임이 누구에게 있는지 알면 도움이 된다.

앞서 말한 것처럼 현대인의 상식으로는 귀신이 있다고 생각하는 쪽에 귀신이 있음을 보여줄 입증의 책임이 있다. 교육을 받은 상식적인 현대인이라면 귀신이 있다고 생각하는 사람은 드물다. 오늘날 귀신이 있다고 주장하는 것은 그야말로 귀신 씻나락 까먹는 소리다. 귀신, UFO, 신, 외계인, 기, 텔레파시, 윤회 등이 있다고 주장하는 사람, 북한에 핵무기가 있다고 주장하는 사람, 히틀러가 아직도 죽지 않고 아마존 정글에서 비밀 결사대를 만들고 있다고 주장하는 사람, 옌볜에 1만 년 묵은 구렁이가 살고 있다고 주장하는 사람에게 자신의 주장이 옳음을 입증할 책임이 있다. 그러지 않으면 이 세상에는 이상한 것들이 넘쳐나게 될 것이다. 입증의 부담이 있는 사람이 적극적인 입증을 하지 않고 자신의 주장이 거짓이 아니라는 증거가 없다는 무지에 호소하면 그 논증은 오류에 빠지게 된다.

반면에 귀신이 없다고 생각하는 쪽은 입증의 책임이 없으므로 귀신이 있다는 것이 거짓이라는 것을 보여주기 위해 애면글면할 필요가 없다. 그 사람들은 무지에 호소하는 것이 올바른 논증 방법이다. 정리하자면 입증의 책임이 있는 쪽은 무지에 호소하면 안 되지만 입증의 책임이 없는 쪽은 호소해도 괜찮다. 간혹 어설픈 논리학 책을 보고 무지에 호소하면 무조건 오류라고 판단하는 윤똑똑이가 있는데 입증의 책임 원칙을 어겼느냐의 여부로 오류인지 아닌지 판단해야 한다. 무지에 호소했든 안 했든 입증의 책임 원칙^{세 번째 원칙}을 회피하면 올바른 논증이 아니다.

논리는 약자를 배려한다

입증의 책임을 판가름하는 셋째 기준은 시대 상황에 따라 바뀐다. **힘을 가지고 있는 강자와 없는 약자 중 강자 쪽에 입증의 책임을 지우라는** 쪽으로 사회 분위기가 바뀌고 있다. 약자는 자신의 주장을 적극적으로 밝힐 만한 지식이 부족하거나 힘이 약하다. 그런데 그들에게 그 무거운 입증의 책임을 지워서야 되겠는가? 경마에서 공정하고 박진감 있는 경기를 위해 실력이 좋은 말에게 더 많은 짐을 지게 하는데 그것을 부담 중량이라고 한다. 토론에서 약자보다는 강자에게 입증의 책임을 지우는 것도 똑같은 공정성의 원리에서 나왔다고 보면 된다. 논리는 약자를 배려한다!

　법정에서 입증의 책임 변화는 일찍부터 이루어졌다. 과거 우리나라에서는 "네 죄를 네가 알렸다!"라고 혐의를 받는 쪽에 입증의 책임을 뒤집어씌웠다. 서양에서도 일단 누군가에게 마녀라는 혐의를 뒤집어

씌우면 마녀가 아님을 스스로 밝혀야 했다. 현대에는 더 이상 그렇지 않다. 일반적으로 법률은 소송을 먼저 제기한 원고 쪽에 입증의 부담이 있다고 규정하고 있다. 민사소송법에 따르면, 예컨대 내가 어떤 사람에게 빌려준 돈을 돌려달라고 재판을 청구했다면 나는 그 사람에게 돈을 빌려준 사실과 빌려준 금액을 입증해야 한다. 상대방은 내가 입증하기 전까지는 내게 돈을 빌린 적이 없다는 사실을 입증해야 할 책임이 없다. 형법에서도 마찬가지다.

법정에서는 죄가 입증되기까지는 무죄라는 '무죄 추정의 원칙'을 채택한다. 현대 사회에서는 죄가 있는 사람을 풀어주는 것보다 무고한 사람에게 죄를 씌우는 것을 막는 것이 훨씬 더 중요하다고 보기 때문이다. 따라서 어떤 형사가 피의자에게 "네게 죄가 없다는 걸 증명해봐. 못하지? 거 봐. 네가 범인이야."라고 하면 잘못이지만 피의자가 "형사님, 내게 죄가 있다는 걸 증명해보세요. 증명 못하시죠? 거 봐요. 저는 죄가 없어요."라고 해도 괜찮은 것이다(물론 이죽거리면서 말하면 안 되겠지만). 사실 피의자는 그런 말조차 할 필요가 없다. 묵비권이 인정되기 때문이다.

프롤로그에서 배심원 중 한 명은 "설명하긴 힘들지만 유죄라고 믿어요. 아니라고 증명하지도 못했잖아요."라고 말했다. 그러나 피고인 쪽은 유죄가 아님을 증명할 필요가 없다. 다른 배심원이 말한 것처럼 피고인이 유죄임을 증명하는 것이 '검사가 할 몫'이다. 첫머리에서 거론한 뫼르소의 재판도 보자. 검사와 변호사 모두 무지에 호소하고 있다. 입증의 부담이 없는 쪽은 무지에 호소하는 것이 정당한 논증 방법이

| 마녀 사냥과 묵비권 |

과거에는 "네 죄를 네가 알렸다!"가 통했다면
현대 사회에서는 죄가 입증되기까지는
무죄라는 '무죄 추정의 원칙'을 적용하고 있다.
또한 피의자는 묵비권을 행사해 형사에게
입증의 책임을 물을 수도 있다.

라고 했다. 피고인을 대변하는 변호사는 검사에 비해서 입증의 책임이 없다. 따라서 배심원은 변호사 쪽의 주장을 더 고려해야 한다.

그런데 이러한 법정 상황은 약자를 존중하게 된 시각의 변화 때문에 입증의 책임이 바뀐 사례도 되지만 주장하는 자가 증명하라는 첫째 기준과 일치하는 것이기도 하다. 반면에 먼저 문제 제기를 했는데도 약자라는 이유로 그쪽이 증명하지 않고 상대방이 증명하게 된 사례도 있다.

2003년 남녀차별개선위원회는 획기적인 결정을 했다. 남녀차별 피해를 당했다고 신고한다면 법정에서는 당연히 피해자가 차별당했다는 증명을 해야 한다. 그러나 위원회는 피해자가 차별당했다는 증명을 할 것이 아니라 가해자로 지목된 쪽이 책임이 없다는 증명을 해야 한다면서 "남녀차별은 역사적 · 제도적으로 이어져온 것이며, 남성들은 선대 남성들의 잘못을 일부 부담해야 하는 처지에 있다."라고 말했다. 즉 위원회는 입증의 책임을 가해자로 지목되는 남성 쪽에 지운 것이다. 약자인 여성을 보고 적극적으로 피해 상황을 밝히라고 요구하는 것은 그 여성을 두 번 죽이는 것이기 때문이다. (그 후 차별하는 쪽과 차별받는 쪽이 입증책임을 분담하는 방식으로 차별금지법이 입법 예고되어 논란이 되고 있다.)

이런 판단은 미국에서도 마찬가지다. 어떤 회사가 이번 프로젝트는 고도의 기술을 필요로 하므로 여직원은 참여할 수 없다는 방침을 정했다고 하자. 한 여직원이 이 방침은 여성의 일할 기회를 빼앗는 것이므로 부당하다고 주장한다. 여성을 배제시키는 방침을 만든 회사가 부당하지 않다는 것을 입증할 책임이 있는가? 아니면 부당하다고 문제 제기를 한 여직원에게 입증할 책임이 있는가? 어떤 법이나 규칙이 나를 부당하게 대우한다고 주장하고 싶다면 입증의 책임의 첫째 기준에 따라 일반적으로 부당함을 입증할 책임은 나에게 있다. 그러나 미국 대법원은 이 문제를 다음과 같이 해결한다. 즉 내가 전통적으로 차별과 부당한 대우를 받았던 집단(예를 들어 흑인, 여성 등)에 속해 있다면 법 또는 규칙을 만든 사람이 그것이 부당하지 않다는 것을 입증해야 한다고 말이다.

입증의 책임이 이렇게 뒤바뀌는 경우는 남녀차별 외의 영역에도 있다. 자동차 급발진 사고가 일어났다고 해보자. 자동차의 제조상 결함 때문에 급발진 사고가 일어났다고 소비자가 입증해야 할까, 아니면 제조상의 책임 때문에 급발진 사고가 일어난 것이 아님을 제조사가 입증해야 할까? 한때는 자유로운 시장경제를 존중하여 입증의 책임이 소비자에게 있었다. 그러나 최근에는 소비자 운동의 활성화로 입증의

의료 사고의 입증 책임

논리 법정

의료사고에서 의료진과 피해자 중 입증의 책임을 누가 져야 하는지는 끊임없이 논쟁이 되고 있다. 현재 민법에 따르면 손해배상청구소송을 할 경우 의사의 과실로 피해를 입었다는 입증을 환자 쪽이 해야 한다. 그러나 의료 전문 지식이 없는 피해자가 그런 입증을 할 수 없으므로, 의료진이 자신의 의료 행위에 과실이 없었음을 입증하는 것이

책임이 제조사에게 옮겨가는 추세다. 비판자들에게 신기술의 위험성을 입증하라고 요구하기보다는 신기술 개발자들에게 안전성을 입증하라고 요구하는 것이다. 우리나라에서도 이 내용을 담은 제조물책임법(PL)이 2002년 7월부터 시행되었다.

왜 이렇게 입증의 책임이 소비자 쪽에서 제조사 쪽으로 넘어갔을까? 우선은 제조물을 통해 경제적인 이득을 얻는 제조사에 부담을 더 지우려는 의도가 있을 것이다. 그리고 현실적으로 입증할 수 있는 기술적인 능력이 소비자들보다는 제조사들에 있다는 이유도 작용할 것이다. 더 중요하게는 소비자들의 힘이 커졌기 때문이 아닐까? 남녀차별개선위원회의 결정도 여권 상승의 신호로 봐야 할 것이다.

안전은 아무리 강조해도 지나치지 않다

입증의 책임의 넷째 기준은 **위험하다고 주장하면 입증의 책임이 상대방에**

합리적이라는 주장이 나온다. 이 문제는 의료계와 소비자 사이에 찬반양론이 팽팽히 맞서고 있어서 의료진이 책임을 지는 쪽으로 입법화되지는 않고 있다. 다만 2009년 의료사고의 입증책임을 의사에게 물어야 한다는, 한 지방 법원의 판결이 나왔다. 법원에 따르면 "의료 행위는 고도의 전문적 지식을 필요로 하는 분야인 만큼 환자 측이 의사의 과실을 입증한다는 것은 극히 어려운 일이므로 (…) 공정한 판결을 위해 원고의 입증책임을 완화했다."고 한다.

게 넘어간다는 것이다. 첫째 기준에 따르면 당연히 위험하다는 문제 제기를 한 쪽에 입증의 책임이 있다. 그러나 위험이 상당히 크고 분명해 보인다면 비록 구체적으로 증거를 제시하지 못하더라도 입증의 책임은 상대방에게 넘어가야 한다. 위험은 다른 무엇보다 중요하고 위험을 없애는 것이 급선무이기 때문이다. 불이 났다는 신고 전화가 오면 그 말만 믿고 소방차가 일단 출동하고 보는 것이나 마찬가지다. 전방의 비무장지대 상황을 예로 들어보자. 거기에 근무하는 군인들이 수색 근무를 하다가 다음과 같은 대화를 주고받았다고 하자.

> 졸병 : 이곳에는 지뢰가 없다는 표시판이 없습니다. 따라서 지뢰가 있습니다.
> 고참 : 그렇게 무지에 호소해서 주장하면 안 돼. 지뢰가 있다는 증거를 제시해야지.

역시 고참은 고참이다. 무지에의 호소도 알고. 그러나 잘못 알고 있다. 예컨대 지뢰가 아니라 금이라고 한다면 고참의 말대로 졸병은 무지에 호소하는 오류를 저지르고 있다. 그러나 지뢰는 다르다. 비무장지대는 지뢰가 있을 가능성이 아주 높다. 그리고 지뢰는 아주 위험하다. 따라서 졸병은 무지에 호소하기만 하고 적극적인 증거를 제시하지 않았지만, 그렇다고 해서 지뢰가 있음을 입증할 책임이 있는 것은 아니다. 혹시 지뢰가 없다고, 걱정 말라고 꾸역꾸역 우기는 사람이 있다면 그 사람에게 입증의 책임이 있는 것이다.

이것은 가상의 대화이고, 입증의 책임을 무시해서 어마어마한 결과가 생긴 실제 사례가 있다. 1986년 미국의 우주왕복선 챌린저호가 발사 75초 만에 폭발하여 승무원 일곱 명이 전원 사망한 사건이 발생했다. 주엔진에 부착된 두 개의 로켓 부스터를 이어주는 고무조각(O-Ring)이 섭씨 0도 미만에서는 같은 비율로 팽창하지 않으므로 이음새 사이에 틈이 생기고, 이 사이로 가스가 새면서 화염이 번지게 되어 액체수소를 실은 연료탱크가 폭발한 것이다.

그런데 이 부품을 생산한 모턴 티오콜 사의 몇몇 엔지니어들은 이런 위험성을 이미 제기했었다. 그들은 고무조각이 추운 날씨에는 제대로 작동하지 않아 폭발 사고가 날 수 있다는 가능성을 제시했지만 그것을 증명할 수는 없었다. 결국 모턴 티오콜 사의 경영진은 그들의 문제 제기를 묵살했다. 그들이 발사가 위험하다는 사실을 입증하지 못했기 때문이다. 그러나 이 경우에는 거꾸로 발사 팀이 발사가 안전하다는 사실을 입증해야 했다. 왜냐하면 안전의 문제는 다른 무엇보다 중요하기 때문이다. 입증의 책임을 잘못 지워서 이런 비극을 낳았다. 영어식으로 말해 보면 안전은 아무리 강조해도 지나치지 않다.

우리나라에도 이와 비슷한 상황이 많다. 환경단체들은 유전자조작 농산물의 안전성에 대해 끊임없이 문제를 제기하여 수입에 반대한다. 그러나 환경단체들은 유전자조작 농산물이 환경이나 인체에 해를 끼칠 수 있다는 가능성만을 지적했지 실제 증거를 제시하지는 못했다. 입증의 책임을 다하지 못한 것이다. 그러나 유전자조작 농산물이 줄 수 있는 위해성은 심각하다. 그러므로 챌린저호 사건이 보여주듯이 개발하는 쪽이 안전성을 입증할 책임이 있다. 그리고 여기에는 입증의 책임의 셋째 기준도 적용된다. 곧 유전자조작 농산물을 반대하는 쪽은 이 분야에 대한 정보와 지식이 부족하기 때문에 그들에게 입증을 요구하는 것은 무리다. 따라서 유전자조작 농산물을 둘러싼 논쟁에서는 개발하는 쪽이 안전성을 입증할 책임이 있다고 봐야 한다.

> **유전자조작 농산물(Genetically Modified Organisms, GMO)**: 기존의 농산물에 다른 종(동물, 식물, 미생물)의 특정 유전자를 삽입해서 새로운 형질을 갖추게 된 농산물. 이로부터 가공된 각종 식품은 '유전자조작 식품(Genetically Modified Food)'이라고 부른다. 그런데 '조작'이라는 말 자체가 이 농산물에 문제가 있다는 단정을 하고 있다. 이것은 4장에서 말하는 설득적 정의의 일종이다. 그래서 이 농산물이 안전하다고 주장하는 쪽은 '유전자변형 농산물' 또는 '유전자재조합 농산물'이라고 부른다.

2008년 우리나라를 뒤흔들었던 광우병 문제도 비슷한 시각에서 접근해야 한다. 수입 소가 광우병에 걸렸을 수 있다는 문제 제기를 한 쪽이 입증의 책임을 다하지 못했을 수 있다. 그러나 광우병이 위험한 것은 분명하다. 광우병에 걸릴 확률이 벼락 맞을 확률보다 낮다고 하지만 그래도 벼락에 맞는 것은 분명히 위험하고 우리는 벼락에 맞지 않기 위해 조심한다. 그러므로 위험을 제기한 쪽이 아니라 상대방, 그러니까 수입을 강행하려는 업체나 그것을 허가하려는 정부 쪽에서 위험하지 않음을 입증할 책임이 있는 것이다. 문제 제기를 '괴담'으로 폄하하기만 하고 그런 의무를 다하지 않는 것은 입증의 책임 원칙세 번째 원칙을 어기는 것이다.

지금까지 입증의 책임이 누구에게 있는지 판단하는 기준을 네 가지 제시했다. 정리하면 이렇다.

1. 먼저 주장한 쪽이 입증의 책임을 져라.
2. 뭔가 이상한 것의 존재를 주장하는 쪽, 상식과 어긋나는 주장을 하는 쪽이 입증의 책임을 져라.
3. 힘이 있는 강자와 없는 약자 중 강자 쪽에서 입증의 책임을 져라.
4. 한쪽에서 위험하다고 주장하면 상대방이 입증의 책임을 져라.

첫째 기준이 가장 기본적이지만 둘째, 셋째, 넷째 기준이 그것보다 우선한다. 이 장의 맨 앞에 나온 남녀의 대화를 다시 보자. 첫째 기준에 따르면 당연히 여기서 담배를 피우면 안 된다고 주장한 여자가 입증의 책임을 진다. 그러나 공공장소에서 담배를 피우는 것이 몰상식한 사회가 되었다면 비록 여자가 먼저 주장을 했어도 둘째 기준에 의해서 남자에게 입증의 책임이 넘어갈 것이다. 또 어찌 생각해보면 담배 피우는 사람은 강자다. 담배를 무기로 다른 사람들을 쫓아내기 때문이다. 그렇게 보면 셋째 기준에 의해서도 남자가 입증의 책임을 떠안게 된다. 마지막으로 시대가 바뀌어서 사람들이 담배를 마약처럼 뭔가 이상한 시선으로 바라보게 되거나 담배의 위험성이 널리 알려지게 되면 어떨까? 그러면 역시 남자에게 입증의 책임이 넘어갈 것이다. 남자는 피워도 된다는 것을 스스로 입증하기 전까지는 피우지 못한다. "고통이 너무 심해서 마약을 안 할 수 없어요."
라고 애걸하는 마약쟁이처럼 "손이 너무 떨려서 담배를 피우지 않을 수
없어요."라고 말해야 할까?

Chapter 3

Mr. 포르노,
당신을 고소하겠소!

주장의 차이가 생기는 이유

래리 플린트(Larry Flynt)는 미국의 유명한 포르노 잡지인 〈허슬러〉의 창간인이다. 제리 폴웰(Jerry Lamon Falwell)은 '도덕적 다수'란 조직을 이끈 목사인데 포르노를 만드는 사람들을 미국의 정신을 오염시키는 사람들이라고 맹비난했다. 플린트는 1983년 폴웰을 풍자하는 광고를 〈허슬러〉에 실었다. 당시 유명했던 술 광고를 패러디한 방법을 썼는데 폴웰이 자신의 어머니와 근친상간했다는 내용이었다. 물론 광고의 맨 아래에는 조그만 글자로 "광고 패러디입니다. 심각하게 받아들이지 마십시오."라는 글귀가 붙어 있긴 했다.

폴웰은 플린트와 〈허슬러〉를 상대로 명예훼손으로 인한 손해배상청구소송을 제기했다. 연방대법원까지 간 이 소송에서 플린트 쪽 변호사는 폴웰이 이 광고 때문에 본 경제적 피해는 전혀 없고 단지 감정적인 상처만 입었음을 지적했다. 그리고 폴웰과 같은 공인의 경우 그 정도 상처는 감내해야 한다고 주장했다. 그래야 수정헌법 1조가 보장하는 표현의 자유라는 가치가 보호되기 때문이다. 또 변호사가 강조한 것은 이 광고 패러디는 사실을 보여주는 것이 아니라는 점이었다. 사람들이 이 광고가 폴웰의 실제 행동이나 실제 사건을 묘사한 것이라고 생각하리라고는 도저히 볼 수 없다는 것이다. 곧 단순한 의견 표명이나 풍자의 수단으로 볼 수 있다는 것이다.

결국 공적 인물에 대한 의견 표명이나 패러디는 그 대상이 되는 사람의 감정을 상하게 하더라도 보호되어야 한다는 것이 변호인 쪽의 주장이었다. 법원은 이 주장을 받아들여 플린트의 손을 들어주었다 (플린트 재판에 대해서는 리프 · 콜드웰의 《세상을 바꾼 법정》을 참조했다).

기호는 소송의 대상이 아니다

이 재판에서 "폴웰 목사가 자신의 어머니와 근친상간했다."는 주장은 사실에 관한 진술처럼 보인다. 폴웰 쪽 변호사는 그 광고가 '허위 사실'이라고 주장했다. 그러나 플린트 쪽 변호사나 연방대법원은 그렇게 판단하지 않았다. 포르노를 죄악시하는 운동을 하던 폴웰 목사는 술과 섹스가 소재인 광고의 진짜 모델이라고 생각하기 어려운 사람이다. 따라서 〈허슬러〉의 광고는 단지 그 목사를 풍자하여 그가 위선자라는 '의견'을 표명한 것으로 봐야 한다는 것이다.

여기서 잠깐. '사실'과 '의견' 구분은 초등학교 교과서에도 나오는 아주 중요한 것이다. 세상이 어떠어떠하다고 있는 그대로 객관적으로 서술하는 것이 **사실**이고, 그것에 대해서 각자의 생각을 표현한 것이 **의견**이라고들 한다. 그러나 그 구분이 생각처럼 쉽지는 않다. 예컨대 "이승만은 대한민국의 초대 대통령이었다."는 사실이고 "이승만은 독재자였다."는 의견일 것이다. 그러나 "이승만은 대한민국 건국의 아버지였다."라는 진술은 사실인지 의견인지 딱 잘라 말하기가 쉽지 않다. 일단은 대한민국의 건국 시점을 해방 후 정부 수립으로 볼 것인지, 아니면 임시정부 수립까지 거슬러 올라가야 할지 논란거리다. 그리고 한쪽에서는 초대 대통령이니까 건국의 아버지라고 비유적으로 표현할 수도 있다고 주장하겠지만 이승만이 독재자였다는 '의견'을 가진 사람은 그런 독재자에게 '아버지'라는 표현은 당치 않다는 '의견'도 내놓을 것이기 때문이다.

우리가 사실과 의견을 대체로 구분할 수 있다고 하자. 그러면 사람들의 주장도 우선 사실에 대해서 차이가 날 때와 의견에 대해서 차이가 날 때를 구분할 수 있을 것이다. 먼저 사실에 대한 주장의 차이는 해결하기가 쉽다. 세상에서 일어난 일이나 일어나고 있는 일이나 일어날 일에 대해서는 몸소 확인하거나 그것이 곤란하면 다른 사람에게, 특히 전문가에게 물어보면 되기 때문이다. 예컨대 이승만의 부인이 오스트리아 사람인지 오스트레일리아 사람인지는 현대사 전문가에게 물어보면 되고, 야구 선수 이종범이 어느 고등학교를 졸업했는지는 야구 해설가에게 물어보면 된다. 물론 요즘은 인터넷의 '지식인'

| 사실과 의견 |

현상을 있는 그대로 설명하는 것은 사실,
그것에 대해 각각의 생각을 표현한 것은 의견이라고 말한다.
그러나 사실과 의견을 저울로 재듯이
언제나 분명하게 알 수 있는 건 아니다.

에게 많이 물어보지만 그 지식인이 전문가인지는 알 수 없다(전문가가 일반인보다 왜 신뢰성이 있는지에 대해서는 5장을 보라).

이에 비해서 의견에 대한 주장의 차이는 해결하기가 어렵다. 예를 들어 자장면이 맛있는지 우동이 맛있는지는 그야말로 각자의 의견에 따라 달라지는 문제다. 그리고 그 주제에 대한 토론은 누가 옳다고 말할 수도 없고 한 가지 의견으로 통일할 수도 없다(중국집에서 모두 자장면으로 주문하는 것은 빨리 먹기 위해서 또는 상사가 그것을 주문해서지 자장면이 맛있다는 의견에 동의했기 때문은 아니다!). 자장면과 우동 중 어느 쪽을 좋아하는지는 기호의 문제라고 말한다. 개인의 취향이다. 플린트 재판에서 폴웰 쪽 변호사는 근친상간이 악의적으로 극도의 불쾌감을 주는 것이라고 주장한다. 그러나 플린트 쪽 변호사는 그것이 사람마다 다른 기호의 문제이고 기호라는 것은 논쟁이 불가능하기 때문에 소송의 대상이 될 수 없다고 맞선다. 그래서 어떤 사람들은 의견에 대해서 생기는 주장의 차이는 해결하려고 노력하지 말라고 말한다. 각자의 의견 차이를 존중해야 하니까.

똘레랑스의 함정

다른 사람의 의견이 나의 의견과 다르더라도 그것을 존중해주는 것을 **관용**이라고 한다. 그리고 홍세화 씨의 베스트셀러 《나는 빠리의 택시 운전사》 덕분에 우리 사회에서는 '관용'이라는 말 대신에 **똘레랑스**라는 말도 많이 쓴다(외래어 표기법에 따르면 '톨레랑스'가 맞지만 '똘레랑스'라는 말이 널리 알려져 있으므로 그냥 '똘레랑스'라고 쓰겠다). 똘레랑스는 자신의 정치적, 사회적, 종교적 견해를 존중받고 싶다면 다른 사람의 그것도 존중해주는 것이다. 자신의 생각만이 옳다는 독선을 버리고 다른 사람에게 자신의 생각을 받아들이도록 강요하지 않는 것이다. 홍세화 씨에 따르면 한국 사회가 정이 흐르는 사회라면 프랑스 사회는 똘레랑스가 흐르는 사회라고 한다.

그렇다면 의견에 대해서 주장의 차이가 생기는 경우에는 언제나 서로의 의견을 존중하며 똘레랑스를 발휘해야 할까? 서로 다투는 두 하인을 보고 "네가 옳다."라고 하고 "네 말도 옳다."라고 말한 황희 정승처럼 되어야 할까? 똘레랑스라는 말은 오해되는 면이 있다. 모든 의견의 차이에 대해서 똘레랑스를 발휘할 수는 없다. 물론 홍세화 씨가 똘레랑스를 거론할 때는 나와 의견이 다르다고 해서 그 사람을 '감옥에 처넣거나 죽여서는' 안 된다는 것을 강조한 것이다. 실제로 아직도 공산주의 사상을 가지고 있다는 이유만으로 처벌받는 우리나라에서는 그런 의미의 똘레랑스를 강조하는 것이 꼭 필요하다. 그렇다고 해서 똘레랑스가 언제나 다른 사람의 생각도 옳다고 인정하는 것은 아니다.

우리는 이 시점에서 의견에 대한 주장의 차이를 다시 두 가지 경우로 구분해서 생각해야 한다. 그리고 각각의 경우 똘레랑스도 달라진다. 하나는 서로 간의 의견 차이를 인정해야 하는 경우이고 다른 하나는 의견 차이를 인정할 수 없는 경우다. 앞서 말한 자장면과 우동 중 어느 쪽이 맛있는지에 대한 논쟁이 첫 번째 경우에 해당할 것이다. 자장면이 맛있다는 의견과 우동이 맛있다는 의견은 둘 다 옳을 수 있으므로 두 의견 모두 옳다고 인정할 수 있다. 그리고 앞서 말했지만 현실적으로 입맛에 대한 생각은 강제적으로 바꿀 수도 없다.

반면에 의견에 대한 주장이 차이가 날 때 대립하는 두 의견 모두가 옳을 수 없는 경우도 많다. 안락사를 예로 들어보자. 철수와 영희는 의사다. 철수는 안락사를 반대하고 영희는 찬성한다고 하자. 그들은 회복의 가능성이 전혀 없으면서 고통은 큰 어떤 환자에게 안락사를 시행해야 할지 토론하고 있다. 그러나 그들은 합의에 이르지 못했다. 이때 철수는 영희의 의견에 대해 똘레랑스를 보여야 할까?

똘레랑스가 의견이 다르다고 해서 상대방을 감옥에 처넣거나 죽여서는 안 된다는 의미라면 똘레랑스를 발휘하는 것은 당연하다(이것이 홍세화 씨가 말한 똘레랑스의 의미다). 안락사에 찬성한다고 해서 그 사람을 감옥에 처넣거나 죽일 수는 없지 않은가? 그러나 똘레랑스가 나와 의견이 다르더라도 존중해야 한다는 의미라면 어떤가? 이때 존중한다는 것은 무슨 뜻일까? 그 의견도 옳다고 받아들인다는 뜻이라고 해보자. 철수가 영희에게 똘레랑스를 보인다고 할 때 "당신은 안락사를 찬성하지만 나는 반대해요. 그렇지만 나는 똘레랑스가 있는 사람이에요. 당신의 의견을 존중해요."라고 말할 수 있는가?

여기서 안락사를 반대한다는 것이 무슨 뜻인지 정확히 알아야 한다. 안락사를 반대하는 사람의 입장에서는 안락사가 살인과 같다. 아무리 고통이 크고 회복이 불가능하더라도 아직 살아 있는 사람의 생명을 인위적으로 끊는 것이기 때문이다. 그리고 안락사를 찬성하는 사람의 의견을 존중한다는 것은 적어도 그 사람들에게는 안락사를 허용하겠다는 것이다. 그러므로 안락사를 찬성하는 사람에게 똘레랑스를 보이는 것은 살인에 대해 똘레랑스를 보이는 것과 다르지 않다. 살인마가 "나에게도 똘레랑스를 보여주세요!"라고 말하는 것은 말도 안 되지 않는가? 안락사가 불법인 사회에서는 안락사를 찬성한다고 해서 감옥에 가지는 않지만 안락사를 시행한다면 감옥에 갈 수 있다. 살인마처럼.

이렇게 의견에 대해 주장 차이가 날 때 의견 차이를 인정할 수 없는 경우가 있다. 그러면 어떨 때는 의견 차이를 인정하고 어떨 때는 의견 차이를 인정하지 않아야 할까? 대립하는 두 주장이 모두 옳을 수 있느냐 없느냐를 가지고 판단해야 한다. 자장면과 우동의 선택 문제에서처럼 어떤 취향이나 입맛에 관한 주장들은 서로 다르더라도 모두 옳을 수 있다. "나는 자장면을 좋아한다."라는 철수의 주장과 "나는 우동을 좋아한다."라는 영희의 주장은 모두 옳을 수 있다. 그런 경우에는 서로의 의견 차이를 인정하고 존중해줘야 한다. 반면에 대립하는 두 주장이 모두 옳을 수 없을 때는 상황이 다르다.

앞에서 꺼낸 황희 정승 이야기로 돌아가보자. 이 하인의 말도 옳고 저 하인의 말도 옳다는 황희 정승을 보고 그의 부인이 이렇게 말했다.

"두 사람이 서로 반대의 이야기를 하는데 둘 다 옳다고 하시면 어떻게 합니까? 한 사람은 틀려야지요." (아마 두 하인이 입맛을 가지고 싸운 것은 아닌 모양이다.) 이렇게 서로 반대의 주장을 하므로 둘 다 옳다고 의견의 차이를 인정할 수 없는 경우에는 똘레랑스가 가능하지 않다.

안락사 논쟁에서 "나는 안락사를 찬성한다."나 "나는 안락사를 반대한다."라는 주장은 안락사라는 제도에 대한 개인의 취향을 말한 것이 아니라 그 제도가 모든 사람에게 적용되어야 함을 주장하는 것이다. 곧 "나는 안락사를 반대한다."라고 주장하는 것은 "나는 나뿐만 아니라 모든 사람이 안락사를 시행해서는 안 된다고 생각한다."라는 뜻이다. 그러므로 안락사를 반대하는 사람은 안락사 찬성 주장도 옳다고 받아들일 수는 없다. 그리고 그런 의미에서 똘레랑스를 보일 수도 없다.

그러므로 안락사 문제는 서로의 의견 차이를 확인하는 데 그쳐서는 안 되고 어떤 식으로든 합의에 이르러야 한다. 아직 안락사가 불법인 사회에서 의견 차이를 존중한다는 이유로 합의에 이르지 않고 토론을 끝낸다고 해보자. 그것은 결국 안락사를 찬성하는 사람의 의견을 존중하는 것이 아니라 안락사 반대를 강요하는 것이다. 왜냐하면 입증의 책임 원칙^{세 번째 원칙}에 따르면 안락사 찬성 쪽이 상대방을 설득할 책임이 있는데 그런 설득 없이 안락사를 시행해버리면 불법을 저지르는 것이 되기 때문이다. 거꾸로 안락사를 찬성하는 사람을 보고 안락사를 반대하는 사람에게 똘레랑스를 보이라고 말할 수 있을까? 이것 역시 말이 되지 않는다. 그것은 안락사는 불법임을 계속 인정하라는 뜻이기 때문이다. 결국 안락사 논쟁에서 똘레랑스를 보이라고 말하는 것은 그 의도와는 달리 지배적인 견해인 안락사 반대 쪽에만 유리한 게임이 된다. 안락사와 같은 문제는 똘레랑스의 대상이 아니다.

내 말도 맞고 네 말도 맞다?

우리 사회에서는 서로 간에 의견 차이를 인정해야 하는 경우와 인정할 수 없는 경우를 헛갈리는 때가 많다. 특히 의견 차이를 인정해야 하는데 인정하지 않는 때가 많다. 그 대표적인 예가 결혼이다. 결혼은 각자에게 선택의 문제다. 어떤 성인이 자발적인 의사에 의해 결혼을 했다고 해서 또는 하지 않았다고 해서 다른 사람에게 주는 피해는 없다. 그런데도 사람들은 결혼하지 않은 사람의 선택을 인정하려고 하지 않고 끊임없이 결혼을 강요한다. 또 결혼을 결정한 연예인 커플을 놓고 인터넷에서 왈가왈부하기도 한다.

물론 자비로운 해석의 원칙^{첫 번째 원칙}으로 결혼을 하지 않아서 또는 결혼을 해서 생기는 해로움을 걱정해서 간섭하는 것이라고 선의로 해석할 수는 있다(결혼을 하면 얼마나 좋은데 그걸 모른단 말인가!). 그러나 그런 해로움은 자장면이 아닌 우동을 선택한 사람에게도 있다(자장면을 먹으면 얼마나 좋은데 그걸 모른단 말인가!). 그렇다고 해서 우동을 선택한 사람에게 왜 우동을 먹느냐고 하는 것은 과도한 간섭이다. 결혼 문제도 마찬가지다. 결혼을 하지 않으면 결혼하지 않았다고 간섭받지만 결혼을 한 다음에는 자녀를 갖는 문제 때문에 간섭을 받는다. 자녀를 갖지 않을 때 또는 자녀를 적게 가졌을 때 주위로부터 끊임없는 간섭을 받는다. 자녀를 낳느냐 마느냐, 낳는다면 몇 명을 낳느냐는 순전히 부부가 선택할 문제다.

훨씬 민감한 문제이긴 하지만 마약 복용도 개인 간의 의견 차이를 인정해야 하는 성격의 문제일 가능성이 크다. 성인이 자발적인 선택에 의해 마약을 복용했을 때 다른 사람에게 주는 피해는 없기 때문이다. 곧 이 경우에는 "나는 마약을 하겠다."라는 철수의 진술과 "나는 마약을 하지 않겠다."라는 영희의 진술 모두가 옳을 수 있다. 물론 마약 복용에 대해서는 의견 차이를 인정해야 하는 성격의 문제가 아니라는 반론이 가능하다. 마약 복용자 본인이 겪을 해로움이 너무 분명하므로 그것을 막기 위해서는 불법화하는 수밖에 없다든가, 마약 복용이 다른 범죄로 이어질 가능성이 크다든가 하는 이유 때문이다.

이렇게 서로 간에 의견 차이를 인정해줘야 하는데도 그렇지 못하기 때문에 똘레랑스가 강조된다. 그러나 우리 사회에서는 이 똘레랑스가 강조되어야 할 영역이 너무 많기 때문에, 다시 말해서 의견 차이를 인정해줘야 할 문제인데도 그러지 않는 경우가 너무 많기 때문에 똘레랑스가 지나치게 강조되어 마치 모든 의견 차이를 인정해야 하는 것처럼 오해된다. 그러나 개인의 취향이나 선택의 문제가 아니라면 의견의 차이가 있다고 해서 상대방의 의견을 무조건 인정할 수는 없다. 앞에서 본 것처럼 안락사를 반대하는 사람의 입장에서는 안락사를 찬성하는 사람이 살인을 옹호하는 것과 마찬가지이므로 그들에게 똘레랑스를 보이는 것은 살인마에게 똘레랑스를 보이는 것과 마찬가지이기 때문이다. 그것은 개인의 취향이 아니다.

홍세화 씨가 똘레랑스 이야기를 꺼냈을 때 의도했을 사상의 문제도 의견 차이를 인정할 수 있는 성격의 것은 아니다. 공산주의자에게 똘레랑스를 보이라고 말하는 것이 그 사람을 감옥에 처넣거나 죽이지 말라는 의미라면(이것이 홍세화 씨가 말한 의미다) 당연히 옳다. 그러나 그 사람의 생각도 받아들이라는 것이라면 말이 되지 않는다. 한 사회 내에서 누구는 자본을 사유화하고 누구는 사유화하지 않을 수는 없기 때문이다. 똘레랑스를 아무 때나 발휘하는 것은 아니다.

종교끼리 똘레랑스를 보일 수 있을까? 지금 지구상에서 벌어지는 전쟁은 대부분 종교가 원인이다. 그래서 다른 사람의 종교에 대해 관용, 곧 똘레랑스를 보여야 한다는 말을 많이 한다. 그러나 종교끼리 똘레랑스를 보이는 것이 가능할까? 종교들이 개인의 취미처럼 주장

논리 법정

동성애자 처벌법

문명화된 현대 국가에서 동성애자라고 해서 처벌하는 법률은 없다. 동성애는 개인의 취향이므로 동성애자와 이성애자가 모두 옳을 수 있기 때문이다. 곧 동성애는 서로 간의 의견 차이를 인정해야 하는 경우로 인정받는 것이다. 그러나 동성애자에 대한 처벌 법률이 없어진 것은 역사에서 그리 오래되지 않았다. 컴퓨터의 아이디어를 제시한 것으로 평가받는 수학자 앨런 튜링(Alan Turing)은 1952년에 동성애 혐의로 체포되었다. 그는 금고형을 피하기 위해 호르몬 주사를 맞는 선택을 했는데 그 충격으로 1954년에 자살했다. 영국은 1967년에야 동성애를 범죄행위에

들 사이에 아무런 대립이 없다면 그것이 가능하다. 우리나라에도 여러 종교가 있지만 종교 간의 갈등이 상대적으로 적은 이유는 바로 신자라는 사람들이 취미처럼 종교생활을 하기 때문이다. 그러나 '취미'처럼 종교생활을 하는 신자들이 아니라 종교의 가르침을 신실하게 따르는 신자들끼리라면 사정이 달라진다. 유일신을 교리로 하는 종교는 자신의 신만을 믿으라고 가르칠 뿐만 아니라 다른 사람도 그렇게 믿도록 전도하라고 가르친다. 그러므로 각자의 종교를 존중해주는 똘레랑스가 애초에 가능하지 않다. 다른 사람의 종교에 관용을 베풀라는 것은 애초에 관용이 불가능한 곳에 관용을 베풀라는 소리다. 오해 마시길! 똘레랑스가 불가능하다는 말이 감옥에 처넣거나 죽이라는 소리가 아님은 누누이 강조했으니. 토론에 의해 합의에 이르러야 한다는

서 제외했다. 한편 미국에서는 2003년 대법원에서 텍사스 주의 동성애 금지법이 위헌이라고 판결한 것을 마지막으로 모든 주에서 동성애는 범죄 취급을 받지 않게 되었다. 크리스트교의 영향이 적은 우리나라는 애초에 동성애자 처벌 법률이 없었다. 그러나 군 형법에는 동성애자를 처벌하는 조항이 있다. 이 조항을 옹호하는 쪽은 '군이라는 공동 사회의 건전한 생활과 군기를 보호'하기 위해 동성애자 처벌이 필요하다고 주장한다. 그러나 동성애가 '불건전하다'는 판단 자체가 이미 논란이 있는 것이므로, 논란이 되는 것을 근거로 내세우는 잘못(선결 문제 요구의 오류)을 저지르는 것이다. 선결 문제 요구의 오류에 대해서는 6장에서 설명하겠다.

말이다.

언어에 대한 주장의 차이

'사실'과 '의견'의 차이뿐만 아니라 '언어'의 차이 때문에 주장의 차이가 생기기도 한다. 일단 '언어'의 차이가 무엇인지부터 분명히 하자. 이 말은 한 사람은 한국어를 하는데 다른 사람은 영어를 하기 때문에 주장의 차이가 생긴다는 뜻이 아니다. 두 사람 모두 같은 언어를 사용하는데 토론의 핵심 개념을 서로 다른 뜻으로 이해하기 때문에 의견의 일치를 보지 못하는 상황을 말한다. 낙태 논쟁을 예로 들어보자.

낙태를 찬성하는 쪽과 반대하는 쪽의 주장 중 가장 큰 차이는 태아를 사람으로 볼 것인가 말 것인가다. 두 진영이 '사람'이라는 개념에 대해 완전히 다른 의미를 가지고 있는 것은 아니다. 가령 한쪽은 '사람'이라는 말로 강아지를 가리키고 다른 쪽은 호모사피엔스 종을 가리키는 것은 아니다. 만약 그렇다면 그들은 자신들이 완전히 다른 개념을 가지고 논의하고 있다는 사실을 얼른 알아차릴 것이다.

그러나 낙태를 찬성하는 쪽이나 반대하는 쪽이나 '사람'이라는 말로 가리키는 것은 거의 같다. 다만 아주 일부분에서 차이가 날 뿐이다. 예컨대 낙태를 찬성하는 쪽은 사람은 감각을 느낄 수 있어야 하고 합리적이어야 하고 자의식이 있어야 한다는 생각을 하고 있다. 그런데 태아는 그런 조건을 만족시키지 못하기 때문에 사람이 아니고, 그러므로 태아를 죽인다고 해서 살인이라고 볼 수 없다는 것이다(물론 태아가 사람임을 인정하면서도 낙태를 옹호하는 이들도 있다). 이에 비해서 낙태를 반대하는 쪽은 수정되는 순간부터 사람이므로 태아는 엄연히 사람이라고 주장한다.

이렇게 낙태에 관한 논쟁은 중심 개념을 서로 다른 뜻으로 쓰기 때문에 생긴 언어적인 것이다. 그래서 '사람'의 정의를 분명하게 해야만 주장의 차이를 줄여갈 수 있다. 그렇지 않고서는 논쟁은 돌고 돌 뿐이다. 다음 장에서는 이 정의의 문제에 대해 좀 더 자세하게 알아보자.

> **미끄러운 비탈길 논증 :** 수정란부터 출생까지는 도덕적으로나 법적으로 의미 있는 구분선을 긋기 힘들게 쭉 연속되어 있다. 그래서 출생하는 순간부터 사람이면 왜 수정란은 사람이 아니냐는 대꾸가 나올 수 있는데 이것을 미끄러운 비탈길 논증이라고 한다. 미끄러운 비탈길 논증에 대해서는 10장을 보라.

● 실전 논리 비법 : **취향이 아니라 의견에 맞서라**

주장의 차이가 나는 경우는 다음과 같이 나눌 수 있다.

1. **사실에 대한 주장의 차이**
2. **의견에 대한 주장의 차이**
   2-1. **의견 차이를 인정할 수 있는 경우**
   2-2. **의견 차이를 인정할 수 없는 경우**
3. **언어에 대한 주장의 차이**

이중 사실에 대한 주장의 차이는 차이점을 해결할 수 있고 또 해결해야 한다. 주로 진리 추구 활동이 그 방법으로 이용된다. 두 번째로 의견에 대한 주장의 차이는 다시 그 의견 차이를 인정할 수 있는 경우와 인정할 수 없는 경우로 나뉜다. 개인의 취향이 문제될 때는 의견 차이를 인정할 수 있는 경우다(2-1). 그럴 때는 각자의 취향을 존중하라. 곧 똘레랑스를 발휘하라. 상대방의 취향을 바꾸도록 강요하지 마라. 어떤 취향이 옳은지 토론하는 것도 불필요하다. 반면에 개인의 취향 문제가 아닌 경우에는 의견 차이를 인정할 수 없는 경우다(2-2). 이때는 똘레랑스가 필요 없다. 합리적인 토론을 통해 의견의 차이점을 좁혀라. 그러지 않고 각자의 의견 차이를 존중한다고 말하는 것은 결국 기존의 견해, 곧 현재 지배적인 의견을 상대방에게 따르라고 강요하는 셈이다. 이는 입증의 책임이 없는 사람에게만 유리한 게임이다.

Chapter 4

내가 알고 있는 뜻이 정말 맞을까?

애매모호와 정의

정치인들이 뇌물을 받아 재판을 받는 일이 흔하다. 어떤 정치인이 뇌물수수에 관한 재판에서 무죄를 선고받았다고 하자. 그러자 그 정치인은 기자들 앞에서 다음과 같이 말한다. "제가 뇌물을 받지 않았다는 것은 재판을 통해 밝혀졌습니다. 제가 무죄라는 것이 만천하에 밝혀졌습니다. 저는 깨끗합니다. 하늘을 우러러 한 점 부끄러움이 없습니다."

충분히 가능한 발언이다. 이 정치인은 재판에서 무죄를 선고받았으므로 자신이 정말 죄가 없음을 주장하고 싶을 것이다. 그러나 재판에서의 '무죄'는 '아무 잘못이나 죄가 없다'는 뜻이 아니다. 무죄의 법률적인 의미는 '죄가 있다는 것이 입증되지 않았다'는 뜻이다. 다시 말해서 죄가 있을지도 모르지만 죄가 있다는 증거를 찾지 못했다는 뜻이다. 그 정치인이 뇌물수수 사건에서 무죄 선고를 받았음은 그가 뇌물을 안 받았다는 뜻이 아니라 뇌물을 받았다는 증거가 없다는 뜻일 뿐이다.

　재판까지 가지 않고 검찰에 의해 무혐의 처분을 받은 것도 마찬가지다. 검찰이 무혐의로 불기소한 것은 혐의가 없기 때문이라기보다는 증거가 약하기 때문일 가능성이 크다. 그런데도 그 정치인은 법원의 판결이나 검찰의 불기소 처분을 근거로 자신이 정말로 뇌물을 받지 않았으며, 깨끗하고 부끄러움이 없음을 주장하고 있다. 물론 그는 정말로 뇌물을 안 받았을 수 있다. 왜 안 그러겠는가? 그 점을 부인하는 것이 아니다. 다만 그런 주장을 할 때 법원과 검찰의 판단만을 근거로 하는 것은 잘못이라는 것이다. 법률의 '무죄'와 일상어의 '무죄' 또 법률의 '무혐의'와 일상어의 '무혐의'는 다른 뜻이기 때문이다.

애매한 말과 모호한 말

우리는 같은 한국어를 쓰는 사람들끼리는 같은 말을 쓰고 있다고 생각한다. 다시 말해서 우리가 쓰고 있는 개념들의 의미가 모두에게 똑같고, 그래서 분명하다고 생각한다. 그러나 실상은 그렇지 않다. 토론을 할 때 주요 개념들은 서로 다른 의미로 쓰이기가 십상이다. 그래서 사람들은 다른 사람의 주장을 오해하게 되고 의사소통에 방해를 받게 된다. 그렇다고 해서 우리가 쓰는 개념들이 사람마다 완전히 다르다는 것은 아니다. 두 사람이 배에 대해서 이야기하면서 한 사람은 먹는 배를, 다른 사람은 타는 배를 생각하고 있다고 해보자. 이때는 서로 엉뚱한 개념을 쓰고 있다는 것을 얼른 눈치채므로 논의를 바로잡기 쉬워질 것이다. 문제는 그 의미 차이가 포착하기 힘들 정도로 미묘할 때 생긴다. 일상용어의 '무죄'와 법률용어의 '무죄'도 그런 경우다.

우리는 의미가 분명치 못한 말들을 **알쏭달쏭** 또는 **애매모호**하다고 말한다. 학자들은 그것들을 좀 더 세분화하여 한 가지 이상의 뜻을 갖는 말은 **애매하다**고 하고, 어디까지 적용되는지 그 범위가 확실하지 않은 말들은 **모호하다**고 한다. 예컨대 사람의 다리를 뜻하기도 하고 강에 세워진 다리를 뜻하기도 하는 '다리'는 애매한 말이고, 얼마나 많아야 많다고 할 수 있는지 알 수 없는 '많다'는 모호한 말이다. 꼭 낱말만 애매하거나 모호한 것은 아니다. 문장도 얼마든지 애매하거나 모호할 수 있다.

애매하거나 모호한 말은 흔하다. 그것은 우리 한국말이 풍부하지 못해서 그런 것이 아니라 세계 어느 말에나 다 있는 현상이라서 그렇다. 어느 언어에나 애매모호한 말들이 많지만 그래도 의사소통에 큰 지장이 없는 까닭은 그 말들이 쓰이는 맥락에서 애매모호함이 대부분 사라지기 때문이다. 한때 택시의 뒷유리창에는 "손님을 가족과 같이"라는 표어가 붙어 있었다. 이 말은 "손님을 가족처럼 모시겠다."라는 뜻으로도 들리고 "손님을 기사의 가족과 함께 태우겠다."라는 말로도 들린다. 그러므로 이 표어는 애매한 표현이다. 그러나 택시에 기사의 가족이 탈 리가 없다는 것을 알므로 이 표어를 두 번째 뜻으로 오해하는 사람은 거의 없을 것이다(그래도 "손님을 가족과 같이"보다는 "손님을 가족처럼"이 더 나은 표현이다).

국어사전에는 '부자'가 재물이 많아 살림이 넉넉한 사람이라고 풀이되어 있다. 그러나 재물이 얼마나 많아야 되는지는 분명하지 않다. 그래서 '부자'는 모호한 말이다. 부자 아닌 사람이 부자로 진입했음을 알려주는 기준선은 없다. 예를 들어 강남에 집을 사게 되면 부자의 반열에 끼게 될까? 이것도 일상생활에서는 그 모호함이 대체로 해결된다. 시골 출신의 동창들끼리 모인 자리에서는 강남에 집이 있으면 부자일 것이다. 그러나 강남 사람들끼리 모이면 그것으로는 명함도 내밀지 못할 것이다.

부자의 정의는 논란의 여지가 있기는 하지만 그래도 이 경우에는 사람들이 애매모호함이 있음을 의식하고 있고 애매모호함을 없애려는 시도라도 있으니 그나마 다행이다. 그러나 그렇지 못한 말들이 굉장

논리 법정

국가보안법 7조 1항

재판에서 시시비비를 가리게 하는 것이 법률이므로 법률 조항은 애매모호해서는 안 된다. 그런 법률이 있다면 모호하기 때문에 무효(void for vagueness)가 된다. 국가보안법 7조 1항은 그 애매모호성 때문에 오랫동안 논란이 되었다. 원래 이 조항은 "반국가단체나 그 구성원 또는 그 지령을 받은 자의 활동을 찬양·고무 또는 이에 동조하거나 기타의 방법으로 반국가단체를 이롭게 한 자는 7년 이하의 징역에 처한

히 많다. 사회정책과 관련된 말들은 애매모호함이 특히 심하다. 자유, 외설, 행복, 이런 말들을 보자.

우리나라는 자유민주주의 국가라고 한다. 그러나 도대체 무엇이 자유인가? 유명한 《자유론》의 저자인 이사야 벌린에 따르면 사상사에서 자유의 의미는 100가지가 넘는다고 한다. 똑같은 행동, 가령 골방에 숨어서 마약을 복용하는 행위가 어떤 자유 개념으로는 자유이지만 다른 자유 개념으로는 자유가 아닐 수 있다. 국가는 영화

자유 : 이사야 벌린(Isaiah Berlin, 1909~1997)은 소극적 자유와 적극적 자유를 구분한다. 소극적 자유는 외부로부터 간섭과 통제가 없는 상태를 말하는 반면 적극적 자유는 무엇인가를 할 수 있는 능력을 말한다. 예를 들어 돈이 없어 학교에 다닐 수 없는 사람이 있다고 하자. 과거에 노예나 흑인이 학교에 다니지 못하게 한 것처럼 이 사람이 학교에 다니지 못하게 막은 것은 아니므로 이 사람에게는 학교에 다닐 소극적 자유는 있다. 그러나 실제로 학교에 다닐 돈이 없으므로 학교에 다닐 적극적 자유는 없다.

나 출판물의 등급을 심사하여 18금 또는 외설물로 판정한다. 그러나

다.”고 되어 있다. 여기서 ‘구성원’, ‘동조’, ‘기타의 방법’, ‘이롭게 한’이 모두 애매모호한 말이다. 1990년 헌법재판소는 이 조항에 대해 한정합헌 판결을 내렸다. 그래서 이 조항은 다음과 같이 조금 더 명확하게 바뀌었다. “국가의 존립·안전이나 자유민주적 기본 질서를 위태롭게 한다는 점을 알면서 반국가단체나 그 구성원 또는 그 지령을 받은 자의 활동을 찬양·고무·선전 또는 이에 동조하거나 국가변란을 선전·선동한 자는 7년 이하의 징역에 처한다.” 그러나 그 애매모호성이 여전히 논란이 되고 있다.

어느 정도의 표현을 외설스럽다고 말할까? 성적인 흥분을 일으키면 외설이라고 하는데 어느 정도의 흥분이 일어나야 하는가? 헌법에는 행복권이 명시되어 있다. 곧 국민들은 행복해야 할 권리가 있고 국가는 그것을 보장해야 할 의무가 있다. 그런데 어느 정도까지 평등을 보장해주어야 하는가? 세 끼만 굶지 않으면 행복인가, 아니면 더 이상이 필요한가?

"그 사람은 진짜 남자가 아냐" : 은밀한 재정의

이런 논쟁들에서 가장 먼저 할 일은 논쟁의 중심 개념이 한 가지 이상의 뜻으로 쓰이거나 적용 범위가 분명하지 않다는 것을 알아차리고 그 의미의 차이들을 명확하게 하는 것이다. 그러고 나서 상대방이 전제하고 있는 의미가 올바르지 않다거나 반대로 자신이 염두에 두고 있는 의미가 올바르다는 것을 설득해야 할 것이다. 이 과정에서 자비로운 해석의 원칙^{첫 번째 원칙} 이 꼭 필요하다. 자유나 외설이나 행복에 대해 내가 알고 있는 개념만 생각하고 있다면 그 개념들이 다양하게 쓰일 수 있다는 사실을 알아차릴 수가 없다. 그러므로 입장을 바꾸어서 내가 저 사람의 처지라면 그 개념을 어떻게 쓰고 있을까 스스로 물어보아야 한다. 또 어떤 말이 사실은 다양한 뜻이 있는데 그것을 모르고 상대방이 말한 뜻만 있는 줄 안다고 해보자. 그러면 상대방의 의도에 넘어가게 되어 논쟁에서 질 수밖에 없다.

한 가지 예를 들어보자. 일부 언론에서는 요즘 학생들이 예전보다 실력이 없다는 보도를 내보낸다. 가령 "학력 떨어진 대학생"이란 제목의 기사가 실려 있는데 부제를 보니 "공부는 6년 전의 두 배나 하지만 신문 한자 못 읽는 서울대생들"이라고 되어 있다. 이런 기사를 보고 정말로 요즘 학생들이 예전에 비해 실력이 떨어졌다고 생각하는 사람들이 있다. 이런 사람들은 시쳇말로 그 기사에 '낚인' 것이다. 그들은 진정한 학력이 뭐고 실력이 뭔지 고민해보지 않은 사람들이다. '실력' 또는 '학력'에는 여러 뜻이 있고 그중 어느 것이 진짜 실력인지 궁리해보아야 한다.

요즘 학생들이 생각하는 학력과 구세대가 생각하는 학력은 다르다. 전자는 주로 영어 회화 실력, 인터넷 검색 능력을 말하고 후자는 영어 독해 능력, 한자 실력, 암기력 등을 말한다. 어느 것이 진짜 학력인지 단언할 수 없다. 그러나 후자만이 학력이라고 생각해온 사람들은 그런 학력 외에 다른 학력이 있다는 것을 생각해보려고 하지 않는다. 물론 전자가 꼭 진짜 학력이라고 말할 수는 없다. 그러나 요즘 시대에 요구되는 학력인 것만은 분명하다. 그런데도 자신만이 알고 있는 후자의 뜻만 고집한다면 새로운 시대에 뒤질 수밖에 없다. 한 개념이 다른 사람의 관점에서 어떻게 쓰일지 생각해보지 않으면 그런 일이 생긴다.

어떤 개념을 다른 사람이 눈치채지 못하게 자신만의 특별한 뜻으로 정의해놓고 그 정의에 들어맞지 않는다고 상대방을 비판할 때 **은밀한 재정의의 오류**를 저지른다고 말한다. "술도 못 마시는 게 남자야?"라고 말하는 사람이 그런 오류를 저지른다. 이 사람은 심지어 "술 못 마시는 남자도 있어요."라고 대답하면 "그 사람은 진짜 남자가 아냐."라고 은밀한 재정의의 오류 : 논리학에서는 '진짜 스코틀랜드 사람의 오류(No true Scotsman)'라는 명칭으로 알려져 있다. 이것을 '진짜 한국 사람'으로 번안해서 소개하면 이렇다. 일본의 어느 도시에서 아주 잔인한 범죄가 일어났다. 그러자 어떤 한국 사람이 "한국 사람은 저런 짓을 안 하지."라고 말했다. 그런데 그다음 날 그 범죄보다 더 잔인한 범죄가 한국에서 일어났다. 그 한국 사람은 이번에는 이렇게 말했다. "진짜 한국 사람은 그런 짓을 하지 않아."

말한다('진짜' 또는 '정말'과 같은 말을 많이 쓰는 사람을 조심해야 한다!). 이 사람은 술을 마실 줄 아는 사람만 남자라고 정의하고 있는데 그런 정의는 그 사람만의 특별한 정의다. 그러므로 그 정의에 들어맞지 않는다고 해서 남자가 아니라고 말할 근거는 전혀 없다. 술이 나온 김에 한 가지 예를 더 들어보자. 방금 말한 사람은 맥주를 따라주니 술을 못 마신다고 사양하는 사람에게 "맥주가 술이야?"라고 말할 가능성이 크다. 맥주는 술이 아니라고 정의하는 것도 술을 자신만의 특별한 뜻으로 정의하는 것이다.

한자를 알아야 학력이 있다고 생각하는 것도 은밀한 재정의의 오류다. 자신만의 틀 안에서 그 개념을 생각하고 다른 사람의 입장에서 생각해보지 않기 때문에 자신의 정의가 특별한 것임을 알지 못한다. 그러므로 논증에서 핵심이 되는 개념이 지금 쓰이고 있는 그 뜻만이 있다고 생각하지 말고 "정말 내가 알고 있는 뜻이 맞을까?"라고 끊임없이 물어보아야 한다. 그리고 상대방에게도 "당신이 쓰고 있는 뜻이 정말로 맞습니까?"라고 물어보아야 한다. 그래야 논증에서 상대방이 제시한 근거를 확인하라는 근거 확인의 원칙^{두 번째 원칙} 을 지키는 것이다.

| 은밀한 재정의 |

자신만의 특별한 뜻으로 정의해놓고 그 정의에 들어맞지 않는다고
상대방을 비판하는 것은 잘못된 논증이다.
"술도 못 마시는 게 남자야?" 라고 말하는 사람이 그런 오류를 저지른다.
심지어 "술 못 마시는 남자도 있어요." 라고 대답하면,
"그 사람은 진짜 남자가 아냐!" 라고 말한다.
'진짜' 또는 '정말' 과 같은 말을 많이 쓰는 사람을 조심하라.

논쟁 없이 이기는 법 : 설득적 정의

지금까지 살펴본 애매모호함은 그 말을 사용하는 당사자도 그 말에 애매모호함이 있는지 의식하지 못하는 경우들이다. 옛날의 '학력'만 아는 사람이 그 낱말에 새로운 뜻이 있음을 알면서도 옛 뜻만 고집하는 것은 아니다. 그런데 어떤 말에 여러 뜻이 있음을 알고 있으면서도 의도적으로 특정 뜻으로 쓰는 사람들도 있다. 왜? 다른 사람을 설득하려고. 그 이야기를 해보자.

말이 가진 뜻에는 긍정적인 이미지도 있고 부정적인 이미지도 있고 그런 이미지가 없는 중립적인 것도 있다. 가령 '사랑'이나 '평화'는

논리 법정

양심적 병역거부

양심적 병역거부를 인정할 것인가 말 것인가는 우리 사회의 뜨거운 논쟁거리다. 우리나라의 양심적 병역거부자는 대부분 종교적인 이유로 생기는데 대체복무가 인정되지 않기 때문에 병역법 위반으로 처벌받는다. 그런데 양심적 병역거부에 대해 반대하는 인터넷 댓글에는 "그래, 너는 양심적이어서 군대에 안 가고 나는 비양심적이어서 군대에 갔냐?"와 같은 것이 많다. 이런 반응은 '양심'의 뜻을 제대로 이해하지 못했기 때문에 생기는 것이다. 양심은 글자 그대로 올바른 마음이란 뜻도 있다. "잃어버린 돈을 돌려준 그 사람은 참 양심적이야."라고 말할 때의 양심은 그런 뜻이다. 아마 위 댓글을 쓴 사람은 양심을 그런 뜻으로 이해했을 것이다. 그러나 양심적 병역거부 또는 양심수라고 할 때의 양심은 신념 정도의 뜻이

긍정적인 이미지가 있지만 '미움'이나 '폭력'에는 부정적인 이미지가 있다. 그리고 '전화'라는 말은 긍정적이지도 부정적이지도 않은, 중립적인 뜻만 있다. 우리는 어떤 말이 중립적인 뜻을 지니고 있는지, 아니면 긍정적이든 부정적이든 감정을 전달하려고 하는지 대체로 잘 알고 있다. 그리고 어떤 낱말을 정의할 때는 그런 감정을 불러일으키는 말은 배제하고 중립적인 말을 사용해야 한다고 알고 있다. 그래서 사전에 있는 정의는 모두 중립적이고 객관적이라고 생각한다.

그러나 문제는 중립적이고 객관적이라고 생각한 정의가 우리도 모르는 사이에 긍정적인 또는 부정적인 이미지를 담고 있을 때다. 예를 들어 '낙태'를 '태아에 대한 살인'이라고 정의하는 사람들이 있다.

다. 양심적 병역거부는 자신의 신념 때문에 병역을 거부한 것이고 양심수는 자신의 신념 때문에 죄를 지은 사람이다. 다른 사람들이 그 신념을 올바르게 판단했느냐는 중요하지 않다. 이렇게 '양심'은 애매한 말이다.

우리나라 헌법 제19조는 "모든 국민은 양심의 자유를 갖는다."고 선언한다. 그래서 양심적 병역거부를 인정하지 않는 병역법이 위헌이 아니냐는 논란이 계속되고 있다. 헌법재판소는 2004년에 병역법을 합헌으로 판결했다. 그런데 합헌이라고 판단한 다수 의견이나 위헌이라고 판단한 소수 의견이나 양심의 뜻은 똑같이 해석하고 있다. 다만 양심이라는 헌법적 가치와 또 다른 헌법적 가치(국가안보를 위한 병역의무, 공동체의 구성원으로서의 의무 등)가 충돌할 때 위헌 의견은 둘 다 존중하는 것이 가능하다고 판단한 반면에 합헌 의견은 이것이 가능하지 않으므로 양심을 제한할 수밖에 없다고 판단한 것이다.

이것은 언뜻 보기에 '낙태'에 대한 정확하고 중립적인 정의인 것 같다. 그러나 실상은 그렇지 않다. '살인'이라는 것은 누구에게나 부정적인 이미지를 담고 있다. 다른 것이 아닌 사람을 죽이는 것이기 때문이다. 따라서 낙태를 태아에 대한 살인이라고 정의하면 그 정의는 결코 중립적이고 공평무사한 것이 될 수 없다. 낙태를 살인이라고 정의하는 사람은 아마 낙태를 반대하는 사람일 텐데 그 사람은 살인에 그런 부정적인 의미가 있다는 것을 잘 알고 있다. 그래서 낙태가 범죄라는 것을 상대방에게 설득하기 위해 낙태 반대론 쪽에 유리한 뜻으로 정의하여 사용하는 것이다. 이렇게 상대방을 설득하려는 특정한 의도를 가지고 정의 내리는 것을 **설득적 정의**라고 부른다.

설득적 정의는 중립적이지 않은 정의이기 때문에 올바르지 않은 정의 방법이라고 비판받기도 한다. 그러나 논증이라는 것은 어차피 다른 사람을 논리적으로 설득하는 과정이다. 그러니 논증의 과정에서 설득적 정의를 사용하는 것을 꼭 잘못이라고 말할 수는 없다. 다만 입증의 권리 원칙세 번째 원칙을 어기지 않는다면, 다시 말해서 그 정의를 강요하지 않고 자유로운 토론과 반대를 허용하여 언제든지

설득적 정의 : 설득적 정의는 상대방을 설득하려는 의도를 가지고 내린 정의이므로 객관적이지도 중립적이지도 않다. 반면에 객관적이고 중립적으로 내린 정의는 사전적 정의라고 한다. 사전에는 그런 사전적 정의가 잔뜩 모여 있다. 설득적 정의도 정의는 정의이므로 그것들을 모아놓은 사전이 있다. 그 대표적인 것이 외국에서는 《악마의 사전》이고, 우리나라에서는 《학교 대사전》이다. 《학교 대사전》에 실린 정의를 하나 소개하면 '급훈'은 "태극기와 교훈을 교실 벽 앞에 붙이는 것만으로는 균형이 맞지 않아서 생기게 된 글귀"다. 물론 여기에 설득적 정의가 갖는 기만성은 없다. 이것이 객관적 정의라고 속아 넘어가는 사람은 없을 테니까. 《학교 대사전》은 인터넷에서 볼 수 있다.

그 정의를 바꿀 자세가 되어 있다면 논증에서 설득적 정의를 사용하는 것은 아무 문제가 없다.

낙태의 정의를 보자. 낙태를 살인이라고 정의하는 것은 태아가 사람이라는 것을 전제하고 있다. 그러나 태아가 사람인지 아닌지는 낙태를 둘러싼 논쟁에서 가장 중요한 쟁점이다. 그런데 태아가 사람이라는 것을 그렇게 아무런 논증 없이 그냥 전제만 하면 근거 제시의 원칙^{두 번째 원칙}을 어기는 것이다. 그래서는 안 되고 상대방이 받아들일 수 있는 근거가 제시된 논증을 통해서 증명되어야 한다. (이렇게 증명해야 할 것을 증명하지 않고 그냥 옳다고 전제할 때 선결 문제 요구의 오류를 저지른다고 말한다. 6장을 보라.) 따라서 낙태를 찬성하는 쪽은 이 정의를 듣고 그 정의에는 논란이 되는 전제가 아무런 증명 없이 들어 있다고 강력하게 반대해야 한다. 그러면 애초에 정의를 제시한 낙태 반대론자와 과연 태아가 사람인지 아닌지를 놓고 격론이 벌어질 것이다. 이것은 정상적인 논증의 과정이다. 여기에 특별한 잘못은 없다.

물론 자신의 정의가 사실은 긍정적인 또는 부정적인 편견을 담고 있는데도 공평무사한 것처럼 속이는 것은 문제가 있다. 그러나 '논쟁'도 싸움의 일종이라고 생각한다면 그 속임수를 밝혀내는 것은 상대방의 몫이다. 그런 이미지가 숨겨져 있는 것을 알아차리지 못하고 중립적인 정의인 것처럼 생각하여 논쟁에 임한다면 그 '싸움'에서 질 수밖에 없다. 낙태를 찬성하는 쪽이 낙태가 살인임을 인정하고서 낙태에 관한 논쟁에서 이기기가 쉽겠는가? 더구나 아무런 비판도 없어서 그 정의가 굳어져버리면 그것을 바꾸는 것은 굉장히 어려운 일이 된다. 그

래서 정의가 맨 처음에 제기될 때 거기에 논란거리가 있음을 지적해
야 한다. 우리가 논증을 평가할 때 가장 먼저 상대방의 논증에서 근거
가 뭐고 주장이 뭔지 알아내는 것처럼 정의를 이용하는 논증에서도
그 정의가 말하고자 하는 숨은 의도를 드러내야 한다. 따라서 설득적
정의를 사용하는 사람이 문제가 아니라 그 설득적 정의가 하나의 논
증 방식이라는 사실을 이해하지 못하고 그대로 받아들이는 사람이 문
제다. 그것은 곧 상대방의 논증을 아무런 비판 없이 그대로 받아들이
는 셈이기 때문이다. 이는 상대방이 제시한 근거를 내가 받아들일 수
있는지 확인해야 하는 근거 확인의 원칙^{두 번째 원칙}을 지키지 않아 일어나
는 일이다.

설득적 정의에 관한 지금까지의 이야기를 정리해보면 논증에서 사
용되는 설득적 정의에는 몇 가지 특징이 있음을 알 수 있다. 첫 번째,
거기에는 칭찬이든 비난이든 누군가를 설득하기 위한 감정적인 의도
가 있다. 낙태를 태아에 대한 살인이라고 정의하는 것에는 낙태의 잔
인한 면을 드러내어 그것을 반대하려는 의도가 들어 있다. 그리고 '학
력'이나 '실력'도 그것을 어떻게 정의하든 간에 우리가 마땅히 갖추어

야 할 바람직한 것이라는 이미지가 있다.

두 번째로 그러면서 그런 감정을 숨기고 있다는 특징이 있다. 물론 설득적 정의의 전형적인 사례로 흔히 거론되는 것들은 칭찬이나 비꼼을 노골적으로 드러낸다. 앞의 만화를 보라. '유지'를 "운동회 같은 거 할 때 본부석 천막 안에 앉아 있는 사람들"이라고 정의함으로써 유지의 거들먹거림을 숨기지 않고 보여준다. 그러나 대부분의 사람들은 그 정의를 듣고 웃기는 하지만 그 정의에 '설득당해' 그 정의를 그대로 받아들이지는 않는다. 따라서 설득적 정의에는 설득성과 함께 어느 정도의 기만성이 함께 있어야 설득이라는 목표를 달성할 수 있다. 속인다는 것을 몰라야 설득당하게 된다. '낙태'도 그렇고 '학력'도 그렇고 어떤 의도대로 정의되고 있음을 상대방은 얼른 알아차리지 못한다. 그래서 그 의도에 넘어가 정의를 인정하게 되면 반박하기가 쉽지 않다.

세 번째 특징은 정의하려는 말이 애매모호하기 때문에 이런 설득성과 기만성이 생긴다는 것이다. 낙태의 대상인 태아는 언제부터 사람이 되는지 모호하다. 그리고 무엇을 갖추어야 진정한 '학력'인지도 애매하다. 애매모호하니까 그럴듯해 보인다. 그래서 속기도 하고 설득도 당하는 것이다.

정치인 캐치프레이즈의 비밀

설득적 정의는 정의를 하는 것이지만 꼭 무엇 무엇이라고 명시적으로 정의하지 않고 감정적인 낱말만 제시해도 설득하는 효과를 볼 수 있다. 그런 방법은 정치에서 자주 쓰인다. "범죄와의 전쟁"이라는 말을 보자. '범죄'는 아주 부정적인 것이고 그것과 싸우는 '전쟁'은 아주 긍정적인 것이다. 그러므로 그 좋은 "범죄와의 전쟁"에 누가 반대할 수 있겠는가? 정부는 왜 그런 정책이 필요한지 야당과 티격태격해가며 힘겹게 설득할 필요가 없다. "범죄와의 전쟁"이라는 정의만으로 원하는 목적을 손쉽게 달성할 수 있다.

'부자'나 '서민'은 통계적으로 정의가 가능한 중립적인 낱말처럼 보인다. 그러나 우리나라 국민들에게는 그렇지 않다. 대부분의 국민들은 빨리 서민에서 벗어나서 부자가 되고 싶어 하면서도 '부자'라는 낱말에는 부정적인 느낌을, '서민'이라는 낱말에는 긍정적인 느낌을 갖는다. 그래서 실제로는 주로 부자의 지지를 받는 정권도 서민을 위한 정책을 편다고 내세우고, 반대편에서는 그 정권이 '부자 정당'이라고 비난한다. 정치인이 '서민'이라는 말을 즐겨 쓰는 순간 그 정책의 실제 내용과는 상관없이 지지율이 올라간다.

설득적 정의에 의존하는 것은 진보 진영이라고 해서 예외는 아니다. "밥 굶는 아이들"은 동정심과 분노를 동시에 불러일으킨다. 그러므로 "밥 굶는 아이들"에게 '무상급식'은 반드시 해야 하는 것처럼 들린다. 그리고 그것을 반대하는 사람은 피도 눈물도 없는 사람이 되고 만다.

이렇게 설득적 정의는 논증 없이 상대방을 제압하는 효과가 있으므로 반박하기가 힘들다. 그리고 단기간에 국민들을 설득하는 데 효과가 있다. 그러나 그 정의가 실제로 가리키는 대상이 국민들이 생각하는 것과 다르다는 사실이 들통 나면 속임수였다는 비난을 면하기 어렵다. 앞서 말한 것처럼 이런 정의들을 쓰는 것 자체에는 아무 문제가 없다. 다만 그런 정의에 숨겨져 있는 전제에 대한 자유로운 토론과 비판을 허용하면 된다. 그런 정의들에 어떤 애매모호함이 있고

국민 : 일본어는 한자를 많이 쓰기 때문에 '○○라고 쓰고 ○○라고 읽는다'라는 표현이 자주 쓰인다. 네티즌들은 이 표현을 흉내 내서 어떤 낱말의 겉뜻과 속뜻이 다름을 비꼰다. "'국민을 위하여'라고 쓰고 '상위 5 퍼센트를 위하여'라고 읽는다."가 그런 예다. 이 표현은 "'이종범'이라고 쓰고 '신'이라고 읽는다."처럼 어떤 사람을 찬양할 때도 쓴다.

기만성이 숨겨져 있는지 비판적으로 살피는 것이 언론이 할 일이다.

강간과 성폭력의 차이

이렇게 말의 애매모호함을 파악하기 위해 말뜻을 분명하게 하는 작업을 보고 사소한 것을 가지고 따진다거나 말싸움을 한다고 생각하는 사람도 있을지 모르겠다. 그러나 말을 분명하게 하는 작업은 사회적으로 중요하며, 그런 시도가 없으면 사회적인 대가를 치르게 된다. '농민'이라는 말은 그렇게 어려운 말같이 들리지 않는다. 그냥 다들 '농사짓는 사람을 농민이라고 부르겠지'라고 생각할 것이다. 그러나 주말농장을 가지고 있어서 주말에 가끔 농사를 짓는 사람은 농민인가 아닌가? 평상시에는 그런 사람을 농민이라고 부르든 말든 별로 중요하지 않다. 농민이면 어떻고 아니면 어떤가? 그러나 돈 문제가 걸리면 달라진다. 쌀직불금을 지불할 때는 농민인가 아닌가가 중요한 기준이

된다.

정책을 입안할 때는 '농민'의 사례처럼 정의를 분명하게 해줘야 하는 경우가 많다. '실업자'는 직업이 없는 사람이다. 그런데 현재 통계치를 낼 때는 직장이 없어도 구직 의사가 있는 사람만 실업자로 분류한다. 그러면 구직을 포기한 백수는 실업자가 아니게 된다. 아버지를 아버지라고 부르지 못하고 형을 형이라고 부르지 못하는 홍길동처럼 실업자를 실업자로 부르지 못하게 된다.

요즘은 '강간'이라는 말 대신에 '성폭행'이나 '성폭력'이라는 말을 많이 쓴다. '성폭행'은 '강간'을 완곡하게 부르는 말이지만, 말도 바뀌었을 뿐만 아니라 그것이 가리키는 대상도 훨씬 넓어졌다.

부부나 연인처럼 서로 좋아하는 사이에서 한쪽이 거부 표시를 했는데도 다른 쪽이 성적인 행동을 지속하는 경우 과거에는 성폭행이라고 생각하지 않았다. 이제는 그런 행동들도 성폭행으로 인식된다. 이른바 부부 강간이나 데이트 성폭행이 인정되는 것이다. 또 강간은 국어

논리 법정

강간과 성폭력

우리나라 형법은 국어사전의 정의처럼 '강간'의 대상을 여자로 한정하고 있다. 형법 제297조는 "폭행 또는 협박으로 부녀를 강간한 자는 3년 이상의 유기징역에 처한다."라고 규정하고 있다. 1995년 성전환 여성에 대한 '강간' 사건이 있었다. 대법원은 그 '여성'이

사전에서 "폭행 또는 협박 따위의 불법적인 수단으로 부녀자를 간음함"이라고 정의되어 있지만 여자가 남자에게 성폭력을 행사하는 것도 가능하다. 한편 강간은 물리적으로 강제적인 신체 접촉을 하는 것만을 말하지만 성폭력은 그 외에 성적 수치심을 주는, 정신적인 폭력까지 다 포함한다. 꼭 신체 접촉이 있지 않더라도 언어에 의한 성희롱이나 음란물을 보여주는 행위도 성폭력에 포함되는 것이다.

'성폭행' 또는 '성폭력'이 주는 부정적 이미지는 '강간'이 주는 섬뜩함보다 많이 희석되기는 했다. 그러나 '강간'이 '성폭행' 또는 '성폭력'으로 바뀌면서 적용되는 외연은 훨씬 넓어졌다. 그래서 강간의 개념이 이렇게 변화하고 있음을 알지 못하고 자신만의 개념으로 행동한다면 '자신도 모르게' 범죄를 저지를 수도 있다.

정책이나 법에서 정의를 명확하게 하는 것은 결코 사소한 일이 아니다. 말의 뜻이 어떻게 정해지느냐에 따라 그 말이 우리 삶에 끼치는 영향은 상당하다.

법적으로는 남성이라는 이유로 강간에 대해서는 무죄를 선고했다. 대신에 '강제추행'에 대해서는 유죄를 선고했다. 형법 제298조는 "폭행 또는 협박으로 사람에 대하여 추행을 한 자는 10년 이하의 징역 또는 1500만 원 이하의 벌금에 처한다."라고 되어 있어서 강간과 달리 강제추행의 대상은 남녀가 모두 가능하다. 그러나 2009년에는 성전환 여성에 대한 강간죄가 인정되었다.

애매모호한 말은 어느 나라에나 있다. 대체로 애매모호함은 대화의 맥락 속에서 해소된다. 그러나 이 애매모호함이 논증에서 사용되는 경우가 있다. 특정 개념의 뜻을 상대방이 알고 있는 것과는 약간 다르지만 자신에게는 유리한 것으로 설정해놓고 논증을 하는 것이다. 은밀한 재정의나 설득적 정의가 다 그런 것이다. 논증하는 사람도 모르면서 그럴 수도 있고 알면서도 의도적으로 그럴 수도 있다. 어쨌든 애매모호함이 있다는 사실을 모르면 상대방에게 설득당하고 만다.

상대방이 쓰고 있는 개념이 내가 쓰는 개념과 같은지 확인해보라. 이것은 상대방의 논증에서 제시된 근거를 과연 내가 받아들일 수 있는지 확인하는 과정이기도 하다. 둑에 난 조그만 구멍이 둑을 무너뜨릴 수 있다. 그까짓 말뜻이 무슨 대수냐고 무시했다가는 상대방의 설득에 넘어가고 만다.

Chapter 5

"난 확신했어요.
그렇지만 내가 틀렸네요"

전문가의 견해

1984년 미국에서 제니퍼 톰슨이라는 여대생이 성폭행당한 사건이 발생했다. 그녀는 로널드 코튼이라는 남자를 자신의 성폭행범으로 지목했다. 톰슨은 코튼을 실제로 대면했을 때도 그리고 법정에서도 확신을 가지고 그가 범인임을 증언했다. 코튼은 억울했지만 톰슨은 그전에 코튼을 한 번도 만난 적이 없기 때문에 그를 모함한다고 생각할 이유가 없었다. 그리고 톰슨은 성폭행당할 당시 신고할 생각으로 범인의 인상착의를 유심히 살폈기 때문에 그가 범인이라는 사실은 의심의 여지가 없다고 확신하기까지 했다. 더구나 그녀는 평점 4.0의 모범생이기까지 했다.

코튼이 복역하는 중에 같은 교도소에 수감되어 있던 보비 풀이라는 사람이 이 사건의 범인은 자신이라고 떠벌리게 된다(주인공이 억울하게 복역을 하고 감옥에서 진짜 범인이 자신이 진범임을 떠벌리는 상황은 영화 〈쇼생크 탈출〉에도 그려진다). 그 말을 들은 코튼은 당연히 재심을 청구했다. 그러나 자신이 범인이라던 풀은 재판정에서 그런 말을 한 적이 없다고 부인했고 톰슨도 그 사람을 본 적이 없다고 증언했다. 코튼은 꼼짝없이 나머지 형을 복역할 수밖에 없었다.

코튼의 억울함을 풀어준 것은 새롭게 개발된 유전자 감식 기술이었다. 범행 현장에서 발견되었던 정액을 통해 진범은 풀임이 밝혀지게 되었다. 자신의 증언 때문에 코튼을 억울하게 옥살이하게 한 톰슨은 "난 확신했어요. 그렇지만 내가 틀렸네요."라고 말했다고 한다.

일단은 참이어야 한다

근거 제시의 원칙두 번째 원칙에 따르면 톰슨의 증언은 코튼이 범인이라는 주장의 근거 역할을 한다. 근거 중에서 눈으로 직접 봤다는 경험만큼 확실한 것은 없다. 내가 직접 봤다는데, 내가 직접 들었다는데, 그것만큼 확실한 것이 어디 있겠는가? 더구나 그녀의 증언을 의심할 만한 합리적인 이유도 없다.

근거를 제시할 때 근거 자리에 올 수 있는 것들은 맞는 말이어야 한다. 논증은 나의 주장을 상대방에게 설득하는 것이므로 이 근거는 주장을 뒷받침할 수 있을 정도가 되어야 한다. 그러기 위해서 근거는 우선 맞는 말이어야 한다. 그래야 상대방이 그 근거를 받아들일 수 있고,

이것이 근거 제시의 원칙^{두 번째 원칙} 이 말하는 바다. 물론 근거가 맞는 말이기만 해서는 안 되고 그 이상의 조건이 필요하다. 맞는 말이더라도 주장과 관련이 없는 엉뚱한 소리여서는 안 되고, 주장을 지지할 만큼 충분히 강해야 한다(이 추가 조건들에 대해서는 7장, 8장, 9장에서 다시 설명하겠다). 그러나 일단은 **맞는 말**, 곧 **참**이어야 한다. 이 장에서는 어떤 것들이 그런 참인 근거가 될 수 있는지 살펴보려고 한다.

근거가 참이라는 것은 근거를 이루고 있는 주장이 참이라는 말이다. 주장의 참을 살펴본다고 하니 어떤 주장이 참인지 거짓인지 알아낼 수 있는, 무슨 방법이 있는지 솔깃해하는 사람이 있을지 모르겠

> **참 :** "있는 것은 있다고 하고 없는 것은 없다고 하는 것"이 참이라는 정의는 아리스토텔레스가 한 것이다. 이 정의에 따르면 "있는 것을 없다고 하거나 없는 것을 있다고 하는 것"이 거짓이다. 어느 검찰총장은 취임사에서 "있는 것은 있다고 하고 없는 것은 없다고 하겠다."라고 말했다.

다. 그러나 그런 방법은 없다. 옛날 그리스 철학자들은 "있는 것은 있다고 하고 없는 것은 없다고 하는 것이 진리"라고 말했지만 이 말은 별로 도움이 안 된다. 우리는 정말로 있는지 없는지 알 수 없을 때가 많기 때문이다. 그러므로 여기서는 근거의 참이 문제되는 상황을 몇 가지 종류로 나눠서 대략의 것을 이야기해보도록 하겠다.

아는 만큼 보인다

일상생활에서 근거로 제시될 수 있는 것으로는 **자신이 직접 경험한 것**과 **다른 사람에게 들은 말**이 있다. 먼저 자신의 경험을 보자. 이것은 내

가 직접 보거나 들은 것을 자신의 주장에 대한 근거로 제시하는 것이다. 경험만큼 확실한 근거는 없다. 내 경험만큼 확실한 것이 어디 있겠는가? 지금 낮인지 밤인지 어머니께 전화해서 물어보랴? 지금 보고 있는 색깔이 파란색인지 지나가는 사람에게 물어보겠는가? 지금 있는 곳이 서울인지 일일이 GPS로 확인하는 사람은 없다. 우리는 스스로의 경험에 의해서 그런 것들을 확실하게 안다고 생각한다.

그러나 제니퍼 톰슨 사건은 확실하게 보이는 경험도 언제든지 틀릴 수 있음을 보여준다. 내가 로널드 코튼이라고 해보자. 한 번도 본 적 없는 여자가 나를 성폭행범으로 지목하다니 미치고 팔짝 뛸 노릇이다. 나는 대번에 그녀가 눈이 나쁘다거나 그때 어두웠다거나 정신이 없어서 제대로 못 봤다는 등의 이유를 대면서 그녀의 관찰에 신뢰를 보내지 않을 것이다. 톰슨은 자신의 경험을 확신했지만 실제로는 틀렸다. ("난 확신했어요. 그렇지만 내가 틀렸네요."는 진범이 밝혀진 후 톰슨이 신문에 기고한 글의 제목이다. 톰슨과 코튼은 그 후 화해하고 친한 친구가 되었다고 한다.) 프롤로그에서도 소년을 범인으로 지목한 증언이 사실은 틀렸음이 드러났다.

사람들이 보통 의심하는 것들은 직접 경험했다는 사람이 등장해도 의심을 받는다. 2장에서 말했듯이 귀신이나 네스 호의 괴물이나 외계인 같은 것은 그 존재를 의심하는 것이 상당히 합리적이다. 따라서 그런 것을 봤거나 만났다는 주장은 입증의 책임 원칙[세 번째 원칙]에 의해 그 의심을 누그러뜨릴 만한 상당한 증거를 제시하지 않는 이상 근거의 역할을 전혀 하지 못한다. 그런 의심스러운 것을 봤을 때는 내 두 눈으로 똑똑히 봤는데 왜 못 믿어주느냐고 상당히 억울해하고 복장이 터지기도 하겠지만 사람들이 그것만 가지고 믿지 못하는 것이 오히려 합리적이다. 그럴 때는 **의심의 이득**을 적용해야 한다. 곧 의심을 하는 것이 더 이득이 되면 의심을 해야 한다. 프롤로그에서 소년의 목숨이 배심원의 평결에 달려 있으므로 그의 편에서 의심을 해야 한다고 한 것도 의심의 이득 때문이다. 뇌물수수 범죄에서는 뇌물을 줬다는 사람의 자백이 직접 증거로 작

의심의 이득 : 사냥을 할 때 나무 뒤에서 움직이는 것이 짐승인지 사람인지 확실하지 않다. 그럴 때는 당연히 사람이라고 의심하는 것이 이득이다. '의심의 이득'은 이 사냥판에서 나온 말이다. 귀신이나 외계인처럼 뭔가 의심스러운 것을 믿을 때는 완벽한 증거가 없는 이상 믿지 않고 의심하는 것이 이득이다. 최종적으로 형이 확정되기 전까지는 무죄로 추정한다는 무죄 추정의 원칙도 의심의 이득을 발휘한 것이다. 'in dubio pro reo'라는 법에 관한 라틴어 격언이 있다. '의심스러울 때는 피고인에게 유리하게'라는 뜻이다.

용한다. 자백은 뇌물 공여자의 직접 경험이다. 뇌물을 받으면서 영수증을 줬을 리는 없으므로 그 경험 말고는 다른 증거가 있을 수 없다. 그래서 그 경험을 최대한 믿을 수밖에 없다. 단 단서가 있다. 그 경험을 의심할 만한 합리적인 이유가 없어야 한다. 뇌물 공여자가 횡설수설하거나 기억이 정확하지 못하거나, 뇌물을 주고받을 이유도 없고 상황도 아니라면 아무리 직접 경험이라고 해도 신뢰받지 못한다. 의심하는 것이 이득이 될 때는 의심해야 한다.

개인의 경험은 내가 직접 봤거나 들었다는 점 때문에 확실하다는 장점이 있다. 그러나 이것은 생각보다 그리 강한 근거가 되지 못한다. 제니퍼 톰슨 사건이 보여준 것처럼 나는 확실하다고 생각하지만 거기에 잘못이 있을 수 있기 때문이다. 개인의 경험을 그리 신뢰할 수 없음을

보여주는 심리학 실험은 많다. 유명한 오리-토끼 그림을 보라.

위 그림은 오리로 볼 수도 있고 토끼로 볼 수도 있다. 오리라고 생각하면 오리로 보이고 토끼라고 생각하면 토끼로 보인다. 관찰자가 가지고 있는 믿음 또는 지식에 따라 다르게 보이는 것이다. 유홍준 교수의 《나의 문화유산 답사기》 때문에 널리 알려진, "아는 만큼 보인다."라는 말이 여기 딱 들어맞는다. 사람들은 믿고 싶은 것만 믿는다. 야구 경기를 보고 있다. 타자가 내야 땅볼을 치고 1루로 뛰는데 공과 주자가 거의 동시에 들어갔다. 심판은 아웃을 선언한다. 텔레비전 방송은 느린 화면으로 그 장면을 다시 보여준다. 공격 팀을 응원하는 팬은 아무리 봐도 세이프다. 그러나 수비 팀을 응원하는 팬에게는 분명히 아웃으로 보인다. 똑같은 것을 보고 있는데도 서로 다르게 보인다. 믿고 싶은 것이 다르니까. (믿고 싶은 것만 믿는다는 것은 인과 논증에서도 중요하게 작용한다. 11장에서 다시 설명하겠다.)

나는 확실하게 경험했다고 생각하지만 사실은 사람마다 다른 경험을 하고 있음을 보여주는 영화도 많다. 일본의 고전영화 〈라쇼몽〉이나 홍상수 감독의 〈오! 수정〉은 똑같은 사건을 사람마다 다르게 관찰한다는 사실을 영상으로 보여준다. 그래서 확실해 보이는 경험에도 상대방 입장에서 생각해보는 역지사지의 원칙^{첫 번째 원칙} 이 필요하다. 내가 로널드 코튼의 입장이라면 제니퍼 톰슨의 경험이 믿을 수 없듯이 다른 사람들도 내 경험을 전적으로 신뢰할 수 없다는 것을 잊지 말아야 한다. 다시 말해서 나는 의심의 여지가 없이 확실하다고 생각한 경험도 얼마든지 틀릴 수 있음을 받아들여야 한다. 내 경험을 믿지 말라는 것이 아니다. 그것을 의심하지 않게 만드는, 다른 객관적인 상황 또는 근거가 필요하다는 뜻이다.

카더라 통신과 도시 전설

경험은 전적으로 신뢰할 수 없다는 문제도 있지만, 한편으로는 모든 것을 직접 경험할 수 없다는 문제도 있다. 노무현이 우리나라 대통령이었다는 사실은 그 당시에 내가 한국에 살았으므로 알지만 이순신이 임진왜란 때의 장군이었다는 사실은 내가 직접 경험하지 못한 것이다. 우리나라에 까치가 많은 것은 내가 직접 봐서 알지만 북극에 북극곰이 사는 것은 내가 직접 보지 못한 사실이다. 그럼에도 우리는 이순신과 북극곰에 대해서 안다. 누군가로부터 들었기 때문이다. 다른 사람에게 들은 말 없이 우리가 스스로 아는 것은 아주 조금밖에 되지 않는다. 위대한 지식인인 뉴턴도 이런 말을 했다. "내가 남들보다 조금 더 멀리 보고 있다면 그것은 내가 거인의 어깨 위에 올라서 있기 때문이다."

근거로 제시될 수 있는 것으로서 이렇게 직접 경험한 것 외에 다른 사람에게 들은 것도 가능하다. 그러나 직접 경험한 사람의 진술도 믿지 못할 판에 그런 사람에게 "들었다"는 말은 더 신뢰를 주지 못한다. 다른 사람에게 들은 내용 중 이른바 **카더라 통신**이 있다. 주로 정치계의 소문이나 연예계 괴담 같은 'X파일'이 이런 식으로 퍼뜨려진다. 이런 것들은 출처가 불확실하기 때문에 전혀 신뢰를 보낼 수 없다. 가끔 이런 소문이 사실인 것으로 드러나는 경우도 있다. 그것을 보고 소문이 괜히 난 것이 아니라고 생각하는 사람들이 있는데 그것은 사실로 드러나지 않은 많은 경우는 무시하고 사실로 드러난 경우만 과대하게 해석하기 때문이다. 이 점에 대해서는 12장에서 다시 설명하겠다.

이런 소문과 달리 직접 경험한 사람에게 들었음을 강조하는 소문도 있다. "친구의 친구에게 들었다."라는 식으로 구체적으로 언급되는 것이 그것이다. 이런 것을 **도시 전설**이라고 한다. 한때 대전에서 에이즈에 걸린 어떤 수영 강사가 여자 수강생들과 부적절한 관계를 맺어 에이즈를 전파했다는 이야기가 나돈 적이 있다. 대체로 소문을 전해주는 사람은 "너, 그 이야기 들어봤니?"로 시작해서 "내 친구의 친구가 직접 봤는데……."라고 한두 다리 건너서 들은 이야기임을 밝힌다. 그럼으로써 그 이야기의 진실성을 직접 밝힐 의무는 없으면서도 '카더라 통신'과 달리 어느 정도의 생생함을 전달하는 효과를 누린다.

그러나 이런 종류의 이야기에서는 경험의 직접성이 과장되었을 가능성이 높다. 사실은 '친구의 친구'에게 들은 이야기인데 '친구의 친구'가

도시 전설 : 도시에서 생긴 전설만이 아니라 현대 사회에서 친구의 친구에게 들었다는 식으로 전해지는 이야기를 가리키는 말이다. 구체적인 근거가 제시되고 (그러나 알고 보면 믿을 수 없는 근거) 일상에서 일어날 만한 이야기라는 점에서 황당무계한 전설과 다르다. 대표적인 미국발 도시 전설로는 뉴욕에서 하수구에 빠진 애완용 악어가 덩치가 커져서 계속 살고 있더라는 이야기가 있다.

직접 봤다고 말함으로써 더욱 생생하고 구체적임을 드러낸다. 실제 경험한 사람이 누구인지 알 수가 없으므로 꾸며낸 이야기인지 전해오는 중간에 왜곡된 이야기인지 알 수가 없다. 이렇게 몇 다리를 건너온 이야기는 그 신뢰도를 내가 직접 확인해볼 수가 없으므로 근거 확인의 원칙^{두 번째 원칙}에 따라 믿을 수 없다. 또 에이즈에 걸린 수영 강사가 수강생들에게 에이즈를 퍼뜨렸다는 사실은 상당히 의심스러운데 그 의심을 잠재울 만한 증거가 나오지 않았으므로 의심의 이득에 따라서도 믿을 수 없다. 직접 경험한 이야기가 아니라 '들은' 이야기라면 일단 의심을 보내라.

"전문가에 따르면……"

내 경험이든 남의 경험이든 그런 것들은 틀릴 수 있기 때문에 단독으로는 좋은 근거가 되지 못한다. 뭔가 객관적인 근거를 필요로 한다. 남

에게 들은 것 중 그 '남'이 평범한 사람이 아니라 **전문가**인 경우에는 이야기가 달라진다. 평범한 사람의 말에 의존하든 전문가의 말에 의존하든 내가 직접 경험하지 않았다는 점에서는 똑같다. 그러나 전문가는 관련 분야에서 상당한 양의 교육을 받고 상당한 수준의 지식을 쌓은 사람이다. 그러므로 관련 분야에 대한 전문가의 발언은 참일 가능성이 꽤 높다.

우리는 세상의 모든 일에 대해 직접 경험해보고 확인해볼 수는 없다. 손을 자주 씻으면 신종플루를 예방할 수 있다고 하지만 우리는 정말 그런지 검증할 방법이 없다. 손을 씻으면 신종플루에 안 걸린다는 말이 맞는지 안 맞는지 의학에 대한 지식이 없는 내가 어떻게 알겠는가? 따라서 그런 사실에 직접 접근할 수 있는 사람에게 의존하는 것은 자연스러운 일인 동시에 적극적으로 권장할 일이기도 하다. 특히나 그 사람에게 전문성까지 있다면 그의 발언에 신뢰를 보내는 것은 아주 합리적이다. 곧 질병 전문가인 의학박사 아무개 씨가 그런 말을 했다면 우리는 그 말에 무한한 신뢰를 보낸다.

그러므로 어떤 근거가 전문가가 말했기 때문에 참이라고 판단하는 것은 그 자체로는 아무 문제가 없다. 우리는 이 주식을 사야 할지 말아야 할지 주식 전문가에게 상담을 하고, 이 도자기가 조선시대의 것인지 아닌지 골동품 전문가의 말을 듣고 판단한다. 거기에는 아무 문제가 없고 또 그래야 한다. 그런 것은 전문가에게 맡기고 나머지 시간을 즐기는 편이 낫다. 우리는 모든 것을 직접 경험해볼 시간도, 돈도, 능력도 없으므로 이렇게 전문가에게 의존하는 것은 잘못된 일이 아니다. 복잡하고 바쁜 현대 사회에서는 오히려 적극 권장할 논증 방법이다.

야구 경기에서 선발투수가 8회까지 무실점으로 상대를 막고 있었다. 투구 수는 100개 정도 되지만 공의 위력은 여전하다. 그런데 감독은 9회에 마무리투수로 교체한다. 결국 마무리투수는 이기던 경기를 지키지 못하고 역전패하고 만다(이런 것을 세이브를 날렸다고 해서 '블론 세이브'라고 한다). 이러면 팬들은 감독을 맹비난한다. 잘 던지던 선발투수를 계속 던지게 하지 왜 마무리투수로 교체했느냐고 말이다. 그러나 어떤 선수가 컨디션이 가장 좋은지는 바로 옆에서, 그것도 오랫동안 지켜본 감독이 가장 잘 안다. 다만 그 선수는 그날 감독의 기대에 부응하지 못했을 뿐이다. 야구 전문가, 곧 감독의 판단을 믿는 것이 현명하다(그래도 여전히 감독이 잘못이라고 흥분하는 팬들이 많을 것이다).

전문가가 그랬다는 말 한마디면 논증이 정리되는 일은 흔하다. 크리스트교신자들에게 성경에 쓰여 있다고 말하면 모든 것이 정리되고, 북한 주민들에게 김일성의 교시라고 하면 다들 따르는 것도 비슷한 경우라고 볼 수 있다. 그러나 성경이나 교시는 그것을 인정하는 사람들에게만 참인 근거다. 그것을 안 믿는 사람에게는 아무 쓸모가 없다. 반면에 우리가 말하는 전문가는 모든 사람에게 두루 통하는 지식을 전하는 사람이다. 현대 사회에서 과학자는 그런 전문가로 인정받는다. 그래서 법정에서도 의사나 과학자의 진술은 믿을 만한 증언으로 인정받는다. 제니퍼 톰슨 사건의 유전자 감식 결과도 그렇다.

전문가에게 의존하는 것은 전문가의 발언 내용이 참인지 거짓인지를 직접 판단하는 것이 아니라 그 발언을 한 사람이 전문가라는 사실에만 의지해서 그 발언을 참으로 판단하는 것이다. 곧 전문가의 말이 참인지 거짓인지 검증해보지 않고, 단지 전문가가 말했다는 이유 하나만으로 그 말을 참으로 받아들인다. 논리학에서는 발언 내용보다 전문가라는 '사람'에 의존해서 참·거짓을 판단하는 것을 **사람에의 호소**라고 부른다.

그런데 재미있는 것은 똑같은 사람에의 호소인데도 그 사람의 부정적인 면을 부각시킬 때는 잘못된 논증이라고 말하는 반면 긍정적인 면을 부각시킬 때는 그렇지 않다는 점이다. 가령 "저 사람은 거짓말쟁이다. 그러므로 저 사람의 말은 믿을 수 없다."라는 논증은 잘못되었다고 말한다. 그리고 거기에 **인신공격의 오류**라는 이름까지 붙인다. 비

논리 법정

과학적 증거 채택

일반적으로 유전자나 지문 감식 결과는 법정에서 증거로 받아들여지고 있다. 그리고 우리는 〈CSI(과학수사대)〉 같은 미국 드라마를 통해 탄도, 곤충 등 각종 과학수사 기법이 사용되는 것을 알고 있다. 법정에서는 의사나 과학자 같은 전문가들의 증언을 중요하게 받아들이고 있다. 우리나라 법정에서는 전문가 증인을 '감정인'이라고 부른다. 법정에서 일반인 증인에게는 자신이 경험한 사실만 물을 수 있고 의견은 물을 수 없지만('사실'과 '의견'의 구분에 대해서는 3장을 보라) 전문가(감정인)에게는 의견을 물을 수 있다. 그러면 새로운 종류의 과학적 발견이 나왔을 때 그것을 법정에서 증거로 사용할 수 있을까? 미국 법정에서는 그 기준으로 프라이 기준(Frye Standard)이라는 것이 쓰이고 있다. 어떤 과학기술이 관

록 저 사람이 거짓말쟁이일 수는 있지만 저 사람의 말이 꼭 거짓말이라고 볼 수는 없기 때문이다. 반면에 "저 사람은 의학박사다. 그러므로 저 사람의 말은 믿을 수 있다."라는 논증도 사람에 호소하고 있기는 매한가지인데 잘못되었다고 말하지 않는다. 사람에의 호소는 8장에서 더 자세하게 살펴볼 것이다. 거기서 사람에 호소했다고 해서 꼭 잘못된 논증이라고 말할 수 없음을 지적하겠다. 다시 말해서 거짓말쟁이가 됐든 의학박사가 됐든 그 사람의 인품이나 전문성을 거론해서 그 사람의 발언을 평가하는 것은 그 자체로는 문제가 없는 합리적인 논증 방식인 것이다.

논증을 할 때 전문가를 끌어들이는 것은 엄격하게 말하면 그 전문가

련 학계에서 신빙성이 있다고 일반적으로 승인될 때 그 기술은 전문가의 의견으로 받아들여진다는 것이 그 내용이다. 이 기준은 1923년 프라이를 피고인으로 한 재판에서 등장했는데 그 재판에서 거짓말 탐지기는 학계의 일반적인 승인을 받지 못해 증거로 받아들여지지 않았다. 물론 특정 과학기술을 과학계가 언제 일반적으로 받아들일지는 쉽게 판단할 수 없는 문제다. 그러나 학계에는 새로운 연구 결과를 학술 잡지에 투고하고, 동료 연구자들의 심사를 받고, 그 과정을 통과한 확립된 이론을 교과서에 싣는 등의 절차가 있다. 사이비 과학은 그런 과정이 없다. 한편 1993년에는 판사들이 증거를 받아들일 기준으로 학계의 승인 외에 검사 기법의 신뢰도, 오류율, 검사 절차의 적절성까지 제시하고 과학적 증거를 받아들이는 판사의 역할을 강조한 도버트 기준(Daubert Standard)이 제시되었다.

라는 사람에게만 의존하는 것이 아니다. 사실은 전문가가 만들어놓은 발언에 의존하는 것이다. 정규교육 과정을 이수한 전문가가 내놓은 발언들은 동료들의 엄격한 검증을 통과한 후 전문 지식의 데이터베이스에 들어간다. 우리는 그곳으로부터 하나의 지식을 끌어내는 것뿐이다. 거기에 무슨 문제가 있을 리는 없다. 전문가가 한 말도 남이 한 말 중 하나이지만 특별히 신뢰를 보내는 까닭이 여기에 있다. 전문가의 말은 단순히 그 전문가 한 명의 경험에 그치는 것이 아니라 여러 동료 전문가의 검증을 거친 발언이기 때문이다. 이런 점에서 전문가에게 의존하는 것은 잘못된 논증 방식이 아니다.

전문가 시스템이라는 것이 있다. 전문가의 지식을 프로그램화해서 전문가에게 일일이 물어보지 않고 필요할 때마다 그 지식을 이용하는 시스템을 말한다. 전문가 시스템이 완벽하게 구축된다면 전문가에게 물어보는 것이나 전문가 시스템을 이용하는 것이나 차이가 없게 된다. 그때는 전문가에게 묻는 것이 '사람'에 호소하는 것이 아닐 것이다.

전문가에게 자문하는 것이 그 자체로는 문제가 없다고 했지만 '그 자체로 문제가 없다'는 것은 문제가 있을 수도 있다는 뜻이다. 논리적인 사람이라면 전문가에게 의존하여 근거의 참을 주장하기 전에 다음과 같은 물음들을 던져야 한다.

① 전문가가 맞는가?
② 어디까지가 전문가의 영역인가?
③ 전문가들끼리 의견이 다르면 어떻게 해야 하는가?

④ 전문가에게 물어볼 수 있는가?

⑤ 전문가가 공정하게 판단하는가?

전문가는 '권위'가 있는 사람이다. '전문가'라는 말에 비해 '권위'라는 말이 다소 부정적으로 들리기는 하지만 전문가에 의존해서 논증을 하는 것은 결국 그 전문가의 **권위에 호소**하는 것이다. 앞서 말했듯이 권위에 호소하는 것은 합리적인 논증 방법이다. 그러나 무비판적으로 권위에 호소할 때가 문제다. 심리학자 스탠리 밀그램의 '권위에 대한 복종' 실험은 권위에 대한 무비판적인 호소가 얼마나 위험한지 잘 보여준다. 학습 효과에 관한 심리학 실험으로 위장하고 선생 역할과 학생 역할을 맡을 자원자를 뽑는다. 학생 역할을 맡은 피험자가 단어를 못 외우면 선생 역할을 맡은 피험자에게 약한 전기충격을 주라고 말한다. 선생 역할을 맡은 피험자는 그 전기충격을 위험한 수준까지 올리라는 지시도 순순히 따른다. 실험 주관자의 권위에 무비판적으로 따르기 때문이다.

전문가의 의견에 의존하는 것은 합리적이다. 그러나 무비판적으로 의존할 때는 잘못된 논증을 낳을 수 있다. 논리학에서는 그런 경우를 **부적합한 권위에의 호소**라고 부른다. 권위에 부적합하게 호소하지 않기 위해서는 방금 말한 다섯 가지 질문을 하나씩 던져보아야 한다. 하나씩 생각해보자.

진짜 전문가와 가짜 전문가

전문가의 의견에 의존하는 것은 합리적이다.
그러나 무비판적으로 의존할 때는 잘못된 논증을 낳을 수 있다.
그렇다면 어떻게 진짜 전문가와 가짜 전문가를 구분할까?
대개 단정적인 발언을 하거나, 대중성이나
그럴 듯한 직함을 내세우는 사람은
진짜 전문가가 아닐 가능성이 높다.

현대판 화타를 믿을 수 없는 이유 : ① 전문가가 맞는가?

관련 분야에서 전문 지식을 많이 쌓은 사람을 전문가라고 하지만 대체로 전문가라고 하면 그것 외에 소정의 교육기관에서 교육을 받고 필요한 자격증을 딴 사람을 가리킨다. 쉽게 말해서 어느 학교를 졸업하고 박사학위를 받거나 의사나 변호사 같은 자격증을 받은 사람을 말한다. 이런 형식적인 조건을 중요하게 생각하는 것은 학벌이나 자격증을 중요하게 생각하는 속된 기준 때문만은 아니다. 지식이라는 것을 얼마나 가지고 있고 그 지식이 얼마나 가치 있는지를 판단하기 힘들기 때문에 객관적으로 판별이 가능한 학위나 자격증을 가지고 전문가임을 확인하는 것이다. 학위나 자격증을 받기 위해서는 상당 기간 노력해서 관련 분야의 지식을 쌓았을 것이고, 관련 기관이 전문 지식이 있음을 확인하지 않고 학위나 자격증을 주었을 리는 없다고 믿기 때문이다(그래서 시쳇말로 "내가 고스톱을 쳐서 졸업한 줄 아느냐?"라는 말이 있다). 학위나 자격증을 받은 후 관련 분야에서 객관적으로 확인 가능한 또 다른 명성을 쌓았다면, 가령 유명 학술지에 논문을 실었거나 무슨 상을 받았다면 전문가로서 금상첨화일 것이다.

이런 기준으로 봤을 때 역술가, 쉬운 말로 점쟁이는 전문가라고 보기 힘들다. 점쟁이를 길러내는 교육기관은 따로 없다. 그러므로 점쟁이의 전문성을 담보할 수 있는 객관적인 기준은 없고 이 점쟁이가 저 점쟁이보다 더 뛰어나다는 상대적인 판단 기준도 없다. 용하다는 소문이 전문성을 보장해준다고 볼 수도 있지만 그 소문이라는 것이 얼마나 비논리적인 토대에 바탕을 두고 있는지는 11장에서 말하겠다. 초능력자나 심령술사가 전문가가 아닌 것도 마찬가지 이유에서다.

의사 면허가 없는 사람의 의료 행위를 법률로 금지하는 이유도 의사들의 집단 이기주의 때문이라기보다는 그 사람의 전문성을 확인할 방법이 없기 때문일 것이다. 가끔 현대판 화타라고, 면허는 없으나 명의로 알려진 사람이 있다. 그러나 치료받고 나은 사람들의 증언 외에는 그 사람의 전문성을 객관적으로 검증할 방법이 없기 때문에 아쉽지만 치료 행위를 금지시키는 것이다. (이런 무자격 명의를 찾아가는 사람들은 대부분 말기 환자들이기 때문에 효과를 보지 못해도 그런가 보다 한다. 그래서 치료에 실패한 사례보다 성공한 사례만 알려진다. 이 점도 11장에서 살펴볼 것이다.) 한때 한의학을 비판하는 사람들이 있었다. 거기에는 우리의 전통 의학보다는 서양에서 들어온 의학을 더 높이 평가하려는 사대주의도 작용했겠지만 우리의 논의와 관련해서는 한의학의 비방(秘方)이 더 큰 역할을 했다고 봐야 한다. 비방이 치료 효과가 있는지 없는지 공개적으로 검증되지 않은 상태에서 병세가 호전된 몇 명의 사례로는 신뢰를 보낼 수 없었던 것이다. 결국 전문가에게 신뢰를 보내는 이유는 그 사람의 전문 지식이 믿을 만하다고 검증되었기 때문이다.

아마추어의 시각으로 봤을 때는 예컨대 모든 의학이 똑같아 보이지만 그 안에도 전문 영역이 아주 세분화될 것이다. 학문이 발달할수록 그런 세분화는 더욱 심화된다. 따라서 같은 전문 영역 안에서도 전문가의 눈에는 다시 전문가와 비전문가가 구분된다. 의학을 예로 들면 소화기내과 전문가는 성형외과 전문가가 아니다. 그리고 같은 성형외과 의사도 코성형 전문가와 유방성형 전문가가 나뉠 것이고, 같은 코성형 전문가도 '더' 전문가와 '덜' 전문가가 있을 것이다.

　전문가의 발언에 많이 기대는 곳이 언론이다. 언론은 기사에 "전문가 누구누구의 말에 따르면"이라는 말을 붙여서 그 기사의 신뢰도를 높인다. 그런데 언론에 '전문가'라고 인용되는 사람은 보통 언론에 자주 등장하는 대중적인 학자나 관련 학회의 회장 정도 되는 학자인 경우가 많다. 꼭 그런 것은 아니지만 그런 사람들은 관련 분야의 전문가이기는 해도 세부적인 전문성은 떨어질 수 있다. 넓게 분류했을 때는 관련 분야의 전문가가 맞지만 세부 전문 분야의 전문가는 아니거나 세부 전문 분야의 전문가는 맞지만 전문성을 계속해서 계발한 사람이 아닐 수 있는 것이다. 그런데도 언론에서 그런 사람들을 전문가로 끌어들이는 몇 가지 이유가 있다. 일단 언론은 신속한 보도를 해야 하기 때문에 '진짜' 전문가와 접촉할 시간이 없다. 언론에 자주 등장하는 대중적인 학자나 학회의 임원급 학자들은 이미 언론에 자주 등장했기 때문에 접촉하기도 쉽고 본인들도 그것을 좋아한다. 그 분야의 진짜 전문가들은 연구에 바빠서 언론과 인터뷰할 시간도 없고 언론에 이름을 날리고 싶다는 욕심도 없다.

　언론에서 그들을 전문가로 인용하는 또 다른 이유는 그들의 대중성이나 직함이 그들을 더 전문가처럼 보이게 하기 때문이다. 언론을 소비하는 대부분의 사람들은 대중성이나 직함이 진정한 전문성을 쌓는 데 오히려 방해가 된다는 사실을 잘 모르고 그들이야말로 진짜 전문가라고 생각한다.

한편 그런 사람들은 언론의 입맛에 맞는 발언을 해준다는 이유도 있다. 관련 분야의 전문적인 지식을 갖춘 사람은 어떤 문제에 대해 단정적인 발언을 하지 않는 경향이 있다. 그들은 "그럴 수도 있지만 꼭 그런 것은 아니에요. 이러이러한 조건에서는 안 그럴 수도 있어요."라고 여러 제한 조건을 달고 조심스럽게 말한다. 그렇다는 것인지 안 그렇다는 것인지 도대체 알 수가 없다. 사실 학문의 속성은 원래 그렇다. (필자도 어떤 것이 좋은 논증이고 어떤 것이 나쁜 논증인지 딱 부러지게 말하지 않는다. 속 터지게 말이다. 그런데 내가 내 입으로 전문가라고 말하는 셈이니 좀 쑥스럽다.) 그러나 그 분야에 대해 '덜' 전문가인 사람들은 "그건 이렇습니다."라고 자신 있게 말한다("무식하면 용감하다."는 말이 이 경우에 어울릴 것 같다). 그러니 기사의 의도에 맞게 인용을 해야만 하는 언론에서 좋아하지 않을 수 있겠는가?

그러므로 언론에 등장하는 전문가가 관련 분야의 진짜 전문가인지 아닌지 비판적으로 살펴보아야 한다. 어떻게? 이것은 그리 어려운 일이 아니다. 그 분야에서 활동하는 사람들 몇 명에게만 물어봐도 알 수 있다.

아인슈타인은 못 하는 일 : ② 어디까지가 전문가의 영역인가?

이제 어떤 사람이 진짜 전문가라고 해보자. 그 사람의 발언은 전문가의 발언으로 존중받아야 하고 그 발언은 어떤 주장에 대한 근거 역할을 훌륭하게 해낼 수 있다. 단 조건이 있다. 그 발언은 그 전문가의 전문 영역에 관한 것이어야 한다. 전문가는 그 전문 영역에 대해 전문가일 뿐이다. 그는 그 영역을 넘어서면 전혀 전문가가 아니다. 우리가 의존할 만한 지식을 가지고 있지도 못하다. 자기 전문 영역이 아닌 분야에 대해서는 지식의 수준이 아마추어와 다를 바가 전혀 없다. 진짜 전문가는 연구에 바빠서 다른 분야에 대한 지식을 쌓을 시간이 없다고 이미 말했다. 그러므로 어떻게 보면 전문가는 전문 영역을 넘어서면 오히려 젬병일 가능성이 크다.

심리학에서는 어떤 사람을 평가할 때 특정 부분에서 얻은 긍정적인 인상이 다른 부분에까지 영향을 끼치는 경우를 **후광효과**라고 부른다. 어떤 분야의 전문가니까 모든 것을 다 잘 알 것이라고 생각하는 것도 후광효과라고 할 수 있다. 그런데 그런 것은 부적합한 권위에 호소하는 잘못된 논증이다. 전문가는 맞지만 다른 분야의 전문가일

후광효과 : 후광효과는 법정에서도 일어난다. 잘생긴 피고인이 못생긴 피고인보다 더 낮은 형량을 받는 것은 후광효과의 대표적인 사례다. 그러나 이것은 배심원들을 대상으로 한 실험에서 나온 결과다. 배심원은 전문가가 아니니까.

때 그 사람은 '부적합한 권위'가 되고 거기에 호소하는 것은 올바른 논증 방법이 아니다.

아인슈타인을 예로 들어보자. 20세기의 위대한 물리학자인 아인슈타인은 살아생전에 핵무기, 병역거부, 이스라엘 문제 등에 관해 자주 발언했고, 또 발언해달라는 요구를 자주 받았다. 그러나 아인슈타인은 물리학 이외의 분야에 대해서는 전문가가 아니다. 핵무기 개발 중지는 우리도 주장할 수 있고 아인슈타인도 주장할 수 있다. 아인슈타

인이 주장했다고 해서 더 설득력이 있는 것은 아니다.

도덕의 문제도 '도덕 전문가'가 따로 있다. 도덕 문제에 대해 오랫동안 연구해온 윤리학자들이 그들이다. 그런데 사람들은 도덕 전문가가 있다는 것을 인정하지 않고 도덕 문제에 대해서는 개나 소나 발언할 수 있다고 생각한다. 생명과학자가 생명·의료윤리 문제에 대해 발언할 수는 있다. 그러나 그 발언은 어디까지나 참고만 할 수 있을 뿐, '적합한' 전문가의 발언은 아니다. 생명과학자는 생명 문제에 관해서는 전문가이지만 윤리·도덕 문제에 관해서는 아마추어이기 때문이다. 종교 지도자는 도덕에 관한 발언을 자주 한다. 그리고 사람들은 종교 지도자가 도덕에 관한 '적합한 권위'라고 생각한다. 그러나 종교 지도자는 '그 종교의 도덕'에는 전문가가 될지 모르지만 우리가 일상

법관의 판단, 전문가의 판단

논리 법정

2009년에 8세의 여자 어린이를 술 취한 범인이 화장실로 끌고 가서 성폭행한 사건이 있었다. 그런데 재판에서 판사가 범인이 술에 취한 심신미약 상태였다는 이유로 무기징역에서 12년형으로 형량을 깎아줘서 논란이 되었다. 술에 취했다고 해서 감형을 하는 것도 논란거리지만 이 장의 주제와 관련된 문제는 그 판단을 법관이 한다는 것이다. 심신미약 상태인지 아닌지는 의학적 판단이 필요한 부분이다. 법관이 전문가인 것은 맞지만 의학 영역에까지 전문가는 아니다. 그때는 의사, 특히 정신과 의사의 판단이 필요하다. 그래서 정신과 의사를 '흰 옷 입은 법관'이라고 부른다.

생활에서 따라야 할 도덕의 전문가는 아니다. 예를 들어 교황이 낙태가 도덕에 어긋난다고 말했다면 그것은 낙태가 '가톨릭의 도덕'에 어긋난다는 이야기지 우리가 '세속에서 따라야 할 도덕'에 어긋난다는 이야기는 아니다. 종교의 도덕은 특정 종교의 교리를 끌어들이므로 모든 사람이 따라야 할 보편 도덕이 될 수 없기 때문이다.

그러면 유명한 연예인이나 스포츠 스타도 전문가라고 할 수 있을까? 그들 나름대로 전문가라고 해야 할 것이다. 수많은 연예인 지망생, 운동선수 중에서 정상의 자리에 오른 사람들을 연기나 노래나 운동 분야의 전문가라고 불러주지 않으면 누구를 전문가라고 하겠는가? 그런데 이런 사람들을 보통은 '전문가(authority)'보다는 '유명인(celebrity)'이라고 부른다. 유명인인 연예인이나 스포츠 스타는 각종 광고 모델로 활동한다. 예를 들어 피겨스케이팅 선수 김연아 씨가 우유 광고를 한다. 김연아 씨는 피겨스케이팅 분야에서 전문가인 것은 분명하지만 우유에 관해서는 우리와 똑같은, 한 명의 소비자일 뿐이다. 김연아 씨의 팬이어서 그녀가 광고하는 우유를 마시는 것은 전혀 문제가 안 된다. 그러나 이 우유를 마셔야 하는 근거로 김연아 씨가 광고한다는 점을 제시한다면 부적합한 권위에 호소하는 것이 된다. 김연아 씨가 그 우유를 마시는 것은 내 친구 이연아가 그 우유를 마시라고 했다는 것 이상으로 근거의 힘을 갖지 못하기 때문이다. 이런 부적합한 권위에 호소하는 것은 일상생활에서 아주 자주 볼 수 있는 사례다.

지금까지의 설명에 따르면 전문 영역에 대해서는 전문가에게 맡겨야 할 것 같다. 그러나 문제는 전문가들끼리도 의견 일치가 안 되는 경우가 많다는 사실이다. 감세를 해야 할지 증세를 해야 할지 경제 전문가들의 의견은 다 다르다. 환경을 개발해야 할지 보존해야 할지 토목 전문가들의 의견도 각각이다. 이럴 때는 어떻게 판단해야 하는가? 어떤 전문가의 발언이 옳은지 어떻게 아는가?

아마추어의 입장으로는 모든 것을 전문가에게 내맡길 것이 아니라 전문 지식을 조금씩 쌓는 수밖에 없다. 전문 지식이 조금이라도 있다면 이 주제에 대해 여러 전문 영역이 있다는 사실도 알게 되고 누가 전문가인지도 알 수 있다. 더 나아가 의견이 다른 전문가 중에서 누구의 의견이 더 그럴듯한지 알 수도 있다. 그런 지식이 점점 더 쌓이게 되면 어느 순간에 전문가의 경지에 오를 수 있다. '인터넷 경제 대통령'이라는 별명을 얻은 미네르바가 그런 사람이다. 꼭 그런 경지에까지 오르지 않더라도 어떤 분야에 대해 전문적인 식견을 갖게 되면 적어도 누가 이 분야의 전문가인지 알고 그 사람의 의견에 의존하여 판단할 수 있을 것이다.

전문 지식이 전혀 없거나 배우려고 하지 않는 비전문가는 누가 전문가인지 전혀 모른다는 문제가 있다. 극단적인 예를 들면 병에 걸렸을 때 의사를 찾아가야 할지 기도원(옛날 같으면 무당)을 찾아가야 할지 모르는 사람도 있다. 그러나 대부분의 현대인들은 건강에 관심이 있기 때문에 언론을 통해서 건강에 관한 약간의 지식을 얻게 되고 스스로 공부하기도 한다. 그래서 병에 걸리면 병원에 가야 하고 더 나아가 어느 병원에 가야 하는지도 알게 된다. 이것이 전문 지식의 힘이다. 중요한 판단은 전문가의 의견에 의존하지만 그래도 그 주제에 대해 자신의 의견도 형성해나가는 것이다. 대부분의 사람들은 차가 고장 나면 스스로 고치지 않고 차량 정비 업체를 찾아간다. 차량 정비사를 전문가로 인정하기 때문이다. 그러나 차량에 대해 전혀 지식이 없는 사람과 약간이라도 있는 사람은 차량 정비 업체에서 다른 대우를 받는다.

다른 사람의 의견을 참조하지 않고 완전히 독창적인 의견만 만들 수도 없고 자신의 의견은 전혀 없이 완전히 다른 사람의 의견만 따를 수도 없다. 다른 사람의 의견과 자신의 의견이 적절하게 균형을 이루어야 한다. 이때 필요한 것이 전문 지식이다. 전문 지식이 있으면 중요한 부분에서는 전문가의 의견에 따르면서도 자신만의 견해를 개발해나갈 수 있다. 특정 주제에 대해 자신의 견해를 형성하는 것은 세상에 능동적으로 참여해서 세상을 이해해나가는 것이므로 즐거운 일이기도 하고 자기 실현을 하는 것이므로 의미 있는 일이기도 하다.

전문가가 아니어도 전문 지식을 쌓아야 하는 중요한 이유가 있다. 전문가들끼리 의견이 다른 문제들은 한 가지 전문 영역만의 문제가 아닐 가능성이 크다. 강에 댐을 만들거나 산에 터널을 뚫는 것과 같은 환경개발 문제가 그렇다. 그것은 토목의 문제이기도 하지만 환경의 문제이기도 하고, 정치의 문제이기도 하고, 예산 분배의 문제이기도 하다. 따라서 토목이면 토목, 환경이면 환경 한 분야만 파고든 전문가보다는 전문 지식을 조금씩 공부하면서 자신의 견해를 개발한 아마추어가 종합적인 시각을 가질 수 있기 때문에 환경개발 문제를 판단하기에 더 유리한 입장에 있을 수 있다(전문교육을 받으러 입학한 대학에서 교양교육까지 시키는 이유가 바로 여기에 있다).

그리고 각 분야의 전문가들은 자신의 전문 분야에 대한 자신감이 강하기 때문에 다른 분야 전문가의 도움말을 듣지 않으려는 경향이 있다. 또 워낙 바쁘기 때문에 그럴 시간도 없다. 그래서 환경개발 문제처럼 여러 분야의 전문가가 함께 결정해야 하는 문제는 각 전문가들의 목소리가 너무 커서 해결이 쉽지가 않다. 그럴 때 각 전문가의 의견을 종합해서 스스로 판단을 내릴 수 있는 능력이 필요하다.

관계자에 따르면? : ④ 전문가에게 물어볼 수 있는가?

그다음에 우리는 전문가가 정말로 옳게 판단하는지 물어야 한다. 전문가도 틀릴 수 있다. "원숭이도 나무에서 떨어질 때가 있다."는 속담이 딱 여기에 해당한다. 그러므로 전문가의 발언이라고 해도 항상 비판적인 시각을 보내야 한다. 물론 전문가의 발언이 항상 틀렸다고 생각하라는 뜻은 아니다. 그러면 애초에 왜 전문가에게 의존하라고 하겠는가? 그 말은 전문가의 발언이 우리가 알고 있는 상식과 어긋났을 때 무조건 받아들이는 것이 아니라 정말 그런지 생각해보고 또 어떤 근거에서 그런 발언을 하는지 다시 한 번 물어보라는 것이다.

우리가 전문가에게 기대는 이유는 우리가 직접 경험하고 지식을 쌓을 수 없기 때문이라고 했다. 그러므로 우리의 경험이나 지식과 전문가의 의견이 충돌한다면 꼭 전문가의 의견을 우선시할 이유가 없다. 이때는 전문가의 의견에 대해 의심의 이득을 적용해야 한다. 밀그램의 실험에서처럼 아무리 전문가가 전기충격을 더 올리라고 해도 의심스러우면 물어야 한다. 이렇게 전문가의 의견과 자신의 상식 중 어느쪽이 더 옳은지 검증하는 과정이 필요하다. 가장 좋은 방법은 근거 확인의 원칙^{두 번째 원칙} 을 이용해서 그 전문가가 왜 그렇게 생각하는지 근거를 알아보는 것이다. 그래서 그 근거가 자신이 지금까지 가지고 있던 경험이나 지식을 압도하는 것이라면 전문가의 견해에 신뢰를 보낼 수 있다.

그렇지 않고 여전히 내 경험과 지식이 옳다고 생각되면 의심의 이득에 의해 근거를 또다시 묻거나 다른 전문가에게 의존해야 한다. 의사의 처방이 내가 생각하는 상식과 맞지 않을 수 있다. 그렇다고 해서 단박에 다른 의사에게 가는 것은 의사를 기분 나쁘게 할 수도 있고 경제적으로도 현명한 방법이 아니다. 그럴 때는 의사에게 왜 그렇게 해야 하는지 물어보고 그가 제시한 근거와 자신의 상식을 비교해서 판단하는 것이 가장 무난하다. 의사가 제시한 근거가 그래도 미심쩍으면 그때는 다른 의사와 상의해야 할 것이다.

그런데 궁금한 것이 있어도 전문가에게 물어볼 수 없는 경우가 있다. 우선은 전문가에게 발언의 근거를 물어봐도 버럭 화를 내며 대답해주지 않을 때가 있다. "감히 누구의 말을 의심해?"라거나 "내가 누구인데."라는 태도를 보이는 것이다. 이런 사람들에게는 '권위'의 부정적인 의미가 그대로 적용된다. 토론의 기본적인 원칙은 자유롭게 질문하고 대답하는 것인데 자신의 권위로써 상대방의 질문을 방해하는 것은 입증의 권리 원칙^{세 번째 원칙} 을 어겨서 자유로운 토론을 방해한다. 이런 사람은 '적합한 권위'일지는 모르지만 **공포심에 호소하는 오류**를 저지르고 있다고 봐야 한다(이 오류는 9장에서 더 자세하게 설명하겠다).

이런 점에서 권위 있는 사람, 곧 전문가가 하는 말은 일단 신뢰를 주기 때문에 전문가는 대중에게 이야기할 때 책임의식을 가져야 한다. 우리는 황우석 박사 사태에서 전문가가 데이터를 조작하는 것이 얼마나 위험한지 잘 학습했다. 거짓말하는 전문가는 거짓말할 줄 모르는 비전문가보다 나을 것이 없다. 오히려 더 나쁜 영향을 준다.

관계자 : 신문에서 정치, 경제, 사회, 연예 등 모든 영역을 망라하여 정보를 제공해주는 사람. 출입 금지 구역을 마음대로 출입할 수 있는 권한도 가지고 있다(이상은 '관계자'의 설득적 정의임).

언론은 "전문가에 따르면", "관계자에 따르면"이라는 식으로 전문가의 이름을 밝히지 않고 기사를 작성하는 경우가 있다. 과학 기사의 경우 "한 연구 보고서에 따르면"이라는 말을 붙이면 설득력이 확 올라간다. 그러나 그 견해에 의문점이 없으면 상관없지만 혹시라도 의문점이 있다면 그 근거를 물어볼 수가 없다. 이런 경우는 권위를 이용해서 질문을 방해하는 경우와는 다르지만 역시 자유로운 토론을 방해하는 사례다. 따라서 아무런 이름도, 전문 분야도 언급하지 않고 전문가를 거론하는 주장은 논의의 가치가 없다. 거의 '카더라 통신' 급이기 때문이다.

지금까지 말한 것은 전문가의 주장이 틀리지 않았나 의심스러운 경우다. 그러나 전문가의 공정성이 의심스러울 수도 있다. 예를 들어 어떤 의학자가 흡연은 건강에 해롭지 않다는 연구 결과를 발표했다고 하자. 의학자는 건강 문제의 전문가이므로 그의 발언에 신뢰를 보내야 할 것 같다. 그런데 그 연구가 담배 회사의 연구비를 받고 이루어졌다는 사실이 밝혀졌다. 그러면 우리는 의심의 이득에 따라 그 연구 결과의 신뢰성을 의심하는 것이 당연하다. 우리의 의심을 덮을 만한 객관적인 증거를 내놓을 때까지 의학자는 적어도 이 문제에 관해서 전문가의 권위를 상실한다.

이런 사례는 전문가가 자신의 발언으로 이득을 보는 경우다. 전문가가 지금 하고 있는 발언 주제에 대해 이해 당사자가 되는 것이다. 그때는 전문가의 공정성과 신뢰도를 의심할 수밖에 없다. 심한 경우에는 그 전문가가 비양심적이라거나 정직하지 못하다고 말할 수 있고, 꼭 거기까지는 아니어도 적어도 특정 사안에 대해 어느 한쪽에 치우치지 않고 공평하게 판단을 내릴 것이라고 생각할 수 없다. 앞에서 말했지만 전문가가 공정하지 못하므로 그의 발언을 신뢰할 수 없다는 형태의 논증은 사람에의 호소다. (특히 이런 것은 **우물에 독 풀기**라고 부른다. 8장에서 자세하게 설명하겠다.) 그러나 전문가의 공정성을 의심하여 그 사람의 발언을 믿지 못하는 것은 잘못된 논증 방식이 아니다. 왜 우리가 전문가에게 의존하는가 생각해보라. 전문가는 이 사안에 대해 고도의 전문 지식이 있으므로 공평하게 판단을 내려줄 것이라고 기대하기 때문이다. 그러나 그런 기대를 저버린다면 신뢰를 철회하는 것은 당연하다.

전문가의 공정성에 대해 사례를 통해 살펴보자. 어떤 토목 전문가가 댐 건설 사업을 옹호하는 발언을 했다고 하자. 그런데 그 사업이 시행되면 토목 전문가가 상당히 유리해진다고 하자. 그러면 이 토목 전문가의 공정성을 의심하는 것은 일리가 있다. 공정성을 의심한다는 것은 그의 발언이 틀렸다는 뜻이 아니다. 의심의 이득에 따라 그 의심을 잠재울 만한 증거가 나오지 않는 이상 그 발언을 참으로 받아들이지 않는다는 것이다.

수돗물 불소화 논쟁이 있다. 불소는 충치를 예방하므로 수돗물에 불소 용액을 넣자는 측과 불소는 과다 복용하면 건강에 좋지 않으므로 반대하는 측 사이의 논쟁이다. 그런데 많은 치과 의사들은 수돗물 불소화에 찬성한다. 치과 의사들은 충치에 관해서는 전문가다. 그리고

논리 법정

김기설 유서 대필 사건

법정에서는 증인으로 전문가(감정인)를 채택하는 경우가 많다. 1991년 유서 대필 사건이 있었다. 당시 전국민주운동연합 사회부장이었던 김기설 씨가 분신자살을 했는데 그의 동료인 강기훈 씨가 유서를 대필하는 등 자살을 사주했다는 사건이다. 김기설 씨의 유서를 강기훈 씨가 정말로 대필했느냐가 중요한 논란거리였는데 국립과학수

수돗물에 불소가 들어가서 충치가 많이 예방되면 오히려 치과 의사들에게는 손해다. 그런데도 그들이 수돗물 불소화에 찬성하는 것을 보면 적어도 그 주장으로 인해서 자신들이 이득을 보는 것은 없다고 생각할 수 있다. 곧 이 논쟁에서 치과 의사의 발언은 공정한 전문가의 의견으로 받아들일 수 있다. 물론 이 논쟁에서 어느 쪽이 옳은지는 이 점만 가지고 판단해서는 안 되지만 말이다.

사연구소 문서분석실의 김모 씨가 유서와 강기훈 씨의 필적이 상호 동일한 필적이라는 감정 결과를 내놓았고, 이것이 주요한 유죄 근거로 작용했다. 그러나 김 씨는 여러 차례 돈을 받고 문서를 허위 감정해준 적이 있는 것으로 밝혀졌다. 그러면 김 씨의 감정이 갖는 공정성은 심각하게 훼손될 수밖에 없고, 동시에 그의 감정은 유죄의 근거로 작용할 수 없다.

논증은 근거에서 시작한다. 근거는 참이라는 것이 밝혀져야 주장을 지지할 수 있다. 어떤 근거가 참이라는 것을 밝히려면 다음과 같은 점을 주의해야 한다.

1. 내가 눈으로 보고 귀로 들은 것은 확실하다. 그러나 다른 사람들이 내가 보고 들은 것을 의심하지 않을지 생각해보라. 만약 의심한다면 그 의심을 잠재울 만한 근거를 더 제시하라.

2. 다른 사람에게 들은 이야기는 그 출처가 분명한지 살펴보라. 분명하지 않으면 믿지 마라.

3. 그 출처가 전문가라면 참일 가능성이 높다. 그러나 우선 그 전문가가 관련 분야에서 인정을 받았는지 알아보라. 그리고 단순히 대중적인 명성만 있는지 진짜 전문 지식이 있는지 알아보라.

4. 전문가의 발언이 자신의 전문 영역에 대한 것인지, 아니면 그것을 넘어서는 것인지 살펴보라. 전문 영역을 넘어선 발언이라면 특별한 권위를 인정하지 마라.

5. 아마추어라고 해도 전문 지식에 관심을 가지고 꾸준히 지식을 쌓아라. 그래야 누가 진짜 전문가인지, 그리고 전문가끼리 의견이 다를 때 누구 말이 맞는지 판단할 수 있다.

6. 전문가의 의견이 자신의 상식과 다를 때는 그 근거가 무엇인지를 물어보라.

7. 전문가가 자신의 발언으로 이득을 본다면 그 사람의 발언을 의심스럽게 생각하라.

Chapter 6
억지 주장의 메커니즘
논란이 되는 근거

영민은 연쇄살인범이다. 중호는 자신 밑에서 일하는 미진이 실종되자 그녀를 찾다가 우연히 영민을 만난다. 중호는 영민의 옷에 묻은 피를 보고 직감적으로 그가 범인이라고 생각하고 붙잡아서 경찰에 넘긴다. 그러나 경찰은 영민이 범인이라는 증거가 없기 때문에 그를 풀어주고 만다.

한국 영화 〈추격자〉의 기본 스토리다(이 영화는 2010년 미국에서 리메이크되기까지 했다). 영화를 보던 관객들은 이 순간에 탄식을 한다. "저놈은 연쇄살인범인데. 아마 풀려나면 더 많은 사람을 죽일 거야." 실제로 영민은 풀려나서도 살인을 한다.

모든 상황을 전지자적(全知者的) 관점에서 보고 있는 관객들은 그런

탄식을 할 수 있다. 그러나 우리가 영화 속 상황에 들어가 있다고 해보자. 영민이 연쇄살인범인지는 영민만 알고 있고 아무도 모른다. 중호도 미진이 실종된 것에 대해서만 영민을 의심하고 있다. 다시 말해서 영민이 연쇄살인범인지 아닌지는 논란거리다. 그럴 때 누군가 이렇게 말했다고 하자. "영민을 풀어주면 안 됩니다. 그놈이 풀려나서 더 많은 사람들을 죽이면 어떻게 합니까?"

쳇바퀴 도는 설득 : 선결 문제 요구의 오류

이 사람은 영민을 풀어주면 안 된다는 주장을 하고 있다. 그리고 근거 제시의 원칙^{두 번째 원칙}에 따라 영민을 풀어주면 더 많은 사람들을 죽일 것이라는 근거를 제시하고 있다. 근거 제시의 원칙^{두 번째 원칙}에 따르면 근거는 설득의 상대방이 받아들일 수 있어야 한다. 위 근거는 받아들일 수 있는 근거일까? 그렇지 않다. 영민이 연쇄살인범이라는 사실을 영화를 보는 우리는 알고 있지만 영화 속의 상황에서는 아무도 모른다. 현실에서는 그가 범인인지 아닌지 그 자체가 논란거리다. 논란거리를 근거로 가져다 쓸 수는 없다. 그가 범인이라는 것은 입증해야 할 명제다. 입증해야 할 것을 입증의 근거로 삼는 것은 올바른 논증 방법이 아니다.

논증은 주장과 다른 새로운 근거를 제시함으로써 앞으로 나아가야 한다. 그러나 논란거리를 근거로 삼는 것은 제자리에서 맴도는 것이다. 이것은 논증의 진행을 방해한다는 점에서 입증의 권리 원칙^{세 번째 원칙}을 어기는 것이기도 하다. 이것은 헛바퀴가 도는 자동차와 비슷하다. 계속 그 자리에 있다. 아니, 이 비유보다는 물에 빠진 사람이 스스로 머리를 끌어올려 물 밖으로 나오려 한다는 비유가 더 적절한 것 같다. 그런 식으로 논증을 하면 제자리에 있는 정도가 아니라 더욱더 물속 깊이 빠지는 것과 다름없기 때문이다. 물에 빠진 사람(주장)을 끌어올리려면 외부에서 끄는 별도의 다른 힘(근거)이 있어야 한다.

왜 입증해야 할 주장을 근거로 가져다 쓰는 것일까? 그것은 역지사지의 원칙^{첫 번째 원칙}을 지키지 않기 때문이다. 논증을 주고받는 상대방의 입장에서 이 근거를 받아들일 수 있을까 생각해보면 논란이 되는 근거는 상대방이 결코 받아들일 수 없다는 사실을 금방 알 수 있다. 그러나 그러지 않고 자신의 입장에서만 주장을 하고 있기 때문에 논란이 되고 있는 근거도 마치 입증이 된 것처럼 생각하는 것이다. 영민이 당연히 범인이라고 생각하는 사람은 그 사실이 결코 당연하지 않음을 잊고 있는 것이다.

논리학에서는 입증해야 할 주장을 오히려 근거로 가져다 쓰는 경우를 **선결 문제 요구의 오류**라고 부른다(경우에 따라서는 **순환 논증**이라고도 부른다). 그러나 여기서는 그런 이름으로 부르지 않겠다. 그런 이름을 일일이 외우기도 힘들지만 역지사지의 원칙^{첫 번째 원칙}에 따라 논증을 검토해야 훨씬 정확하게 논증을 평가할 수 있기 때문이다. 똑같은 논증이 상황에 따라 잘못된 논증이

> **선결 문제 요구의 오류와 순환 논증** : 논증을 할 때 입증해야 할 주장을 근거로 가져다 쓰는 잘못을 선결 문제 요구의 오류라고 한다. 그중에서 근거가 주장과 똑같거나 거의 같을 때는 특별히 순환 논증이라고 부른다.

될 수도 있고 좋은 논증이 될 수도 있는데 역지사지의 원칙^{첫 번째 원칙} 으로는 그것을 판단할 수 있지만 선결 문제 요구의 오류로는 판단하기 어렵기 때문이다. 그런 사례를 좀 있다 이야기하겠다.

"홍시 맛이 나서 홍시라 생각한 것이온데……"

역지사지의 원칙^{첫 번째 원칙} 을 지키지 않는 경우를 네 가지로 나누어 살펴 보겠다.

① 근거를 아예 제시하지 않을 때

② 근거를 제시하기는 했는데 주장과 똑같은 근거를 제시했을 때

③ 근거를 제시하기는 했는데 주장과 똑같지는 않지만 거의 같은 근거를 제시했을 때

④ 근거를 제시하기는 했는데 받아들일 수 없을 때

첫 번째는 아무 근거도 제시하지 않고 주장만 하는 경우다. 이것은 논증의 기본 중 기본인 근거 제시의 원칙^{두 번째 원칙} 도 지키지 않고 있으므로 상대할 가치가 없다. 그런데도 이런 주장을 어떻게 상대할지 고민하는 사람이 의외로 많다. 뭐라고 반박해야 하는데 그러지 못해 답답해한다. 길거리나 지하철에서 "예수천당 불신지옥"이라고 떠드는 사람들이 있다. 일단 이 사람들은 공중도덕도 지키지 않고 있으므로 논증의 대상이 아니라 비난의 대상이 되어야 한다. 혹시 그것이 논증

의 대상이라면 근거가 무엇인지 물어봐야 한다. '예수천당 불신지옥'이라는 주장 자체로는 아무 근거도 찾을 수가 없다. 인터넷 댓글에서 '빨갱이'라거나 '좌파 정권 10년'이라는 말을 심심찮게 볼 수 있다. 이것도 근거는 전혀 없이 주장만 난무하는 경우다. 특히나 우리나라의 경우 '빨갱이'나 '좌파'라는 말에는 부정적인 의미가 잔뜩 내포되어 있기 때문에(4장을 보라) "그래서?"("그래, 나 빨갱이야. 뭐가 문제야?") 라고 대꾸하기가 참 어렵다(심지어 '좌파'라는 말뜻도 정확히 모르면서 자신에게 반대하는 사람을 좌파라고 부른 연예인도 있었다). 이 경우에 대응하는 방법은 두 가지다. 하나는 무시하는 것이다. 근거도 제시되지 않은 주장이므로 대응할 가치가 없다. 또 다른 방법은 "왜 그러는데?"라고 질문하는 것이다. 입증의 책임 원칙세 번째 원칙 에 따르면 입증의 책임은 주장하는 사람에게 있다. 그러므로 내가 빨갱이가 아니라고 입증하는 데 급급할 것이 아니라 오히려 공을 상대방에게 넘겨야 한다. 그쪽에서 합리적인 근거가 나오기 전까지는 답답해할 이유가 전혀 없다.

두 번째와 세 번째 경우는 함께 묶어서 이야기할 수 있는 상황이다. 주장에 대한 근거를 제시하기는 했다. 그런데 그 근거라는 것이 주장과 똑같은 것이다. 예를 하나 보자. 전 세계에 널리 수출까지 된 드라마 〈대장금〉에서 어린 시절의 서장금이 막 궁중에 들어갔을 때의 장면이다. 재미있는 장면이므로 대본을 보자.

(죽순채를 먹고 양념으로 무엇이 들어갔는지 묻는 정상궁. 모두들 고요한데……)

어린 서장금 : 홍시입니다.

(작은 소리로 '누군가?' 하면……)

정상궁 : 방금 뭐라 했느냐?

어린 서장금 : 설당이 아니고 홍시옵니다.

(술렁이는 장내. 장금을 보는 금영. 다시 한 번 맛을 보는 최상궁과 한상궁)

정상궁 : 어찌 홍시라 생각하느냐?

어린 서장금 : 예? 저는…… (기가 죽어서) 제 입에서는…… 고기를 씹을 때
…… 홍시 맛이 났는데……. (중얼중얼) 어찌 홍시라 생각했느냐 하시
면…… 그냥 홍시 맛이 나서 홍시라 생각한 것이온데…….

정상궁 : (크게 웃으며) 호오! 타고난 미각은 따로 있었구나! 그렇지! 홍시가
들어 있어 홍시 맛이 난 걸 생각으로 알아내라 한, 내가 어리석었다!

| 김영현, 〈오리지널 시나리오 대장금〉 |

홍시 맛이 난다는 것이 서장금의 주장이다. 정상궁이 그 주장에 대
한 근거를 물어보니 서장금은 "홍시 맛이 나서."라고 근거를 밝힌다.
드라마를 떠나서 일반적인 상황을 생각해보자. 정상궁은 어린 장금이
가 왜 홍시 맛이 난다고 하는지 궁금하다. 그래서 그 근거를 물어보았
다. 그런데 또다시 홍시 맛이 나니까 그렇다는 대답을 들어야 했다. 역
지사지의 원칙^{첫 번째 원칙}을 적용해서 정상궁의 입장에서 궁금증이 해소
되었을까? 전혀 그렇지 않다. 서장금의 대답은 상대방을 설득한다는
논증으로서의 기능을 전혀 달성하지 못하고 있다.

그런데 정상궁은 어린 장금의 대답을 듣고 웃고 말았다. 아마 어린

아이가 양념이 홍시라는 것을 알아맞혔을 뿐만 아니라 또박또박 말을 잘하니까 귀여워서 그랬겠지. 그러나 상황을 바꿔서 성인이 그런 식으로 말하면 어떨까? 가령 회사에서 상사가 "이 기획안이 어떻습니까?"라고 물어봤을 때 "별로인데요."라고 대답했다고 하자. 다시 상사가 왜 그렇게 생각하느냐고 물으니 "이 기획안이 척 보니까 별로여서 별로라고 한 것인데 어찌 별로라고 생각했냐고 하시면 그냥……."이라고 대답한다고 해보자. 이때도 상사가 정상궁처럼 크게 웃을까?

주장에 나온 말과 똑같은 말을 근거로 제시하는 사람은 거의 없다. 그것은 누가 봐도 근거가 아님을 단박에 알 수 있기 때문이다. 미국의 조지 W. 부시 전대통령은 2000년 7월 공화당 전당대회를 앞두고 기자가 당원들의 단합 여부를 묻자 이렇게 대답했다고 한다. "나는 단결을 확신한다. 당원들은 단결하리라고 확신한다. 내가 그렇게 믿는 이유는 우리 당은 단결되어 있기 때문이다." 이것을 주장과 똑같은 말을 근거로 제시한 사례로 보는 사람들이 있다. 부시 전대통령이 무식하고 말실수가 잦음을 지적하기 위해 이 사례를 드는 것 같은데 이 경우는 자비로운 해석의 원칙^{첫 번째 원칙}에 따라 부시 입장에서 자비롭게 해석해야 할 것 같다. 그는 공화당이 단결되어 있음은 다 알고 있는 사실이니 이번에도 단결된 모습을 보이리라는 뜻으로 말했을 것이라고 말이다. 그러므로 부시가 주장과 근거에서 똑같은 말을 반복했다고 보기는 어렵다. (그렇다고 부시 전대통령이 무식하고 말실수가 잦다는 주장이 잘못되었다는 것은 아니다. 이 사례가 증거가 될 수 없다는 것일 뿐.)

물론 이때 기자가 "공화당이 정말로 단결되어 있습니까? 제가 보기에는 그렇지 않던데요."라고 물으면 상황이 달라진다. 이렇게 되면 부시는 공화당이 단결되어 있다는 주장에 대해 근거를 제시해야 할 책임이 있는데 이때도 똑같은 말을 근거로 내놓는다면 역지사지의 원칙^{첫 번째 원칙} 을 어기게 된다. 그러나 기자가 그런 것을 물어볼 것 같지는 않다. 공화당원인 부시가 당원들이 단합되어 있다면 그런가 보다 하고 생각하지 그걸 뭘 따지겠는가.

잘난 체하는 사람의 속임수

정말로 똑같은 말을 주장과 근거에서 반복하는 경우는 없다고 봐야한다. 문제가 되는 경우는 세 번째 경우, 곧 근거를 제시하기는 했는데 주장과 똑같지는 않지만 거의 같은 근거를 제시했을 때다. 주장과 똑같지는 않지만 살짝 바꾼 말, 곧 동의어를 근거로 제시한다. 간단한 예로 "저 사람은 가난하다. 왜냐하면 돈이 없기 때문이다."라는 논증을 보자. "저 사람은 가난하다."라는 주장을 했다. 저 사람이 가난하다는 것을 모두 안다면 이 주장을 다른 사람에게 설득할 필요가 없다. 왜 그런지 궁금해하거나 납득하지 못하는 사람이 있기 때문에 그런 사람들을 설득하기 위해 근거를 제시하는 것이다. 그런데 그 사람들에게 "돈이 없다."라는 것을 근거로 제시했다고 하자. 역지사지의 원칙^{첫 번째 원칙} 을 적용해서 그 사람들이 설득이 되겠는가? 가난하다는 말을 받아들이지 못하는 사람들이 돈이 없다는 말을 받아들일 수는 없을 것이다.

그래도 '가난하다'나 '돈이 없다'는 쉬운 말이므로 같은 말이 반복되

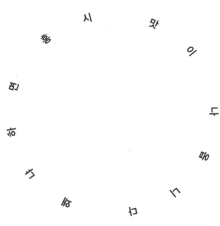

| 시작과 끝이 같은 그림과 논증 |

네덜란드의 판화가 M. C. 에서는 착시를 이용해서
시작과 끝이 같아 보이는 그림을 즐겨 그렸다.
그러나 이런 그림은 물리적으로 구현될 수 없다.
마찬가지로 시작과 끝이 같은 논증도 실제적인 정당성을 가질 수 없다.

고 있음을 알아차리는 것은 어렵지 않다. 그러나 조금만 현학적인 말이 나오면 같은 말이 반복되어도 알아차리기가 쉽지 않다. 다음 논증을 보자.

멀티미디어를 이용한 학습은 재래식 학습보다 학습 효과가 탁월하다. 멀티미디어를 활용하면 책으로만 공부할 때보다 학습에 훨씬 도움이 되기 때문이다.

"학습 효과가 탁월하다."나 "학습에 훨씬 도움이 된다."나 같은 말이다. 멀티미디어를 이용한 학습이 재래식 학습보다 학습 효과가 탁월하다는 말을 납득하지 못하는 사람이 멀티미디어를 활용하면 책으로만 공부할 때보다 학습에 훨씬 도움이 된다는 말을 납득하겠는가? 다음 논증도 똑같은 잘못을 저지르고 있다.

양심적 병역거부는 옳지 않다. 자신의 종교나 신념에 의해 병역을 거부하는 것은 받아들일 수 없기 때문이다.

자신의 종교나 신념에 의해 병역을 거부하는 것이 곧 양심적 병역거부다.

앞서 논증을 선결 문제 요구의 오류보다는 역지사지의 원칙^{첫 번째 원칙}으로 판별하면 더 쉽고 정확하다고 말했다. 그 예를 들어보겠다.

당사의 수익성을 강화하기 위해서는 영업력 강화가 긴급 과제다. 왜냐하면 당사의 영업력이 매우 약하기 때문이다.

《로지컬 씽킹》이라는 책에서는 이 예가 "A가 필요하다. 왜냐하면 A가 없기 때문이다."의 형태인데 이래서는 상대방이 납득할 수 없다고 말하고 있다. "영업력이 약하다."라는 것은 "영업력 강화가 긴급히 필요하다."라는 말을 약간 바꾼 것이다. 그러므로 이 논증은 선결 문제 요구의 오류에 해당할 것이다. 그러나 이 논증이 꼭 잘못된 논증인지는 따져보아야 한다. "당사의 수익성을 강화하기 위해서는 영업력 강화가 긴급 과제다."라는 주장을 들은 사람이라면 왜 그러는지 근거가 궁금할 텐데 아마 "당사의 영업력이 매우 약하다."라는 근거로는 납득하기가 쉽지 않을 것이다. 이 책의 지적이 옳기는 하다. 그러나 꼭 그런가? 간혹 당사의 영업력이 매우 약하다는 사실을 잊고 있던 사람이 있을지도 모른다. 그 사람에게는 "당사의 영업력이 매우 약하다."라는 근거만으로도 위 주장을 납득시킬 수도 있다. 이 논증이 괜찮은 논증이라는 말은 아니다. 똑같은 논증이 상황에 따라서 상대방을 설득할 수도 있고 못할 수도 있다는 말을 하고 싶은 것이다.

조금 전에 말한 부시의 논증도 다시 보자. 역지사지의 원칙^{첫 번째 원칙}을 어긴 것이 아니라고 선의로 해

동의어에 의한 논증 : 다음과 같은 논증도 근거라고 제시된 것들이 사실은 주장을 살짝 바꾼 것들이다. "안락사는 옳지 않다. 아무리 고통이 심한 불치의 환자라도 목숨을 인위적으로 끊는 것은 옳지 않기 때문이다." "자본주의야말로 인간의 경쟁력을 유발한다. 왜냐하면 생산수단을 사적으로 소유하여 이윤추구를 가능하게 하는 것은 경쟁력을 유발하기 때문이다."

석할 수도 있지만 공화당이 단결되어 있지 않다고 생각하는 기자를 설득시키지는 못한다고 했다. 그러므로 무슨 무슨 오류라고 명칭을 외울 일이 아니라 역지사지의 원칙^{첫 번째 원칙} 을 항상 적용해보는 것이 더 중요하다. 이 논증이 선결 문제 요구의 오류인지 아닌지 신경 쓸 필요가 없다. 역지사지의 원칙^{첫 번째 원칙} 으로 판단하라. 상대방의 입장에서 생각해보라. 주장을 받아들이지 못할 사람이 그것과 비슷한 근거는 받아들이겠는가? 만약 받아들일 수 없다면 그 논증은 잘못된 논증이다. 왜? 설득을 못하니까.

권리와 전통은 여전히 논란거리

역지사지의 원칙^{첫 번째 원칙} 을 어긴 네 번째 경우를 보자. 두 번째 경우나 세 번째 경우 모두 근거를 제시하기는 했는데 받아들일 수 없었다. 그런데 이 네 번째 경우는 같거나 비슷한 말이 반복되지는 않는다. 그러나 근거로 제시된 것이 논란이 되고 있는 것이기 때문에 받아들일 수 없는 경우다. 몇 가지 사례를 살펴보자.

우선 권리에 관한 주장들이 이런 경우에 해당할 때가 많다. "공공장소에서 흡연을 금지하는 것은 옳지 못하다. 그것은 흡연권을 침해하기 때문이다."라는 논증을 보자. 이 논증으로 공공장소에서의 흡연 금지에 찬성하는 사람을 설득할 수 있을까? 천만의 말씀이다. 공공장소에서의 흡연을 반대하는 사람이 '흡연권'이라는 것을 인정하겠는가? 골방에 혼자 숨어서 담배를 피우는 것도 아니고 공공장소에서 다른 사람에게 피해를 끼치면서 담배를 피우는 것이 무슨 권리냐고 생각하는 사람에게 흡연권은 전혀 근거가 되지 못한다. 왜 이런 논증이 만들어질까? 상대방의 입장에서 한 번도 생각해보지 않았기 때문이다. 어떤 주제에 대해서든 권리의 유무를 주장하는 사람들은 꽤 강력하게 자신의 주장을 내세우기 때문에 이런 잘못을 많이 저지른다.

전통이나 관습에 근거해서 무엇인가를 옹호하거나 반대하는 사람들도 역지사지의 원칙^{첫 번째 원칙}을 어기기 십상이다. 상대방은 바로 그 전통이나 관습을 비판한 것인데 오히려 전통이나 관습을 내세워서 반박을 한다. 상대방 입장에 서서 전통이나 관습이 틀릴 수도 있다는 생각을 한 번도 해본 적이 없기 때문에 그렇다. 직장생활을 예로 들면 업무 협조 과정에서 규정을 내세워서 반대하는 사람이 많다. 가령 어떠어떠한 일을 해달라고 요구하면 규정 때문에 안 된다고 하는 사람이 있다. 그런데 요구를 하는 사람이 그런 규정을 모르고 요구하겠는가? 그런 요구를 하는 사람은 그 규정을 바꿔달라거나 최소한 그 규정에 예

국민 정서와 헌법

논리 법정

2009년 8월 헌법재판소는 학교 근처에 납골시설 설치를 금지하는 것이 합헌이라고 판결했다. 그 이유는 "우리 사회는 전통적으로 시신이나 무덤을 경원하고 기피하는 풍토와 정서를 갖고 살아왔으며 입법자는 이런 정서를 감안, 학교 부근 납골시설이 학생들의 정서교육에 악영향을 끼칠 수 있다고 판단" 했기 때문이란다. 그런데 애초에 위헌

외를 적용해달라고 주장하는 것이다. 그런 요구를 받는 사람은 대부분 높은 자리에 있는 사람이다. 그런데 규정 운운하면서 거부하는 것은 말단 직원도 할 수 있는 일이다. 규정을 기계적으로 적용만 하면 되니까. 그 사람을 높은 자리에 앉혀놓은 것은 규정을 바꾸거나 예외를 판단할 수 있는 능력이 있다고 생각하기 때문인데 규정을 거론하며 반대하는 것은 직무를 유기한 것이라고 볼 수밖에 없다. 반대가 잘못되었다는 것이 아니라 규정 말고 다른 납득할 만한 근거를 제시해야 한다는 것이다.

"저 사람들은 원래 그래"

"이 고니는 희다."라는 진술과 "모든 고니는 희다."라는 진술의 차이점을 모두 알 것이다. 앞의 것은 이 고니 한 마리에 대한 진술이고 뒤의 것은 고니 전체에 대한 진술이다. 논리학에서는 그것들을 각각 단

신청을 한 사람은 왜 위헌 신청을 했겠는가? 바로 그 '풍토와 정서'가 올바르지 않다고 생각해서가 아니겠는가? 풍토와 정서가 올바른지 올바르지 않은지가 지금 논란의 대상이 되고 있다. 그런데 그 논란거리를 근거로 어떤 주장을 하는 것은 올바른 논증 방법이 아니다. 사형제 폐지에 반대하면서 국민의 '법감정'을 들먹이는 것도, 어떤 판단을 하면서 관습법을 근거로 삼는 것도 마찬가지다. 감정과 관습에 대해서는 9장에서 더 자세하게 설명하겠다.

칭진술, 전칭진술이라고 부른다. 그런데 당연한 말이지만 전칭진술에서 단칭진술이 따라 나온다. 예를 들어 우리가 "모든 고니는 희다."라는 것을 알고 이 동물이 고니라는 것을 안다면 "이 고니는 희다."가 따라 나온다. 이 책은 논리적 사고에 관한 책이기는 하지만 딱딱한 논리학 이야기는 하지 않으려고 했다. 그런데도 이 이야기를 하는 이유는 전칭진술에서 단칭진술이 따라 나온다는 설명만으로는 꼭 설득에 성공할 수 없음을 설명하기 위해서다. 다음 대화를 보자.

> "저 국회의원은 왜 공짜로 기차를 타지?"
> "국회의원은 원래 다 그래."

대답을 한 사람은 이런 식의 논증을 하고 있다. "국회의원은 모두 공짜로 기차를 타고 다녀도 된다. 저 사람은 국회의원이다. 그러므로 저 사람은 공짜로 기차를 타도 된다." 전칭진술에서 단칭진술이 따라 나오는 논증이므로 훌륭한 논증인가? "저 국회의원은 왜 공짜로 기차를 타지?"라고 질문을 던진 사람 입장에서 생각해보자. 그 사람이 국회의원은 모두 공짜로 기차를 타고 다녀도 된다는 사실을 몰랐다면 위 논증에 의해 설득될 것이다. 국회의원은 원래 기차를 공짜로 타도 된다는 새로운 지식을 얻게 되었기 때문이다. 그러나 그게 아니라 국회의원이라고 해서 그런 특권을 가져도 되느냐고 문제 제기를 하는 것이라면 위 논증에 설득되지 않는다. 그 전칭진술 자체가 논란거리이기 때문이다.

"그 문서는 우리 기관 것이 아니다. 왜냐하면 우리 기관은 결코 그런 문서를 만들지 않기 때문이다."

이런 식의 반응을 자주 볼 수 있다. 이 논증도 전칭진술에서 단칭진술을 끄집어내는 것처럼 보인다. 그러나 그 문서(아마 민간인 사찰 문서?)에 대해 의문을 제기하는 사

단칭·특칭·전칭진술 : 단칭진술은 특정한 개체에 관한 진술이고, 특칭진술은 하나 이상의 누구인지 모르는 개체에 관한 진술이고, 전칭진술은 어떤 집합에 속한 모든 개체에 대한 진술이다. "그 남자는 사람이다.", "적어도 어떤 남자는 사람이다.", "모든 남자는 사람이다."가 각각 단칭진술, 특칭진술, 전칭진술의 예다. 전칭진술이 참이라면 그 진술이 언급하는 집합에 속한 개체에 관한 단칭진술이나 특칭진술은 반드시 참이다. 그러나 단칭진술이나 특칭진술이 참이라고 해서 전칭진술이 반드시 참인 것은 아니다.

람이 "우리 기관은 결코 그런 문서를 만들지 않는다."라는 근거에 동의하겠는가? 바로 그것을 문제 삼은 것인데 말이다.

물론 전칭진술에서 단칭진술을 도출하는 것은 과학에서 흔한 일이다. 예컨대 아이가 엄마에게 "달걀이 왜 소금물에는 떠요?"라고 물었더니 엄마가 "응, 달걀은 원래 소금물에는 뜨는 거야."라고 대답했다고 하자. 그때 아이가 엄마의 대답(전칭진술)을 새롭게 알게 된 지식이라고 생각하고 문제 삼지 않는다면 그것은 좋은 대답이 될 것이다. 그러나 아이가 다시 "아니, 나도 그건 아는데 내가 묻는 것은 왜 달걀이 원래 소금물에는 뜨느냐는 거예요."라고 말한다면 엄마는 그 이상의 설명을 해야 할 의무가 생긴다.

신의 존재를 증명하는 논증도 논란이 되는 것들을 근거로 가져다 쓰는 경우가 많다. 역시 역지사지의 원칙^{첫 번째 원칙}을 지키지 않기 때문이다. 신의 존재를 믿는 사람들은 신이 존재하지 않는다고 의심해본 적

이 없고 의심하려는 시도도 하지 않는다. 그러니 자신의 논증이 상대방에게 어떻게 받아들여질지를 생각하지 않는 것이다. 한 가지 예만 들어보자. "이 세상 생명체의 신비롭고 완전한 조화를 보아라. 초자연적 지성이 아니고는 이러한 조화를 설계할 수 없다. 신은 존재함에 틀림없다." 보통 '설계 논증'이라고 부르는, 신의 존재에 대한 증명이다.

설계 논증 : 18세기 영국 신학자 윌리엄 페일리(William Paley, 1743~1809)의 신 존재 논증. 지적 설계 논증이라고도 한다. 바닷가를 산책하다가 시계를 하나 주웠다고 생각해 보라. 그 시계는 누군가에 의해서 만들어졌지, 바람에 깎여서 우연히 그렇게 만들어졌다고 생각하는 사람은 아무도 없을 것이다. 그러니 시계보다 더 복잡한 사람은 당연히 누군가의 설계에 의해서 만들어졌다는 주장이 바로 설계 논증이다. 이 논증은 10장에서 살펴볼 유비 논증이기도 하다. 다윈의 진화론에 의해 이 논증은 반박된다.

첫 번째 근거를 받아들인다 하더라도 두 번째 근거를 받아들일 수 있을까? 초자연적 지성, 곧 신만이 그런 조화를 설계할 수 있다는 근거를 신의 존재를 미심쩍어하는 사람이 받아들일 수 있겠는가?

학창 시절의 경험에 역지사지의 원칙 _{첫 번째 원칙} 을 적용해보면 어떨까? 학생이 선생님에게 "왜 머리

불법의 근거

논리 법정

"마약 복용은 왜 불법이죠?" "불법이 아니면 왜 법이 금지하겠습니까?" 올바른 대답일까? 전혀 아니다. 이 대답에 담긴 주장은 '마약 복용은 불법이다'이고 근거는 '마약 복용은 법이 금지한다'다. 그리고 법이 금지한다는 것은 불법과 동의어이므로 똑같은 말이 주장과 근거에서 반복되는 경우다. 이번에는 "마약을 복용하면 왜 안 돼요?"라

를 기르면 안 돼요?"라고 묻는다고 해보자. 선생님은 "교칙이니까."라고 대답한다. 선생님은 "머리를 기르는 것은 교칙에 어긋나므로 머리를 길러서는 안 된다."는 논증을 한 것이다. 이 논증은 좋은 논증일까? 그 것을 판단하기 위해서는 상대방, 곧 질문을 한 학생의 입장에서 생각해봐야 한다. 이 학생이 교칙에 그렇게 규정되어 있음을 모른다고 해보자. 그러면 선생님의 논증에 설득이 될 것이다. "아, 우리 학교 교칙에서 금지하고 있으니까 머리를 기르면 안 되겠구나."라고 수긍할 것이다.

그런데 이 학생이 교칙에서 금지하고 있음을 알면서도 도대체 왜 학생의 자율권을 침해하는 그런 교칙이 있는지를 따지기 위해 "왜 머리를 기르면 안 돼요?"라고 물었다고 하자. 그러면 "교칙이니까."라는 선생님의 대답이 그 학생을 설득시킬 수 있겠는가? 전혀 아니다. 이때는 선생님의 논증이 논증의 기능을 성공적으로 수행하지 못하고 있다. 혹시 그 선생님이 학생의 질문 의도를 알면서도 그렇게 발뺌했다

고 묻는다고 해보자. 그래서 "불법이니까."라고 대답했다. 올바른 대답일까? 이 질문을 한 사람이 불법임을 알고 있느냐 모르고 있느냐에 따라 다르다. 만약 불법이라는 것을 모르고 있다면 새로운 정보를 주므로 질문한 사람은 이해를 하고 설득이 될 것이다. 그러나 불법이라는 것을 알고 물었다면 그것은 "나도 불법인 것은 아는데 도대체 왜 불법이에요?"라는 의미다. 왜 불법인지가 바로 논란거리인데 그것을 근거로 이 사람을 설득할 수는 없다.

면 그것은 비겁한 행동이다. ("왜 머리를 기르면 안 돼요?"라는 질문에 대해 "그걸 몰라서 물어?"라고 대답하는 선생님도 있다. 그 선생님은 아무 근거도 제시하지 않고 있으므로 아예 논증에 참여하지 않는 것이다.) 똑같은 논증이 역지사지의 원칙^{첫 번째 원칙}에 따라 잘못된 논증이 되기도 하고 괜찮은 논증이 되기도 한다.

● **실전 논리 비법 : 논란이 되는 것을 근거로 삼지 마라**

논증에서 근거는 상대방이 받아들일 수 있어야 한다. 그래야 상대방을 설득할 수 있다. 나만 받아들이고 상대방은 반대하는 것을 근거로 내세워봐라. 그런 근거를 상대방이 받아들일 수 있겠는가? 그러나 상대방을 바보로 알지 않거나 상대방과 합리적인 토론을 하고 싶은 마음이 없지 않다면 상대방이 명백히 반대하는 것을 근거로 내세우는 사람은 없을 것이다. 대개는 논란거리가 되고 있는 것들을 근거로 제시한다. 논란거리가 되고 있는 것을 떡하니 근거로 내세우는 사람은 전혀 상대방의 입장에서 생각하지 않는 사람이다. 상대방의 입장이 되어서 과연 이 근거를 받아들일 수 있을지 한 번만 생각해보라. 나라면 이 근거를 받아들일 수 있을까? 그런 다음에 근거로 제시하라. 그래야 설득할 수 있다.

반면에 그런 논증의 대상이 되는 사람은 어떻게 해야 할까? 많은 사람들은 괜히 어려운 말을 쓰거나 구조가 복잡한 논증을 하면 뭔가 그럴듯한 말을 하는구나 하고 생각하고 그 논증에 넘어가버린다. 그러나 겁먹을 필요는 없다. 아쉬운 쪽은 나를 설득하려는 상대방이다. 먼저 상대방의 논증에서 주장과 근거를 구분하라. 그다음에 그 근거가 과연 내가 받아들일 수 있는 것인지 끝까지 생각해보라. 논란이 되는 것이기에 못 받아들이겠다면? 수긍할 때까지 근거를 요구하라.

Chapter 7

배가 산으로 갈 때

논점 일탈 금지의 원칙

    군가산점 제도는 제대 군인이 공직이나 공기업에 입사하기 위해 시험을 볼 때 일정 점수를 가산해주는 제도였다. 그런데 1999년 헌법재판소는 이 제도가 위헌이라고 판결했다. 그래서 군가산점 제도는 폐지되었지만 부활해야 한다는 주장이 지금도 끊임없이 제기되고 있다.

    그런데 헌법재판소가 위헌 판결을 내릴 당시 그 판결에 분노한 네티즌들은 이화여자대학교 홈페이지를 집중 공격했다. 이유는 단순하다. 군가산점 제도에 대해 위헌 신청을 한 사람들 중 일부가 이화여자대학교 출신이었기 때문이다.

    군가산점 제도가 위헌 판결을 받은 것과 위헌 신청을 한 사람이 어느 학교 출신인 것 사이에 무슨 상관이 있을까? 아무런 관련도 없다. 설령 그 학교가 졸업생들을 부추겨서 위헌 신청을 하게 했거나 그런 행동을 하도록 4년 동안 집중 교육을 시켰더라도 위헌 판결에 대한 분노는 당연히 판결을 한 당사자인 헌법재판소로 향했어야 한다. 그런데 그 학교는 위헌 신청을 하라고 부추기지도 교육을 시키지도 않았다. 그러므로 네티즌들은 엉뚱한 대상에 화풀이한 셈이다. 어쩌면 헌법재판소보다 한참 힘이 약한 상대를 골랐을지도 모른다.

엉뚱한 분풀이

군가산점 제도에 대해 위헌 신청을 한 사람들이 다녔던 학교의 홈페이지를 공격한 것은 그들이 사는 동네의 동사무소 홈페이지를 공격하는 것만큼이나 엉뚱한 일이다. 그런데도 왜 네티즌들은 그 사람들이 사는 동네의 동사무소 홈페이지를 공격하는 대신 그 사람들이 다닌 학교(그것도 대학만, 그것도 어떻게 알아서!)의 홈페이지를 공격했을까?

  그것은 네티즌들이 군가산점 제도의 위헌 여부라는 논점을 오해했기 때문이다. 군가산점 제도를 둘러싼 논점은 군가산점으로 인해 혜택을 보는 사람과 혜택을 보지 못한 사람 사이의 형평성 문제다. 대부분의 남성이 군대를 제대하긴 하지만 남성 중 군가산점 제도의 혜택을 보는 사람은 공무원 시험을 보는 사람뿐이다. 이는 전체 군제대자의 1퍼센트도 안 되는 아주 일부분이다. 그리고 군가산점 혜택을 보지 못하는 사람은 여성만 있는 것이 아니라 남성 장애인도 있다. 따라서 이 논점을 남성과 여성의 대립 문제로 이해하는 것은 잘못이다. 그러나 네티즌들은 이 논점을 남성과 여성의 대립 문제로 오해했다. 그래서 우리나라 여성계를 대표한다고 생각되고(이 생각도 옳은지 검토되어야 하지만), 마침 위헌 신청자도 다니고 있던 이화여자대학교 홈페이지를 공격한 것이다.

이화여자대학교 홈페이지를 공격한 네티즌들은 논점을 일탈했다. 우리는 이미 1장에서 논점 일탈 금지의 원칙^{네 번째 원칙}에 대해 살펴보았다. 여기서는 논점 일탈 금지의 원칙^{네 번째 원칙}에 관해서 주의할 점 다섯 가지를 이야기하겠다.

내 근거 뒤집어보기

첫째, 논점에서 벗어났는지 벗어나지 않았는지를 판단할 수 있는 기계적인 절차는 없다. 논점과 관련이 있는지 없는지는 꽹장히 자의적인 판단이기 때문이다. 근거를 제시하는 사람으로서는 당연히 자신의 근거가 논점과 관련이 있다고 생각할 것이다. 그나마 제시할 수 있는 기준은 이렇다. 자신이 제시한 근거와 반대로 생각해본다. 그래서 주장이 성립하지 않는지 살펴본다. 그 근거가 맞으므로 주장이 성립한다고 생각했다면 그 근거와 반대의 경우에는 주장이 성립하지 않아야 할 것이다. 그런데 주장의 성립 여부가 근거의 옳고 그름과는 상관이 없다면 근거는 논점에서 벗어난 것이다.

예를 들어보자. 2002년 당시 김대중 대통령은 장상 씨를 국무총리에

임명했지만 인준동의안은 국회를 통과하지 못했다. 물론 거기에는 장상 씨의 위장 전입 의혹이 크게 작용했지만 장상 씨가 여성이라는 이유도 크게 작용했다. 국무총리는 대통령의 부재 시에 국군을 통솔해야 하는 자리인데 여성이 국방에 대해 무엇을 아느냐는 것이다. 이에 대해 당시에는 정치인이 아니었던 유시민 씨가 이런 식의 논리를 폈다. 장상 씨가 여성인 것은 맞다. 그런데 여성이라는 그 근거가 국방에 대해서 모른다는 주장과 관련이 있을까? 제시된 근거와 반대로 후보자가 남자라고 해보자. 그러면 그는 국방에 대해서 알까? 남자이므로 군대에서 2~3년간 복무는 했겠지만 '국방'에 대해서 안다고 말할 수는 없다.

실제로 우리 현대사에서 대통령을 지낸 남자를 보면 군대를 사병으로 잠깐 다녀온 사람도 있고 직업 군인이었던 사람도 있고 군대를 아예 안 간 사람도 있다. 그러나 그것에 따라 국방이 더 튼튼해지거나 덜 튼튼해졌다는 연관 관계는 없다. 그러므로 군대를 안 간 여성이라는 점과 국방을 맡을 국무총리가 될 자격이 있느냐는 아무 상관이 없는 별개의 문제다. 장상 씨를 두남두는 것은 아니지만 적어도 총리 후보자가 여성이라는 점은 논점에서 벗어났다.

이런 식으로 어떤 근거가 논점에서 벗어났는지를 판단하는 간단한 방법은 그 근거를 반대로 뒤집었을 때 논점이 성립하지 않는지를 묻는 것이다. 바로 역지사지의 원칙^{첫 번째 원칙}을 적용해보는 것이다. 논점의 성립 여부가 근거의 옳고 그름과는 상관이 없다면 그 근거는 논점에서 벗어난 것이다.

상대방 입장 되기

둘째, 방금 말한 역지사지의 원칙 첫 번째 원칙 을 약간 다른 각도에서 들여다보자. 어떤 근거를 주장하는 사람은 자신의 근거가 논점에서 벗어났다고 생각하기가 쉽지 않다. 그렇게 생각한다면 그런 근거를 아예 제시하지도 않았을 테니까.

나와 반대되는 주장을 하는 사람은 내가 제시하는 근거가 논점에서 일탈하지 않는다고 생각할까? 상대편이 보기에도 논점에서 일탈하지 않았다면 그 사람은 내 근거를 진지하게 생각할 것이다. 그래서 생각을 조금이라도 바꿀 태도가 되어 있을 것이다. 물론 나의 근거 하나로 그 사람이 주장을 바로 바꾸지는 않겠지만 적어도 자신의 주장을 다시 고려해봐야겠다고 생각한다면 내 근거는 지금 논점과 관련이 있다

논리 법정

패리스 힐튼의 교통사고

금태섭 변호사가 자신의 저서 《디케의 눈》에서 제시한 가상의 상황을 가지고 언제 근거가 논점과 관련이 있다고 말하는지 살펴보자. 힐튼 호텔의 상속녀인 패리스 힐튼이 50만 달러짜리 페라리를 몰고 나이트클럽에 가고 있었다. 그녀는 교차로에서 학비를 벌기 위해 자전거를 타고 신문을 돌리던 고학생인 해리 포터를 치었다. 손해배상 재판이 열렸는데 쟁점은 누가 신호를 위반했느냐는 것이다. 해리 쪽 변호사는 패리스가 비싼 자동차를 몰고 나이트클럽에 가고 있었다는 사실을 부각시킨다. 나이트클럽에 간다는 들뜬 마음에 신호 위반을 했다는 것이다. 그러나

고 봐야 한다. 그러나 상대방이 전혀 꿈쩍하지 않는다면 내 근거는 논점에서 벗어난 것이다.

인터넷 실명제를 찬성하는 쪽과 반대하는 쪽 사이에 다음과 같은 대화가 진행된다고 해보자.

> 찬성 쪽 : 인터넷에서 악플 문제는 아주 심각합니다. 실명제를 실시하면 악플을 다는 사람을 막을 수 있습니다.
>
> 반대 쪽 : 악플이 어느 정도 줄어들 수는 있습니다. 그러나 실명제로 인해 표현의 자유가 억압될 수 있습니다. 표현의 자유는 기본적인 권리이므로 침해되어서는 안 됩니다. 그리고 인터넷이 이렇게 발전한 것은 바로 표현의 자유가 있었기 때문입니다.
>
> 찬성 쪽 : 악플의 폐해가 얼마나 큰지 모른단 말입니까? 악플 때문에 자살

패리스 쪽 변호사는 그 사실은 그녀가 신호 위반을 했다는 논점과 아무 상관이 없다고 주장할 것이다. 반대로 그녀가 값싼 자동차를 타고 봉사 활동에 가고 있었다면 이는 신호 위반을 안 했다는 증거가 되어야 하는데 그렇지는 않기 때문이다. 또 해리 쪽 변호사는 해리가 신문 배달을 했다는 사실이 그가 신호 위반을 하지 않았다는 근거가 된다고 주장한다. 그가 신문 배달을 통해 그곳의 지리와 교통 상황을 잘 알기 때문이라는 것이다. 이에 대해 패리스 쪽 변호사는 그 반대의 사실은 신호 위반을 했다는 근거가 되느냐고 물을 것이다. 그러니까 해리가 패리스처럼 부자이고 역시 나이트클럽에 가는 길이었다면 신호 위반을 했다는 근거가 되겠느냐는 것이다.

하는 사람도 있는데요.

인터넷 실명제를 반대하는 쪽은 실명제가 실시되지 않는 환경에서는 악플 문제가 발생한다는 사실을 잘 알고 있다. 그러나 실명제를 실시하면 악플 문제는 해결할 수 있을지라도 표현의 자유가 침해되고, 이로 인한 피해가 악플로 인한 피해보다 훨씬 크기 때문에 인터넷 실명제를 반대하는 것이다. 그런데 반대 쪽에 다시 악플의 폐해가 아주 심각하다고 거론하는 것은 논점을 벗어난 것이다. 반대 쪽은 이미 악플의 폐해에 대해 잘 알면서도 표현의 자유가 더 중요하다고 주장했기 때문이다. 따라서 찬성 쪽이 논점에서 일탈하지 않으려면 표현의 자유를 침해함으로써 발생하는 피해보다 악플의 폐해가 더 크다는 사실을 입증해야 한다. 그래야 반대 쪽은 자신의 주장에 적절한 반박이 제기되었다고, 그래서 뭔가 대답을 해야겠다고 생각하게 된다. 그러나 찬성 쪽이 계속 악플의 폐해가 크다는 주장만 한다면 반대 쪽은 전혀 영향을 받지 않을 것이다. 이런 일이 일어나는 것은 찬성 쪽이 전혀 반대 쪽의 입장에서 생각하지 않기 때문이다. 상대방이 왜 인터넷 실명제를 반대하는지 이해하려고 하지 않고 자신의 주장만 반복하기 때문이다. 다시 말해서 역지사지를 안 하기 때문이다.

상대방의 입장에서 생각하지 못해 논점을 벗어나는 예는 찬반 논쟁

> **악플 :** 악성 댓글을 가리킨다. 악플은 '악성 리플'의 준말이다. 악플은 남을 헐뜯거나 허위 사실을 유포하는 것을 말한다. 그러나 개념 있는 비판이나 지적을 악플과 혼동해서는 안 된다.

에서 흔히 일어난다. 또 다른 예도 기본권과 관련되어 있다. 2003년 교육정보시스템, 이른바 네이스 (NEIS)를 둘러싼 논쟁이 벌어진 적이 있다. 네이스는 학생의 성적 같

 인터넷 실명제 : 정부에서 쓰는 명칭은 '제한적 본인 확인제'다. 일정 규모 이상의 회원이 있는 사이트에서는 게시판을 운영할 때 본인을 확인하게 하는 제도다. 2009년 초를 기준으로 하루 방문자 수가 10만 명 이상인 사이트에 적용되고 있다.

은 정보뿐만 아니라 건강이나 가족 사항 같은 신상 정보도 광범위하게 온라인상에 저장한다.

네이스에 반대하는 쪽은 개인의 사생활과 관련된 정보를 수집·관리하는 그 자체가 기본권 제한이라고 주장한다(당시 국가인권위원회가 그렇게 주장했다). 그런데 찬성하는 쪽(당시 정부)은 인권단체의 이런 주장에 대해 보안장치를 철저히 구축하면 인권 유린은 없을 것이라고 대답한다. 그런데 이런 대답은 논점을 일탈한 것이다. 개인의 사생활과 관련된 정보를 수집하는 것 자체가 인권을 침해한다는 것이지, 수집된 정보를 안전하게 보관하느냐 아니냐는 중요하지 않기 때문이다.

반대 쪽이 정부의 이런 대답을 듣고 자신의 주장에 문제가 있다고 생각할까? 전혀 그렇지 않다. 정부가 '벽창호' 같다고 생각할 것이다. 상대방의 주장을 전혀 귀담아들으려고 하지 않고 자기주장만 반복하기 때문이다. 왜 네이스의 정보 수집을 반대하는지 상대방의 입장에서 이해하려고 했으면 찬성 쪽은 이런 식으로 논점을 일탈하지는 않았을 것이다.

찬반 논쟁이 벌어졌을 때 조금이라도 상대방의 입장에서 생각해보라. 상대방은 내가 제시하는 이 근거가 논점과 관련이 있다고 생각할

까 하고 말이다. 그래야 논점에서 일탈하지 않게 된다.

어젠다를 선점하라!

셋째, 논점에서 벗어나지 않기 위해서는 당연한 말이지만 논점을 정확하게 이해해야 한다. 앞서 예로 들었던 군가산점 논쟁에서도 논점을 남녀의 대립 문제로 잘못 이해했기 때문에 논점을 일탈할 수밖에 없었다. 내가 가야 할 목적지(논점)를 잘못 알고 있으니 원래 목적지에서 벗어나는 것은 어찌 보면 당연하다(지금은 이름이 바뀐 삼천포 시민들에게는 죄송하지만 이럴 때는 삼천포로 빠졌다는 비유를 쓰지 않을 수 없다).

그런데 논점 자체가 정확히 정해지지 않았을 때는 논점 일탈인지 아닌지를 판단할 수 없다. 예를 들어 화장장을 건설하는 문제를 두고 정부와 지역 주민이 논쟁을 벌인다고 하자. 정부는 화장장이 필요한가

논리 법정

성폭행과 옷차림의 관계

조디 포스터 주연의 영화 〈피고인〉은 집단 성폭행을 당한 여성의 재판 이야기다. 그런데 그 여성이 성폭행을 당하기 전에 야한 옷차림으로 자극적인 춤을 췄다는 이유로 피의자들은 강간죄가 아닌 과실치상죄만 유죄로 인정받는다. 여성에 대한 성폭행 사건이 일어나면 이 영화에서처럼 여성의 단정치 못한 옷차림이나 행동이 성폭행을 유발했다고 주장하는 사람들이 있다. 피해 여성에게도 성폭행당할 만한 이유가

아닌가가 논점이라고 생각한다. 갈수록 화장의 수요는 늘어나는 데 비해 화장장은 부족하다. 그러므로 화장장이 더 건설되어야 한다는 것이 정부의 주장이다. 반면에 지역 주민에게는 그 화장장을 왜 하필 우리 동네에 건설해야 하는가가 논점이다. 그러므로 지역 주민들은 정부의 주장이 자신들이 생각한 논점에서 벗어나 있다고 여길 수밖에 없다. 거꾸로 정부는 지역 주민이 논점에서 벗어났다고 답답해할 것이다. 화장장이 부족하다는데 왜 그 말을 이해하지 못할까 하고 말이다. 어느 쪽이 더 정확한 논점인지 분명히 하지 않는 이상, 양쪽의 대화에는 진척이 있을 수 없다.

사실 어느 논점이 더 정확한 것인지는 논리적인 문제가 아니라 정치적인 문제이기가 쉽다. 화장장이 꼭 필요하다는 식으로 사회 전체의 합의가 이루어지고 특정 지역의 반대가 님비(NIMBY) 현상이라고 비판을 받는다면 정부의 논점이 옳다고 받아들여질 것이다. 거꾸로 지역

있었다는 식의 생각이다. 이는 마치 부자가 도난이나 강도 사건의 원인을 제공했다는 주장과 마찬가지로 터무니없다. 홍승기 변호사는 《홍승기의 시네마 법정》에서 이 영화를 소개한 다음 미국에서는 성폭행 사건과 관련된 재판을 할 때 피해자의 옷차림이 어땠는지, 품행이 어땠는지 등 '종전의 성적 품행'을 증거로 사용하지 못한다고 말한다. 그런 점들은 성폭행 재판의 논점에서 일탈해 있다고 보는 것이다.

주민의 반대가 정당하다는 인식이 우세하다면 지역 주민의 논점이 옳다고 여겨질 것이다. 정치적인 힘이 어느 쪽이 더 센지에 따라, 또 그 당시의 사회적인 분위기가 어떠한가에 따라 어느 논점이 더 옳은지가 결정된다. 이런 논점을 영어로 **어젠다**(agenda)라고 한다. 어젠다를 선점하는 쪽이 유리한 것은 불을 보듯 뻔하다. 불리해지면 논점(어젠다)을 슬그머니 바꾸는 사람들이 많다.

　논점(어젠다)을 바꾸는 것은 꼭 논쟁이 아니라 상업적으로도 이용될 수 있다. 세탁용 세제는 세탁력이 좋아야 한다. 그런데 일본에서는 어떤 후발 제품이 세탁력이 좋다고 해봐야 기존 제품과 차별화되지 않을 것 같아서 세제의 향이 오래 지속된다고 광고를 했는데 히트를 쳤다고 한다. 세탁용 세제의 경우 소비자들이 세탁력이 좋으냐 아니냐가 논점이라고 여전히 생각한다면 향이 오래 지속된다는 그 제품의 장점은 논점에서 일탈한 것이다. 그러나 그 제품을 광고한 회사는 아예 소비자의 논점을 향의 지속도로 바꾸는 데 성공한 것이다. 식기용 세제 중에는 거품이 많이 난다고 광고하여 성공한 제품도 있다. 식기용 세제의 경우에는 식기의 불순물을 얼마나 깨끗하게 제거하느냐가 논점인데 다른 곳으로 논점을 바꾼 것이다(거품이 많이 난다는 것은 계면활성제가 많이 들어갔다는 뜻인데 계면활성제 자체는 깨끗이 씻겨 내려가지 않는다). 꼭 일본으로 갈 것도 없다. 어떤 구두약이 좋은 구두약일까? 우리나라의 경우 구두약은 일단 광을 잘 내주어야 한다. 그러나 구두약은 구두의 광을 내주기도 하지만 구두 가죽이 오래가게 하는 것이 목적이다. 말 그대로 '약'인 것이다. 그렇게 보면 우리나라에서는 좋은 구

| 논점 일탈 |

세제를 살 때 중요한 것은 향이 아니라 세탁력이다.
구두약도 마찬가지다.
광을 내는 것이 아니라 얼마나 구두 가죽을 잘 보호해주느냐가 중요하다.
그런데도 향과 광을 기준으로 세제와 구두약 광고를 하는 것은
상업적으로 논점 일탈을 이용하는 경우다.

두약의 논점이 바뀐 것이다.

"무슨 관련이 있습니까?"

넷째, 논증에서 논점이 일탈하는 경우 보통은 **논점 일탈의 오류**라고 부른다. 그러나 이때에도 자비로운 해석의 원칙[첫 번째 원칙] 이 적용되어야 한다. 어떤 논증이 논점을 벗어난 혐의가 있다고 해서 바로 나쁜 논증, 곧 '오류'라고 딱지를 붙이는 것은 성급하다. 대부분의 논증은 대화 상황에서 이루어진다. 그러므로 상대방이 논점을 벗어나는 주장을 했을 때 옳다구나 하고 상대방의 약점을 잡았다고 생각하는 것은 올바른 논증의 자세가 아니다. 그때는 이 주장이 지금 논점과 어떤 점에서 관련이 있는지를 묻는 것이 정당하다.

논리학 교과서에서 논점 일탈의 오류를 보여주는 사례로 잘 나오는

논리 법정

자비로운 심문

영화 〈금발이 너무해〉의 주인공 엘(리즈 위더스푼 분)은 멋쟁이 로스쿨 학생이다. 그녀는 법정에서 실제로 변호사 역할을 맡아서 총에 맞아 죽은 아버지의 딸을 심문한다. 엘은 그 딸에게 총소리를 들었느냐고 묻는다. 딸은 "그날 아침에 운동을 하고 미용실에서 파마를 한 후 집에 돌아와서 샤워를 하느라고 못 들었다."고 말한다. 그러자 엘은 딸에게 몇 번이나 파마를 해봤느냐고 묻는다. 이때 상대방 변호사는 이 재판

것이 있다. 검사가 법정에서 피고인이 범인임을 입증하기 위해 이 범행이 얼마나 잔혹한 수법으로 저질러졌는지 사자후를 토하며 말한다고 해보자. 범행 수법을 자세히 설명하기도 하고 범행 현장을 찍은 사진도 보여주면서 말이다. 이때 검사는 논점 일탈의 오류를 저지른 것이다. 범행 수법의 잔혹함과 그 피고인이 범인이라는 사실 사이에는 아무 관련이 없기 때문이다.

그런데 만약 실제 법정에서 이런 일이 벌어졌다면 판사나 변호사가 "당신은 오류를 저지르고 있습니다."라고 소리칠까? "그것이 이 사람이 범인이라는 것과 무슨 관련이 있습니까?"라고 묻는 것이 자연스럽다. 그러면 검사는 어떻게든 대답할 것이다. 만약 아무 대답도 못한다면 그때는 그가 논점 일탈의 오류를 저지른 것이 맞는다. 그는 입증의 책임 원칙^{세 번째 원칙} 을 지키지 못한 것이다.

그러나 이런 잔혹한 범행 수법이 이 피고인의 이전 범죄에서도 발견

과는 상관없는 질문이라고 제지한다. 곧 논점 일탈이란다. 그러나 판사는 계속 진행하라고 한다. 스물여섯 살인 딸은 열두 살부터 일 년에 두 번씩 파마를 했다고 대답한다. 엘은 여기서 딸의 진술이 거짓임을 밝힌다. 파마를 한 후 하루 동안은 샤워를 하면 안 된다는 사실을 아는 딸이 그렇게 말하는 것은 거짓이라는 것이다. 만약 엘의 질문이 논점 일탈이라고 제지당했다면 엘은 재판에서 이기지 못했을 것이다. 그러니 자비를 베풀어서 관련성을 밝힐 기회를 줘야 한다.

된다고 대답한다면 관련성이 입증된다. 그러므로 상대방에게 더 이상의 설명을 요구하지 않고 바로 논점 일탈의 오류라고 단정하는 것은 상대방의 논증을 더 합리적인 논증으로 해석할 수 있는데도 그렇게 하지 않는 잘못을 저지르는 것이다.

다섯째, 논점 일탈이 허수아비 공격과 비슷하다고 생각하는 사람들이 있을 것이다. 옳은 생각이다. 허수아비 공격의 오류는 논점 일탈의 오류 중 하나다. 논점에서 벗어난 근거를 제시하는 것은 논점 일탈이라고 부르는 반면, 그 잘못된 근거를 가지고 잘못된 주장(상대방이 원래 주장하려고 했던 바가 아닌 것)을 비판하는 것은 허수아비 공격의 오류다.

빈 수레가 요란하다 : 몰라서 생기는 논점 일탈

지금까지 논점 일탈 금지의 원칙에 관해 주의해야 할 점 다섯 가지를 설명했다. 그러면 논점 일탈이 실제로 어떻게 일어나는지 몇 가지 종류로 나누어서 살펴보자. 여기서는 논점을 정확히 모르고서 일탈하는 경우, 의도적으로 논점을 일탈하는 경우, 논점을 벗어나지는 않았지만 토론의 진행을 방해하는 경우 등 크게 세 가지로 나누어서 설명하겠다.

첫 번째는 논점이 뭔지 정확히 모르고서 논점을 일탈하는 경우다. 대체로 그 분야에 대한 전문 지식이 부족해서 그런 일이 생긴다. 영어 공용화를 반대하면서 한글의 우수성을 근거로 내세우는 사람들이 있다. 그들은 한글은 세계적으로 가장 뛰어난 문자인데 그런 문자를 두고서 영어를 공용어로 쓰는 것은 터무니없다고 주장한다.

그러나 영어 공용화는 문자가 아니라 말에 관한 정책이다. 다시 말해서 우리나라가 어떤 '문자'를 사용할 것인가의 문제가 아니라 어떤 '말'을 사용할 것인가의 문제다. 한글은 말이 아니라 문자다. 한글이 없었던 때도 한국어는 있었고, 혹시라도 세종대왕이 한글을 창제하지 않았더라도 우리는 여전히 한국어를 쓰고 있었을 것이다. 영어 공용화 논쟁은 한국어만 쓰느냐 아니면 한국어와 영어를 함께 쓰느냐의 문제다. 그러므로 한글이 우수하다는 것은 영어 공용화 논점과는 아무런 상관이 없다. 영어 공용화 논쟁에서 한글의 우수성을 거론하는 사람들은 자신들이 논점을 벗어난 것을 알면서도 의도적으로 그러는 것이 아니다. 그저 논점에 대한 지식이 충분하지 못해서 그런 주장을 펴는 것이다. 그러므로 논점에 대해 충분히 이해하면 자신이 논점을 일탈하고 있음을 깨닫게 될 것이다.

특히 과학에는 전문 지식이 많이 필요하므로 이런 종류의 논점 일탈이 자주 발생한다. 진화론과 창조론 사이의 논쟁을 보자. 이것은 우리나라에서는 그렇게 논쟁거리가 아니지만 크리스트교의 전통을 지닌 국가에서는 뜨거운 논쟁거리다. 1981년 미국 루이지애나 주에서는 공립학교에서 진화론을 교육할 때는 반드시 창조론도 함께 교육해야 한다는 법률이 통과되었다. 그러자 연방대법원은 이 법률을 위헌으로 판결했다. 진화론을 공격하는 창조론자들은 진화론이 증명되지 않은 가설에 불과하다고 주장한다. 가설에 불과한데 사실인 것처럼 가르쳐서는 안 된다는 것이다.

그러나 이런 주장은 '가설'의 성격을 전혀 이해하지 못한 데서 나온 것이다. 모든 과학 이론은 가설이다. 곧 과학 이론은 어떤 주장이 옳다는 가정 하에서 출발한다. 그러고는 그 이론이 옳다는 증거들을 끊임없이 제시함으로써 참임을 확증받는 것이다. 그 과정에서 거짓으로 드러나는 부분도 있지만 참으로 드러나는 부분이 훨씬 많으므로 좋은 과학 이론으로 살아남는 것이다. 진화론도 예외가 아니다. 진화론만 가설인 것은 아니다. 따라서 진화론이 가설이냐 아니냐는 진화론–창조론 논쟁과는 아무 상관없는 근거인 것이다. 그리고 어느 과학 이론도 틀림없이 사실이라고 주장하지 않는다. 틀릴 수도 있음을 항상 인정하고 그 부분을 계속 수정해나간다. 진화론도 마찬가지다. 그런데 진화론자들은 자신들의 이론을 절대불변의 '사실'로 생각한다고 말하는 것은 허수아비 공격의 오류다.

정치인의 논리 수법 : 교활한 논점 일탈

두 번째는 첫 번째와는 달리 의도적으로 논점에서 벗어나는 경우다. 당사자도 지금 논점에서 벗어나고 있음을 잘 알면서도 곤란한 상황이기에 의도적으로 논점을 흐리는 것이다. 2008년 미국과의 쇠고기 협상 문제로 촛불 시위가 격렬하게 벌어졌다. 여기서의 논점은 미국과의 쇠고기 협상이 공정하게 이루어졌는지, 그리고 미국산 쇠고기가 정말로 안전한지다. 그런데 이 논점 대신에 촛불 시위의 불법성을 거론하는 것은 논점을 불리한 쪽에서 유리한 쪽으로 끌고 가는 것이다. 촛불 시위가 벌어지게 된 이유가 논점이 되어야 하는데, 예컨대 그 많은 초를 누구 돈으로 샀는지 보고하라는 것은 자신에게 불리한 논점을 애써 회피하는 것이다. 그리고 앞서도 말했듯이 정치적으로는 논점(어젠다)을 선점하는 것이 중요하다. 그러므로 쇠고기 협상 문제보다는 촛불 시위의 불법성 문제로 논점을 끌고 가는 것이 정부 쪽에 훨씬 유리하다. 그래서 논점 회피인 줄 알면서도 자꾸 시위 문제를 거론했던 것이다.

의도적인 논점 회피는 정치인들이 즐겨 쓰는 방법이다. 대답하기 곤란한 질문을 정치인들에게 던지면 그들은 모르쇠로 일관하거나 말을 다른 주제로 돌린다. 말을 돌리면 증거 관련성은 물론이고 주제 관련성도 없어진다는 사실은 누가 봐도 알 수 있다. 그러나 자신들이 아쉬울 게 없으므로 말을 돌린다고 비판받아도 상관없다고 생각한다. 마치 축구에서 이기고 있는 팀이 시간을 끌려고 공을 뱅뱅 돌리는 것처럼 모른다고 잡아떼거나 다른 주제로 말을 바꾸어도 상대방은 어쩔 도리가 없다. 그런 정치인이 아쉬운 입장이 될 때는 상황이 달라진다. 가령 선거 기간이나 인사청문회 때 그런 식으로 대답을 했다가는 무책임한 인상을 주기 십상이므로 어떻게든 대답을 해야 한다. 그때 가장 많이 하는 답변은 원론적인 수준으로 대답하는 것이다. 예컨대 기자가 어떤 정치인과 인터뷰를 한다고 하자.

기　자 : 미국과의 쇠고기 협상에 관해 어떻게 생각하십니까?

정치인 : 국익에 도움이 되는 방향으로 진행되어야 한다고 생각합니다.

국익에 도움이 되어야 한다는 것을 누가 모르나? 질문자가 묻는 것은 바로 어떻게 해야 국익에 도움이 되겠느냐는 것이다. 그러므로 위와 같은 대답은 하나 마나 한, 논점을 회피한 것이다. 끈질긴 기자라면 정치인이 아직 질문에 대답하지 않았다고 지적하고 끝까지 대답을 받아내야 한다. 그러나 많은 기자들은 그냥 다음 질문으로 넘어가버림으로써 정치인들에게 면죄부를 준다.

정치인들이 이러니 일반인들도 이런 원론적인 대답을 흉내 낸다. 예컨대 음주 운전 사고를 낸 연예인이 "물의를 일으켜 죄송합니다."라고 사과를 한다. 물의를 일으켰다는 말은 이러쿵저러쿵 말이 나오게 했다는 뜻이다. 그러므로 물의를 일으켰다는 것은 맞는 말이다. 그러나 그 연예인이 죄송하게 생각해야 할 것은 음주 운전 사고를 낸 일이지 이러쿵저러쿵 말이 나오게 한 것이 아니다. 그는 이런 식으로 자신의 잘못을 콕 집어 말하지 않고 얼렁뚱땅 넘어가려는 것이다.

"곤란한 건 또 말씀 안 하시네요" : 토론을 방해하는 논점 일탈

세 번째는 논점에서 벗어나지는 않지만 토론 진행에는 방해가 되는 경우다. 이것은 토론 진행을 방해해서는 안 된다는 원칙, 곧 입증의 권리 원칙세 번째 원칙 을 어기고 있다. 어떤 사람이 내세운 근거가 지금 논의되고 있는 논점과 아주 관련성이 없는 것은 아니다. 그러나 그 근거를 받아들이면 토론이 비효율적으로 진행된다거나 토론이 너무 길어진다는 이유로 논점 일탈로 취급하는 경우가 있을 수 있다. 예를 들어 등록금 인상 문제를 둘러싼 다음 대화를 보자.

> 학생 대표 : 다음 학기 등록금을 이번 학기 수준으로 동결해야 합니다. 그리
> 고 학생회 간부들의 징계를 풀어주십시오.
>
> 대학 대표 : 지금 이 자리는 등록금 인상 문제를 논의하는 자리예요. 그러니
> 학생회 간부들의 징계 문제는 논점에서 벗어난 것입니다.
>
> 학생 대표 : 그렇지 않습니다. 그 학생들은 등록금 인상 반대 시위를 하다가
> 징계를 당했습니다. 그러므로 논점에서 벗어난 것이 아닙니다.

학생 대표의 말이 맞기는 하다. 학생회 간부들은 등록금 인상 반대 시위를 하다가 징계를 당했으므로 징계 문제와 등록금 인상 문제는 논점에서 벗어난 것이 아니다. 만약 학생들이 교수들과 자유롭게 토론하는 자리라면 당연히 징계 문제는 등록금 인상에 관한 논점에 포함되어야 한다. 그러나 지금 이 자리는 협상을 해야 하는, 공식적인 자리이고 학생들은 이 토론에서 약자일 수밖에 없다. 그러므로 징계 문제는 논점에서 제외하고 등록금 인상이라는 문제에 전념하는 것이 전략적으로 유리하다. 징계 문제는 토론의 효율성 측면에서 논점을 벗어나 있다. 물론 학생들이 약자가 아니라면 상황은 달라진다.

또 다른 예를 보자. 2009년 1월 7일 MBC 라디오의 〈손석희의 시선집중〉에 홍준표 한나라당 원내대표가 출연하여 여야의 방송법 협상에 관해 진행자인 손석희 교수와 인터뷰를 했다. 인터뷰를 잠깐 인용해 보자.

홍준표 : 그런데 MBC가 지금 (방송법에) 제일 극렬하게 반대해요. 지난번 대선 때나 그다음에 광우병을 보도하는 〈PD 수첩〉이나 그건 반성해야죠.

손석희 : 원래 이 문제로 인터뷰를 시작한 것은 아니니까요. 진행자로서 인터뷰를 진행하다가 얘기가 엉뚱한 데로 지금 바뀌어버렸네요.

홍준표 : 아니, 손 교수님. MBC 곤란한 건 또 말씀 안 하려고 그러시네요.

손 교수는 홍 의원이 논점을 일탈했다고 생각해서 방송법 협상에 관한 논의로 말을 이어가려고 하고, 홍 의원은 오히려 손 교수가 말을 돌리려 한다고 꼬집는다. 누가 논점에서 벗어나고 있는가? MBC의 대선 보도와 〈PD 수첩〉은 MBC가 방송법에 반대하는 것과 관련이 있고, 그런 MBC의 반대는 그날의 인터뷰 주제인 방송법 협상과도 관련이 있다. 곧 주제적 관련성으로 보나 증거적 관련성으로 보나 홍준표 의원이 언급한 것들은 인터뷰 주제와 관련이 있다.

그러나 그 방송은 〈100분 토론〉처럼 긴 시간 동안 토론하는 프로그램이 아니라 10여 분 동안 짧게 전화로 인터뷰하는 프로그램이므로 원래 주제인 방송법에 관한 여야의 협상으로 논점을 좁히는 것이 옳다. 그러므로 손석희 교수가 논의의 방향을 돌리려고 한 것은 홍준표 의원이 말한 것처럼 '곤란하기' 때문이 아니라 토론 진행에 방해되기 때문이다. 논점에는 벗어나지 않았지만 토론 방해를 금지하는 입증의 권리 원칙^{세 번째 원칙}에 위배되기 때문에 논점에서 일탈한 것으로 간주해야 한다.

논의 도중에 논점을 벗어나는 경우는 지금까지 든 사례들보다 무궁무

진하게 많다. 앞으로 더 많은 사례들을 보여줄 것이다. 그런데 그것들은 똑같이 논점에서 벗어난 것이면서도 '사람에 호소'했다든가 '감정에 호소'했다는 식으로 묶일 수 있는 것들이다. 그리고 똑같은 형식의 논증인데도 논점에서 벗어나지 않을 수도 있다. 그런 논증들은 그만큼 주의해서 살펴봐야 하므로 8장과 9장에서 따로 설명하겠다.

● 실전 논리 비법 : 논점을 놓치면 바로 당한다

아무리 맞는 말을 하면 뭐 하나? 논점에서 벗어나면 그만인걸. 구구절절 옳은 말도 "당신은 지금 논점에서 일탈하고 있어요."라는 말 한마디에 날아갈 수 있다. 논점 일탈 금지의 원칙은 그만큼 중요하다. 논점 일탈에 해당되는 경우는 세 가지로 나뉜다. 논점을 잘 몰라서 일탈하는 경우, 상황이 불리해서 의도적으로 일탈하는 경우, 일탈은 아닌데 토론을 방해하는 경우.

관련 주제에 대해 열심히 공부하라. 그래야 몰라서 일탈하는 잘못을 저지르지 않는다. 그리고 상대방이 의도적으로든 그렇지 않든 논점에서 일탈해도 금방 알아차릴 수 있다. 또 토론의 목표와 한계를 분명히 하라. 그래야 상대방의 논점에 끌려다니느라 토론이 방해받는 것을 막을 수 있다.

상대방의 입장에서 생각해보라. 이것이 가장 중요하다. 상대방의 입장에서 조금이라도 일리가 있다는 생각이 들어야 논점 일탈의 위험에 빠지지 않는다.

Chapter 8

당신이 날
심판할 자격이 있어?

인신공격

1975년 김지하 시인이 반공법 위반으로 구속되었다. 김지하 씨는 민청학련 사건으로 복역하다가 한 달쯤 전에 풀려났는데 인혁당 사건이 조작이라는 내용의 글을 신문에 기고했다가 다시 구속된 것이다. 그런데 김지하 씨의 변호인들은 재판부에 기피 신청을 했다. 이 재판이 인혁당 사건과 관련이 있는데 담당 판사가 그전에 인혁당 사건을 맡았었다는 것이 기피 신청의 이유였다.

형사소송법에 따르면 법관이 불공정한 재판을 할 우려가 있을 때 법관 기피 신청을 할 수 있다. 법관이 피고인이나 피해자의 가족이나 친척일 때, 법관이 사건에 관하여 변호인이 될 때, 또 법관이 사건에 관하여 검사의 직무를 행할 때, 법관이 사건에 관하여 전심 재판에 관여

할 때 등이 기피 사유다. 김지하 씨의 재판은 재판관이 관련 사건을 과거에 맡은 적이 있으므로 기피 사유에 해당되는 것 같다. 그러나 재판부는 기피 신청을 받아들이지 않았다. 그 후 재판부는 반공법 위반 혐의에 대해 실형을 선고했다.

인사 청문회의 논리 : 사람에의 호소

인신공격은 다른 사람의 개인적인 일을 거론하여 그 사람을 비판하는 것을 말한다. 예를 들어 멍청이라거나 거짓말쟁이라고 공격하는 것이다. 인신공격은 일반적인 토론에서도 잘 쓰이지만 특히 널리 쓰이는 곳은 정치판이다. 정치, 특히 선거 때나 인사청문회 때는 상대 후보에 대한 인신공격이나 후보자에 대한 흠집 내기가 극에 달한다. 사람들은 인신공격을 나쁜 행태라고 비난한다. 토론을 할 때도 인신공격을 해서는 안 된다고 하고, 인터넷 게시판에 글을 쓸 때도 인신공격을 하지 말라고 한다. 정치에서 인신공격은 저질의 공격으로 비난받는다. 인신공격은 그렇게 나쁜 것일까? 인신공격을 하면 논리적으로 사고하지 못하는 것일까? 논증을 할 때 인신공격을 하면 안 되는 것일까?

논리학에서는 다른 사람의 개인

사람에의 호소 : 한자어로는 대인(對人) 논증이라고 부른다. 라틴어로는 'ad hominem'이라고 하는데 영어를 비롯한 유럽어에서는 이 라틴어를 그대로 쓴다. 논리학에서는 '무슨 무슨 호소'라는 말을 많이 쓰는데 이것들은 라틴어로 모두 'ad'로 시작한다. 사람에의 호소 말고 **동정심에의 호소**(ad misericordiam), **공포심에의 호소**(ad baculum), **대중에의 호소**(ad populum), **무지에의 호소**(ad ignorantiam) 등이 있다.

적인 일을 근거로 어떤 주장을 펼치는 것을 **사람에의 호소**라고 부른다. 사람에의 호소는 논증을 할 때 다른 사람의 개인적인 일을 끌어들인다. 그 사람의 입에서 나오는 주장에 주목하는 것이 아니라 그 사람 자체에 주목하기 때문에 사람에 호소한다고 말한다. 논점을 주장에서 사람으로 옮겨가는 것이다. 그래서 논점 일탈이라는 비난을 받는다. 그런데 사람에 호소하는 이유는 그것을 통해 다른 사람을 비판하기 위한 경우가 대부분이기 때문에 그 개인적인 일은 대개 그 사람의 약점인 경우가 많다. 이때 어떤 약점을 거론하느냐에 따라 사람에의 호소 논증은 세 가지로 나뉠 수 있다.

> **인신공격** : 다른 사람의 직업, 성별, 인종, 과거의 행적 등 개인적인 특성을 끌어들인다.
> **피장파장** : 다른 사람이 주장하는 것과 그 사람의 정황에서 이끌어낼 수 있는 것 사이에 모순이 있다고 비판한다.
> **우물에 독 풀기** : 다른 사람의 편견을 지적하여 공정성을 의심한다.

이 세 가지 논증은 모두 다른 사람의 약점을 끌어들인다는 공통점이 있다. 인신공격은 다른 사람이 거짓말쟁이라든가 나쁜 짓을 한 적이 있다든가 하는 식으로 그 사람이 지닌 개인적인 약점을 건드린다. 피장파장은 쉽게 말해서 다른 사람이 일관적이지 못한 사람이라고 비판하는 것이다. 그리고 우물에 독 풀기도 다른 사람이 공정하지 못한 사람이라고 비판한다. 일관성이나 공정성은 토론을 할 때 중요한 덕목이므로 그것을 갖추지 못했다는 것은 결정적인 약점이다. 들머리에서 말한 김지하 씨의 재판부에 대한 기피 신청도 재판을 맡은 법관이 공정하지 못하다는 판단에서 비롯된 것이다. 사람에의 호소는 이런 식으로 상대방의 약점을 끌어들여 어떤 논증을 하는 것이다.

논증과 사람의 구분

일상생활에서 인신공격은 바람직하지 않은 것으로 여겨진다. 그 이유 중 하나는 인신공격이 욕설이나 허위 사실일 가능성이 크기 때문이다. 그러나 인신공격을 비롯한 사람에의 호소에 논리적인 관심을 보이는 까닭은 그런 이유 때문이 아니다. 공적인 토론에서 욕설은 누가 봐도 잘못된 것이다. 그리고 허위 사실인지 아닌지는 사실 확인을 해서 밝혀야 하는 문제이지 논리적인 문제가 아니다.

인신공격을 비롯한 사람에의 호소가 논리적인 사고에서 중요한 이유는 누군가의 약점이 아무리 사실이라도 그 약점이 현재의 논점을 일탈하느냐 그렇지 않느냐가 문제되기 때문이다. 그리고 정치 현장이나 법정에서 사람에 호소하는 논증은 영향력이 굉장히 크기 때문이다. 인신공격의 대상이 되는 개인적인 허물이나 일관성과 공정함의 결여는 정치나 행정을 하는 데는 치명적인 약점으로 꼽히고 법정에서 판결을 내릴 때도 영향을 미친다. 그러므로 그런 약점을 거론해 상대방을 비판하는 것은 실제로 많은 사람들에게 호소력이 있다. 그런데도 한편에서는 인신공격이 문제라고 말한다. 그리고 논리학 교과서에서는 사람에의 호소를 흔히 오류로 취급한다. 고로 사람에 호소하는 논증이 올바른 논증의 형태인지 아닌지를 논리적으로 판단하는 것은 아주 중요한 일이다. 이때 논점 일탈 금지의 원칙 네 번째 원칙 을 적용해야 한다.

사람에의 호소가 올바른 논증인지 아닌지를 판단하기 위해서는 우선 사람에의 호소가 무엇을 비판하는지를 살펴보아야 한다. 사람에의 호소는 당연히 어떤 사람을 향할 것이다. 그때 다른 사람의 **논증**을 비판 대상으로 할 수도 있고 그 **사람** 자체를 비판 대상으로 할 수도 있다. 그중 사람에 호소해서 '논증'을 비판하는 것은 잘못된 논증 방법이다. 곧 **사람에의 호소 오류**다.

어떤 검사가 다음과 같은 논증을 한다고 하자. "저 사람은 살인 사건의 범인임이 확실합니다. 그의 지문이 범행 현장에서 발견되었고 범행 현장에서 발견된 머리카락도 그의 유전자와 일치합니다. 알리바이도 없을 뿐만 아니라 범행 현장에서 그를 목격했다는 사람도 여럿 있습니다." 검사는 논증을 하고 있다. 몇 가지 근거들을 제시해서 저 사람이 범인이라는 주장을 하고 있는 것이다. 그런데 이 논증을 이렇게 비판한다고 해보자. "올해 저 검사가 기소한 사건은 모두 무죄 판결을 받았습니다. 그는 기업의 접대를 받아 징계를 받은 적도 있습니다. 더구나 그는 피고인과 같은 출신 지역 사람들을 아주 싫어한다는 발언을 한 적도 있습니다." 여기서는 검사에 대해 인신공격을 하면서 그의 공정성을 의심하고 있다. 이렇게 '사람'에 호소함으로써 피고인이 범인이라는 검사의 '논증'을 비판할 수 있을까? 없다. 논점 일탈이기 때문이다. 검사는 주장과 근거로 이루어진 논증을 하고 있다. 따라서 그 논증을 비판하기 위해서는 논증 그 자체를 비판해야 한다. 그러나 그 검사가 어떤 사람인가는 검사가 제기한 근거가 틀렸음을 보이는 것과는 아무 관련이 없다. 다시 말해 그 검사가 어떤 사람인가는 그 '논증'의 성립 여부와 아무 관련이 없다.

한편 사람에의 호소는 '논증'이 아니라 '사람'을 대상으로 할 수도 있다. 방금 예로 든 재판에서 어떤 사람이 증인으로 나왔다고 하자. 그는 다음과 같이 증언한다. "저는 저 사람이 그 시간에 범행 현장에서 나오는 것을 봤습니다. 제 두 눈으로 똑똑히 봤다니까요." 그런데 이 증언에 대해 누군가 이렇게 비판한다. "저 증인은 알코올 중독자입니다. 항상 술에 취해 있으므로 제대로 봤을 리가 없습니다. 그리고 저 증인은 피고인과 원수지간이기도 합니다." 역시 증인을 인신공격하고 있고 증인의 공정성을 의심하고 있다. 여기서 비판은 논증이 아니라 사람을 대상으로 하고 있다. 그 '사람'이 믿을 수 없다는 것이다. 그런데 증언을 하는 사람이 증인으로서 신뢰성이 있는지 없는지를 문제 삼는 것은 잘못이 아니다. 곧 이 경우에는 '사람'에 호소해도 논점 일탈이 아니다.

물론 '사람'을 대상으로 하는 사람에의 호소에도 논점 일탈이 있다. 가령 "저 증인은 키가 작으므로 저 사람의 말은 믿을 수 없습니다."라고 한다면 당연히 논점을 벗어난 것이다. 사람에 호소하는 것은 논증을 비판하는 경우에는 항상 논점 일탈이지만 사람을 비판하는 경우에는 논점 일탈이 아닌 경우가 많다. 사실 어떤 논증이 제시되었을 때 누가 그 논증을 제시했느냐와는 상관없이 논증 그 자체가 성립하는지를 따져야 한다. 앞서 검사가 제시한 논증은 그 검사가 아니라 다른 검사가 제시했더라도 성립하므로 그 검사를 인신공격하는 것은 엉뚱한 일이다. 그러나 증언의 경우에는 그 증언을 누가 했는지가 중요하다. 따라서 그 사람 자체를 인신공격하는 것이 의미가 있다.

논증에 증언이 섞여 있는 경우도 있다. 앞서 검사의 논증에도 피고인을 목격했다는 증언이 근거로 들어가 있다. 이런 경우에는 그 근거만 사람에의 호소로 판단하고 나머지 근거들은 여전히 사람과 상관없이 판단해야 한다.

법정에서만 증언을 하는 것이 아니다. 외계인이 있다는 주장은 논증으로도 할 수 있고 증언으로도 할 수 있다. 다시 말해서 천문학적인 근거를 제시하면서 외계인이 있다고 논증할 수도 있고, "내가 분명히 외계인을 봤다."고 증언하면서 외계인이 있다고 주장할 수도 있다. 만약 논증을 했다면 그런 논증을 한 사람을 인신공격하는 것은 분명히 논점 일탈이다. 그러나 증언을 했다면 그런 증언을 한 사람이 어떤 사람인지 살펴보는 것이 의미 있다.

그러면 이제 김지하 씨의 재판 사례로 돌아가보자. 재판부에 대한 기피 신청이 기각된 후 내려진 실형 선고를 이렇게 비판했다고 하자. "이 법관은 공정하지 못한 사람이기 때문에 그의 판결은 부당하다." 이것은 논점 일탈인가? 논점 일탈이 맞다. 법관의 판결은 논증 형식으로 되어 있다. 따라서 그의 판결을 비판하려면 논증을 비판해야 한다. 그러지 않고 그를 인신공격하는 것은 논점에서 벗어난 것이다. 법관은 판결로 말한다고 한다. 마찬가지로 법관에 대한 비판도 판결에 대

| 논증과 증언의 구분 |

나름의 근거가 제시된 주장이라면 논증,
그게 아니라 목격담 등으로만 구성되었다면 증언이다.
그렇기에 논증과 달리 증언은 그 증언을 누가 했느냐가 중요하다.

한 비판으로 말해야 한다. 그 '사람' 자체를 비판할 필요는 없다. 그러나 법관의 논증이 아니라 그 사람 자체를 문제 삼는다고 해보자. 곧 그는 공정하지 못한 사람이므로 법관으로서 자격이 없다거나 재판에 참여하면 안 된다고 주장한다고 하자. 이것은 적절한 논증 방법이다.

"넌 여자라서 안 돼!" : 인신공격

사람에 호소하는 논증이 어떨 때 올바른 논증이 되고 어떨 때 오류가 되는지를 구분하는 기본적인 방법을 알아보았다. 그러면 사람에의 호소 논증을 하나씩 살펴보자.

인신공격은 다른 사람의 직업, 성별, 인종, 고향, 과거의 행적 등 개인적인 특성을 끌어들여 그 사람을 비판하는 것이다. 곧 '여자니까', '흑인이니까', '어디어디 출신이니까', '과거에 나쁜 짓을 했으니까' 등의 근거를 들고 어떠어떠하다고 주장하는 것이 바로 인신공격이다. 사람

논리 법정

알코올 중독자의 증언

영화 〈에너미 오브 스테이트〉에는 다음과 같은 대사가 나온다. "목격자가 알코올 중독자면 살인자도 거리를 활보하고 성폭행범이라도 상대가 콜걸이면 기소를 못해. 가장 중요한 건 바로 신뢰야." 알코올 중독자의 증언을 신뢰할 수 없다고 말하는 것은 사람에의 호소 오류가 아니다. 그의 목격을 신뢰하지 않는 것이 합리적이기 때문이다. 프

에 호소하는 이유는 그 사람의 장점보다는 약점을 지적하기 위해서인 경우가 많다고 했다. 특히나 인신공격은 그 말뜻이 그렇듯이 다른 사람의 나쁜 점을 건드려서 어떤 결론을 이끌어내려 할 때 쓰인다.

그런데 문제는 과거의 행적을 제외하고 직업, 성별, 인종, 고향이 과연 나쁜 점이 될 수 있느냐는 것이다. 가령 여성 또는 흑인에 대해 여전히 사회적 편견이 있는 것은 부정할 수 없는 사실이다. 그러나 그 편견은 결코 옳은 것이 아니다. 그런데도 여성이라는 점 또는 흑인이라는 점을 거론하면서, 그러니까 총리가 될 수 없다거나 대통령이 될 수 없다고 공개적으로 주장한다면 그것은 이른바 '정치적으로 올바르지' 못한 주장이고, 논점에서 한참 벗어난 잘못된 논증이다.

물론 여성이나 흑인 같은 개인적 특성과 관련 있는 논점이 있을 수 있다. 곧 여자니까 테너 파트를 맡을 수 없다거나 지적 장애인이므로 법적 증언 능력이 없다는 정도의 생물학적인 의미만 있을 때가 그렇다. 그렇지 않은 경우 7장에서도 말했지만 여성이라는 특성은 총리에

프롤로그에 소개했듯이 〈12명의 성난 사람들〉에서 길 건너에 사는 여자가 눈이 나쁘다는 이유로 그녀의 증언을 믿지 못한 것도 마찬가지다. 증언에서는 증인의 신뢰도를 문제 삼을 수 있다. 그러나 피해자가 콜걸이라고 해서 성폭행을 당했다는 주장의 신뢰가 무너질까? 7장에서 말한 것처럼 강간 사건에서 피해자의 성적 품행을 언급하는 것은 논점을 일탈한 것이다.

게 요구되는 능력과는 아무런 관련이 없다.

한편 우리나라에서는 예전부터 출신 지역을 근거로 상대방의 인간성을 공격하는 경우가 많았다. 상대방을 앞에 두고 그렇게 공격하는 경우는 별로 없지만 다른 사람을 험담할 때 또는 인터넷 게시판에서 욕을 할 때 출신 지역을 들먹인다. 여성이라는 사실과 총리로서의 능력도 그렇지만 출신 지역과 인간성 역시 아무 상관이 없다. 그런데도 입에 거품을 품고서 자기 경험에 의하면 둘 사이에 분명히 관련이 있다고 주장하는 사람들이 여전히 많다. 가령 자기가 분명히 경험한 것이라면서 어디 출신은 뒤통수를 치는 사기꾼이 많다고 한다. 그런 편견이 왜 생겼는지, 그리고 왜 문제가 되는지는 12장에서 자세히 설명하겠다. 그것을 읽고도 여전히 둘 사이에 관련이 있다고 주장하는 사람은 정치적으로 도태되어야 한다. 그러므로 직업, 성별, 인종, 고향을 들먹이며 어떤 주장을 하는 사람은 논리의 차원 이전에 교양과 상식의 차원에서 비판받아야 한다.

문제는 다른 사람의 과거의 행적을 거론할 때다. 여기서 '과거의 행적'이란 물론 과거에 저지른 나쁜 짓을 의미한다. 거짓말을 밥 먹듯이 하는 사람이라든가, 뇌물을 받은 적이 있다든가, 위장 전입을 했다든가 하는 잘못을 지적해서 그 사람을 공격하는 것이다. 이는 선거 때나 청문회 때 후보를 비판하기 위해 자주 쓰이는 방법이다. 정치인에게 정직이나 청렴은 중요한 능력이다. 그런 능력이 결여되어 있다는 것은 정치인에게는 치명적인 도덕적 약점이다. 물론 요즘은 '도덕성보다는 능력'이라면서 도덕성 자체를 중요하게 생각하지 않는 경향이 있다.

그런 경향이 보편화되면 인신공격도 약효가 없어질 것이다. 그러나 아직은 정치나 행정을 할 때 도덕성은 전혀 문제가 되지 않는다는 합의가 이루어진 것 같지는 않다. 그러므로 국민에게 후보자의 과거를 정확하게 알려주는 것은 정보 제공이라는 차원에서 바람직한 일이다.

사실에 근거한 인신공격은 나쁜 것이 아니다. 오히려 후보자에 대해 올바른 판단을 내리기 위해서는 적극적으로 인신공격을 권장해야 한다. 특히 청문회는 '인신공격'을 하라고 마련한 자리다. 그러나 선거는 좀 다르다. 아무리 사실에 근거했더라도 상대 후보에 대한 인신공격만 난무해서는 바람직한 선거가 되기 힘들다. 인신공격은 상대 후보가 뽑혀서는 안 되는 이유를 제시하는 네거티브 캠페인인데, 선거에서는 내가 당선되어야 할 이유, 곧 나의 정책도 제시해야 유권자들에게 올바른 선택의 기회를 줄 수 있기 때문이다.

정치인에 대한 인신공격이 논점 일탈인지 아닌지 예를 들어 살펴보자. 이때도 역시 인신공격으로 논증을 비판하고 있는지 사람을 비판하고 있는지를 먼저 판단해야 한다. 다음 두 논증을 보자.

① 국회의원 홍길순 씨는 고소득자의 세금 부담을 경감하자는 취지의 법안을 제출했다. 그래야만 경기를 활성화할 수 있다고 생각하기 때문이다. 하지만 그는 최근 일어난 뇌물 사건에 연루된 인물이다. 따라서 이 법안은 반드시 거부되어야 한다.

② 국회의원 홍길순 씨는 이번 선거에도 자기에게 꼭 표를 달라고 간청한다. 그는 지역 주민들의 삶의 질을 향상시키는 데 항상 관심을 가지고

있다고 주장한다. 그러나 이번에는 그를 당선시켜서는 안 된다. 그는 최근 일어난 뇌물 사건에 연루되었기 때문이다.

두 논증 모두 홍길순 씨가 뇌물 사건에 연루되었다는 과거의 행적을 근거로 인신공격을 하고 있다. 첫 번째 논증은 그것을 이용해서 홍길순 씨의 '논증'을 비판하고 있다. 홍길순 씨가 제출한 법안은 경기를 활성화할 수 있다는 근거와 고소득자의 세금 부담을 경감해야 한다는 주장으로 이루어진 논증이다. 이미 말했듯이 이 논증을 제출한 사람이 누구인지 어떤 사람인지는 전혀 중요하지 않다. 여기서는 논증 그 자체가 성립하는지만 따져야 한다. 그러므로 첫 번째 논증의 인신공격은 논점 일탈이다. 곧 인신공격의 오류다.

그러나 두 번째 논증은 인신공격을 이용해서 '사람'을 비판하고 있다. 곧 홍길순 씨의 국회의원 자격을 문제 삼고 있다. 이때 그의 뇌물 사건은 국회의원에 당선되어서는 안 되는 적합한 근거가 된다. 논점 일탈이 아니다. 곧 인신공격의 오류가 아니다.

논증은 구체적인 맥락에서 대화를 통해 제시된다. 일상에서도 이런 식의 인신공격은 흔히 일어난다. 남의 흠집을 잡는 사람이 얼마나 많은가? 예를 들어 '태생적 한계'라는 말이 있다. 어떤 단체나 사람이 과거에 잘못을 저지른 어디어디 출신이기 때문에 그 단체나 사람은 무슨 일을 해도 한계가 있다는 뜻이다. 가령 무슨 무슨 신문은 친일 신문이라거나 누구 누구는 독재자의 딸이라는 것이 태생적 한계라고 지적하는 식이다.

| 인신공격 |

다른 사람의 개인적인 일을 거론하며
그 사람을 비판하는 것을 인신공격이라고 한다.
가장 널리 쓰이는 곳이 정치판이다. 직업, 성별, 인종, 고향 등에 따라 편견과
선입견을 갖고 있다면 인신공격의 오류를 저지를 가능성이 높다.

친일 신문이나 독재자는 분명히 약점이므로 이것은 인신공격이다. (앞서 말한 여성, 인종, 고향은 태생적 한계가 아니다. 친일과 독재자는 나쁜 것이 분명하지만 여성, 인종, 고향은 나쁜 것이 아니기 때문이다.) 그런데 친일 신문이나 독재자의 딸이라는 인신공격으로 무엇을 비판하려고 하는가? 친일 신문이므로 그 신문의 주장은 틀렸다는 것일까, 그 신문을 구독하지 말자는 것일까? 전자는 논증에 대한 것이므로 논점 일탈이다. 후자는 논점 일탈이 아닐 수 있다. 그러나 그 경우에는 과거에 친일 신문이었다는 사실과 60여 년이 지난 현재 이 신문을 구독해서는 안 된다는 주장 사이의 관련성을 요구해야 한다. 이 신문이 친일 행적을 반성하지도 않고 그때의 향수에 젖어 있으며 그때의 논조를 계속 이어가고 있다는 등의 근거가 제시되지 않는 이상 태생적 한계는 잘못된 논증 방식이다.

독재자의 딸이라는 것도 마찬가지 방식으로 따져야 한다. 독재자의 딸이므로 그녀가 주장하는 것은 틀렸다고 한다면 논증에 대한 것이므로 논점 일탈이다. 그러나 독재자의 딸이므로 당 대표가 되어서는 안 된다고 한다면 한 번 더 생각해야 한다. 연좌제도 없어진 마당에 아버지가 독재자라고 왜 딸이 비난받아야 하는가? 그 딸이

발생적 오류 : 태생적 한계를 지적하는 것은 발생적 오류가 될 가능성이 크다. 발생적 오류는 발생(태생)의 근원이 좋다거나 나쁘다는 이유로 그 발생 과정을 통해 생긴 내용도 좋다거나 나쁘다고 말할 때 생기는 잘못이다. "독재자의 딸은 당 대표가 될 수 없다."는 발생적 오류일 수도 있고 인신공격의 오류일 수도 있다. 그런데 "저 신문은 과거에 친일 신문이었으므로 구독해서는 안 된다."는 발생적 오류일 수는 있어도 인신공격의 오류는 될 수 없다. 신문은 사람이 아니므로 사람에 호소하지는 않기 때문이다. 그러나 발생적 오류니 인신공격의 오류니 하는 명칭이 중요한 것은 아니다. 논점 일탈인지 아닌지 판단할 수 있으면 된다.

아버지의 독재에 일조를 했고 지금도 아버지를 찬양한다는 등의 근거를 제시하지 않는 이상 이것 역시 잘못된 인신공격이다.

"너도 별수 없어" : 피장파장

피장파장은 상대방이나 나나 별 차이가 없다는 뜻이다. 그런데 이것이 논증에서는 상대방의 주장을 비판할 때 쓰인다. 상대방이 무슨 주장을 한다. 그런데 그 사람은 평소에 그 주장과 모순되는 행동이나 주장을 했던 사람이다. 바로 그 모순을 지적하는 논증 방법이 피장파장 논증이다. 상대방의 말과 행동의 모순을 지적하여 비판한다고 점잖게 말했지만 이 논증은 보통 "너도 마찬가지 아니냐?", "너나 잘해!", "피장파장이야."와 같이 도발적인 형태로 제시되기 십상이다. 그래서 피장파장이라는 이름이 붙었다(논리학에서는 **정황 논증**이라는 좀 더 어려운 말을 쓰는데 여기서는 **피장파장**이라는 쉬운 말을 쓰겠다).

우리나라에서 발견할 수 있는, 특이한 피장파장의 형태로 "네가 해봐라."나 "네가 하면 그만큼 잘하겠냐?"가 있다. 다른 사람을 비판하는 사람을 그렇게 공격한다. 작전을 잘못 구사한 야구 감독을 비판하는 사람을, 또는 잘못된 행정을 펼친다고 비판하는 동료를 그런 식으로 비판한다. 이것은 그 사람의 말과 과거의 행동 사이의 모순이 아니라 그 사람의 말과 미래의 행동 사이의 모순을 지적한다는 점에서 특이하다. 곧 네가 직접 해보면 네 말처럼 되지 않을 것이라고 비판하는 것이다.

과거형이든 미래형이든 피장파장은 상대방이 모순에 빠져 있다고 비판하는 것이다. 모순 또는 비일관성도 사람이 가질 수 있는 약점 중 하나다. 말과 실천이 일치하지 않는 사람, 의견이 왔다 갔다 하는 사람은 신뢰할 수 없다. 그런 사람은 위선자라고 비난받는다. 그러므로 피장파장도 크게 보면 인신공격 중 하나다. 그러나 피장파장도 자주 쓰이므로 인신공격과 따로 구분해서 살펴보겠다.

　피장파장도 인신공격처럼 논증을 대상으로 하느냐 사람을 대상으로 하느냐에 따라 올바른 논증인지 아닌지를 판단해야 한다. 토론은 논증을 주고받는 것이다. 토론을 하다가 "너나 잘해."라거나 "너는 그런 적이 없느냐?"라고 비판하면 보통은 싸움으로 변질된다. 그런 말을 들은 사람 역시 "그러는 너는?"이라고 대꾸하게 되고 싸움은 끝이 나지 않는다. 이런 말싸움은 전혀 생산적이지 못하다. 피장파장 식의 공격은 토론을 통해서 더 좋은 합의점을 찾는다는 논증의 목적을 전혀 달성하지 못한다.

　동료끼리 또는 부부끼리의 대화를 생각해보라. 예컨대 부인이 남편에게 "당신은 왜 나랑 약속한 것을 지키지 않아? 술을 조금만 마시기로 했잖아."라고 말하자 남편이 "그러는 당신은? 당신도 약속 안 지키면서."라고 대답한다고 하자(이것은 절대 내 이야기가 아니다). 부인은 지금 술을 조금만 마시기로 한 약속에 대해 이야기를 하고 있다. 일종의 토론을 하려는 것이고 여기서 논점이 되는 것은 약속 위배다. 그런데 남편이 피장파장 식으로 대꾸를 하면 토론 상황이 싸움으로 바뀌면서 토론은 더 이상 진행되지 않는다. 피장파장은 이렇게 논증의 진행을 방해한다는 점에서 입증의 권리 원칙^{세 번째 원칙}을 어기고 있다.

"네가 하면 그만큼 잘하겠냐?"라는 '미래형' 피장파장도 마찬가지다. 다른 사람이 잘하는지 못하는지와 내가 그만큼 잘할 수 있는지는 별개의 문제다. 나는 비록 그만큼 못하지만 비판자의 자격으로 얼마든지 비판할 수 있다. 그러므로 그런 식의 대꾸도 논증의 목적을 달성시켜주지 못한다. 논증을 목표로 하는 피장파장은 인신공격처럼 논점을 벗어난다.

그런데 애초에 토론 상황이 아니었다면 피장파장이라고 비판해도 상관없다. 아마 가장 널리 알려진 피장파장은 영화 〈친절한 금자씨〉에서 교도소를 나온 주인공 금자가 내뱉은 대사일 것이다. 교도소 앞으로 마중 나온 전도사는 인자하게 미소를 지으면서 "두부처럼 하얗게 살라고, 다시는 죄 짓지 말란 뜻으로 먹는 겁니다."라고 말하고는 두부를 권한다. 그러자 금자는 전도사의 손을 툭 쳐서 두부를 땅에 떨어뜨리고는 무표정하게 말한다.

"너나 잘하세요."

그리고 뒤돌아선 금자는 커다란 선글라스를 쓰고 걸어간다. 여기서 금자는 전도사와 토론을 할 의사가 전혀 없다. 금자는 모범수로 출옥하기 위해 교회에 열심히 다니는 척한 것뿐이고, 그 사정을 모르는 전도사는 반가운 마음에 마중을 나온 것뿐이다. 금자의 말은 애초에 논증 상황에 있지도 않으므로 논증의 목적에 위배되지 않는다. 그녀는 전도사의 말에 논증의 규칙을 지키면서 대답해야 할 의무가 없다. 그러므로 논점 일탈을 하지 않았다. "너나 잘하세요."는 아마 조롱 또는 비아냥 정도로 해석해야 할 것이고 그런 목적으로는 성공했다.

"브리지트 바르도, 너나 잘하세요"

구체적인 예를 들어보자. 요즘 젊은 사람들은 많이 안 먹지만 우리나라 사람들은 여전히 개고기를 즐겨 먹는다. 그리고 그 때문에 여전히 외국으로부터 비난받는다. 그때 자주 등장하는 사람이 왕년의 프랑스 여배우인 브리지트 바르도다. 그녀는 1999년 프랑스의 한국 특파원들에게 편지를 보내 "인간의 가장 절친한 친구인 개를 식용으로 하는 것은 기호의 문제가 아니라 윤리와 인간 존엄성의 문제다."라고 주장했다. 3장에서 말한 것처럼 기호의 문제라면 서로의 의견 차이를 존중해야 한다. 그러나 그녀는 개고기 식용은 기호의 문제가 아니라고 본 것이다.

이런 바르도의 항의에 대해 인터넷 신문인 〈딴지일보〉는 "브리지트 바르도, 너나 잘해."라는 제목의 칼럼을 실어 맹비난했다. 칼럼에 따르면 프랑스에서는 푸아그라라는 유명 요리의 재료를 얻기 위해 거위에게 억지로 먹이를 먹여서 간을 비정상적으로 커지게 한다고 한다. 또한 바르도는 종교 행사에서 양을 도살하는 회교도들에게 인종 차별적인 발언을 해서 벌금형을 받은 적이 있다고 한다. 〈딴지일보〉는 프랑스에 살면서 인종 차별적인 발언을 한 적도 있는 바르도가 무슨 자격으로 우리나라의 개고기 문화를 비난하느냐고 비판한 것이다. 〈딴지일보〉의

이 칼럼은 당시 바르도의 간섭이 주제넘다고 생각한 많은 국민들에게 동의를 얻었고 "너나 잘해."는 지금도 개고기 논쟁에 대한 적절한 대응 방법으로 널리 인용된다.

"브리지트 바르도, 너나 잘해."는 전형적인 피장파장 논증이다. 이 논증은 올바를까? 이 논증을 통해 비판하려는 것이 무엇이었는지에 따라 달라진다. 먼저 이 논증이 "바르도 당신은 우리를 비난할 자격이 없다."라고, 바르도라는 '사람'을 목표로 하고 있다면 논점 일탈이 아니다. 그러나 이 논증이 "우리의 개고기 문화를 비판하는 바르도의 주장은 틀렸다."라고, 바르도의 '논증'을 목표로 하고 있다면 어떨까? 〈딴지일보〉의 칼럼은 "누가 누구에게 어떤 것은 먹어도 되고 어떤 것은 먹으면 안 된다고 구분할 권한을 줬단 말인가?"라고 물으면서 개고기 식용은 비난받을 일이 아니라고 주장한다.

그리고 바르도에 대해 피장파장이라고 말하는 많은 사람들은 그 말을 통해 실제로 바르도가 그렇게 말할 자격이 없다고만 주장하는 것이 아니라 그녀에게 그럴 자격이 없으니 개고기 식용은 문제가 안 된다고까지 주장한다. 곧 바르도의 '논증'을 목표로 하고 있다. 따라서 바르도가 일관되지 못한 행동을 하고 있다는 사실은 개고기 식용이 문제가 없다는 논증과는 아무 관련도 없다. 바르도의 비일관성은 그것대로 비난받아야 하지만 그 때문에 개고기 식용이 정당화되는 것은 아니다. 우리나라의 개고기도 야만적이고 프랑스의 푸아그라도 야만적이고 프랑스의 인종 차별도 비윤리적일 수 있는 것이다.

그러면 이번에는 바르도가 정말로 일관적이지 못한지 검토해보자.

프랑스에서 푸아그라가 인기 있다는 사실과 바르도의 개고기 식용 비난은 일관적이지 못할까? 바르도는 말과 행동이 일치하지 않는 것일까? 전혀 그렇지 않다. 그녀는 프랑스의 푸아그라 요리에 대해 아무 책임이 없다. 오히려 자비로운 해석의 원칙^{첫 번째 원칙}에 따르면 채식주의자이자 동물 보호 운동가인 그녀의 경력에 비추어볼 때 바르도가 푸아그라를 옹호했다는 증거가 없는 이상, 그녀가 그것에 반대할 것이라고 생각하는 것이 개연성이 높다. 따라서 푸아그라를 들어서 바르

개고기의 논리

논리 법정

2001년 MBC 라디오의 손석희 아나운서가 개고기 식용 문제를 놓고 브리지트 바르도와 인터뷰를 한 적이 있다. 많은 사람들이 손석희 아나운서의 예리하고 통쾌한 대화술의 사례로 이 인터뷰를 꼽는다. 일부만 보자.

손석희 : 인도 사람들은 자신들이 소를 먹지 않는다고 해서 다른 나라 사람들이 소를 먹는 것에 반대하지 않습니다. 이러한 문화적인 차이를 인정하실 생각은 없으십니까?

바르도 : 물론 저는 그러한 문화적인 차이를 인정합니다. 그러나 소는 먹기 위한 동물이지만 개는 그렇지 않습니다. 한국을 비롯한 아시아의 몇 개국을 제외한 세계의 어느 나라에서도 개를 먹지 않습니다. 문화적인 나라라면 어떠한 나라에서도 개를 먹지 않습니다.

손석희 : 소를 먹기 위해 키우는 나라도 있지만 개를 먹기 위해 키우는 나라도

도의 비일관성을 지적하는 것은 옳지 못하다.

인종 차별은 좀 더 복잡하다. 바르도가 회교도들을 비난한 것은 의식이 남아 있는 양을 그대로 도살하는 것 때문이므로 오히려 그녀의 개고기 비난 발언과 일치하는 행동이라고 볼 수도 있다. 동물 보호에서 나온 발언이기 때문이다. 그러나 도살에 대한 비난을 넘어서 회교도에게 프랑스를 떠나라고 한 것은 특정 종교에 대한 차별이다. 그것은 그녀가 개고기 식용을 비난할 때 거론한 '윤리와 인간 존엄성'을

있을 수 있습니다. 개를 먹기 위해서 키우는 나라가 소수라고 해서 배척받는다면 문화적인 차이를 인정하지 못하는 것 아닙니까?

나는 이 인터뷰에서 손석희 아나운서가 뛰어난 대화술을 보였다고 생각하지만, 그리고 그가 대체로 논리적이고 정치적으로 올바른 사람이라고 생각하지만 이 경우만은 올바른 논쟁을 벌인 것으로 보지 않는다. "소는 먹기 위한 동물이지만 개는 그렇지 않습니다."라는 바르도의 진술에 숨은 뜻을 자비롭게 해석하지 않았기 때문이다. 왜 그녀는 개가 먹기 위한 동물이 아니라고 말할까? 개를 먹기 위해 키우는 나라가 있다는 사실을 그녀가 모를까? 그녀의 주장은 개를 먹기 위해 키우는 나라가 있다 또는 없다고 하는 사실적인 진술이 아니라 개를 먹어서는 안 된다는 당위적인 진술이다. 따라서 손석희 아나운서는 그 당위에 대해 개를 먹어도 괜찮다는, 또 다른 당위적인 진술로 반박해야지 사실을 들이대면서 반박해서는 안 되었다. 네 행위가 잘못되었다고 말하는데 나처럼 행동하는 사람이 많다고 답변하는 형식이기 때문이다.

스스로 무시한 것이다. 개도 인간의 절친한 친구지만 회교도도 프랑스 사람의 절친한 친구이기 때문이다. 그러므로 인종 차별 건으로 바르도의 비일관성을 지적하는 것은 올바르다. 결국 바르도가 일관적이지 못하다고 비난한 것은 일부는 맞고 일부는 맞지 않다.

"브리지트 바르도, 너나 잘해."의 주장을 종합적으로 판단해보면 바르도의 비일관성을 지적한 부분 중 일부만 적절하다. 그러나 비일관성에 대한 지적이 모두 옳다고 해도 거기서 나오는 결론은 상대방이 우리를 비판할 자격이 없다는 정도다. 거기서 우리나라의 개고기 식용이 정당하다는 결론은 따라 나오지 않는다. 그것은 바르도의 자격과는 상관없이 별도로 논의해야 할 문제다. 그러므로 개고기 식용에 대해 '너나 잘해' 식의 대꾸는 피장파장의 오류다.

물론 〈딴지일보〉의 칼럼에는 개고기 식용이 왜 정당한지 따로 논의하는 대목이 있다. 다시 말해서 바르도에게 '너나 잘해'라고 비판만 하는 것은 아니다. 앞서 말했듯이 먹을거리가 논란의 대상이 되어서는 안 된다는 주장이 그것이다. 개고기 식용 논쟁은 그 점에 논점을 맞추어 진행되어야 한다. 거기서 '너나 잘해'만을 부각시킨다면 논쟁은 비생산적으로 흐르게 된다.

피장파장 논증은 정치에서 흔히 쓰이는 공격 방법이다. 정치인은 원래 거짓말을 밥 먹듯이 한다고 사람들은 생각한다. 그래도 정치인들끼리는 말과 행동이 일치하지 않는다거나 옛날에 당신도 그렇게 행동하지 않았느냐는 비난을 자주 한다. "누가 누굴 개혁하나?", "누가 누굴 검증하나?", "누가 누굴 비난하나?"와 같은 정치적인 공방을 정치

뉴스에서 거의 매일 들을 수 있다. 이런 논평을 평가할 때도 여기에서 말한 방법을 사용하면 도움이 될 것이다. 그런 논평을 통해서 무엇을 비판하려고 하는가? 단순히 상대방이 그런 말을 할 자격이 없다고만 말하는 것일까? 아니면 그래서 우리는 잘못이 없다는 말을 하고 싶은 것일까? 전자는 대체로 올바른 비판이다. 반면에 후자는 피장파장의 오류가 될 가능성이 크다.

피장파장 논증을 즐겨 쓰는 사람들은 누군가를 비판하는 사람은 뭔가 깨끗하고 완벽해야 한다는 생각을 가지고 있는 것 같다. 그래서 "그러는 너는 깨끗하냐?"나 "네가 돌을 던질 자격이 있느냐?"고 묻는다. 이런 비판이 상대방의 자격을 문제 삼는다는 점에서는 일리가 있다고 말했다. 곧 그런 점에서 피장파장 논증은 의미가 있다. 상대방에

법정의 수사학

논리 법정

"논리로 안 되면 인신을 공격하라." 로마의 수사학자 키케로가 한 말이다. 이범준의 《헌법재판소, 한국 현대사를 말하다》에는 다음과 같은 대목이 나온다. "[헌법 재판관] 한병채는 마지막 한마디로 위헌 제청한 대법원의 얼굴을 시뻘겋게 물들인다. '옛 사회보호법은 1980년 이후 여러 해 동안 대법원에서 합헌 해석을 받아온 사실을 알아야 한다.' 10년 가까이 합헌이라고 할 때는 언제고 이제 와서 엉뚱한 소리를 하느냐는 셈이다. 이런 점이 바로 한병채의 강점이다. 다소 법리가 약한 그는 이론으로 맞서지 않는다. 대신 상대방의 약점으로 상대방을 제압한다."

게 입증의 책임을 넘기는 효과가 있기 때문이다. 피장파장이라고 지적받은 상대방은 무엇인가를 대답해야 할 의무가 있다. 이때 가장 효율적인 방법은 자신이 완벽하지 못함을 솔직히 인정하고, 그럼에도 상대방의 잘못이 용서되는 것은 아니라고 주장함으로써 상대방의 잘못으로 논점의 초점을 좁히는 것이다. 앞서 말했듯이 비판자의 도덕적 자격이 논점이 되면 싸움으로 변질될 수밖에 없다. 그러므로 나에 대한 비판 중 인정할 것은 인정하여 도덕적 자격으로 논점이 흐려지는 것을 막아야 한다. 그러고 나서 원래 거론된 상대방의 잘잘못으로 초점을 넘겨야 한다.

나에 대한 비판을 인정한다는 것은 그런 비판을 환영한다는 뜻도 되고 비판의 대상이 되는 허물을 줄이겠다는 뜻도 된다. 철면피가 아닌 이상, 다른 사람을 적반하장 식으로 비판하기는 쉽지 않다. 내가 허물이 있든 없든 다른 사람의 잘못을 비판할 수는 있다고 했지만 내게 허물이 있는 경우에는 아무래도 비판의 칼날이 무뎌질 수밖에 없다. 그러므로 남에 대해 제대로 비판하기 위해서라도 나에 대한 비판을 받아들이고 나의 모순을 고쳐나가면서 일관되게 살도록 노력해야 한다.

"네 얘긴 들어보나 마나야" : 우물에 독 풀기

마지막으로 살펴볼 사람에의 호소 오류는 **우물에 독 풀기**라는 재미있는 이름을 가지고 있다. 이는 상대방이 편견을 가지고 있어서 공정한 판단을 내리지 못한다고 비판하는 것이다. 일단은 상대방이 어떤 집

단의 구성원임을 부각시킨다. 그래서 그가 특정 견해를 강력하게 지지하고 있고 언제나 그 견해를 근거로 삼기 때문에 그의 주장은 편견에 사로잡혀 있고 그는 그 주장으로 이득을 보려 한다고 비판한다. 편견은 사람의 약점이다. 그러므로 편견이 있다고 비판하는 것은 사람에의 호소가 된다.

편견에 기초한 판단을 신뢰할 수 없는 것은 당연하다. 국제 스포츠 대회에서는 경기를 벌이는 국가의 국민을 심판으로 배정하지 않는다. 음악이나 무용 콩쿠르에서도 제자가 참가하면 심사위원을 맡지 않는다. 팔이 안으로 굽는다고 자기 나라 사람이나 제자에게는 아무래도 객관성을 잃을 것이고 그러면 공정한 판단을 내릴 수 없기 때문이다. 그러므로 편견이 있으므로 공정하지 못할 것이라는 비판은 올바르다.

그러나 항상 그런 것은 아니다. 우물에 독 풀기 논증은 단순히 편견을 지적하는 수준을 넘어서 상대방에게서 발견되는 불공정성이 너무나 커서 그가 하는 어떤 말도 믿을 수 없게 만드는 경우에 쓰인다. 이런 식의 비판은 상대방이 현재 제기한 논증뿐만 아니라 미래에 제기할 논증까지 봉쇄하고 논증이라는 담화 활동 자체를 가로막기 때문에 아주 위험한 오류다. 다음 대화를 보자.

남자 : 나는 군가산점 제도에 찬성해.

여자 : 너는 군대를 다녀온 남자니까 그렇게 주장하는 거야.

이러면 '군대를 다녀온 남자'는 정말 억울할 수 있다. 군대를 다녀왔기 때문에 군가산점 제도에 찬성했을 수도 있지만 군대를 다녀오지 않았어도 찬성했을 수 있기 때문이다. 여자의 비판이 타당하다면 군대를 다녀온 남자는 군가산점에 대해 무슨 주장을 해도 자신의 이익 때문에 그렇게 판단한 사람이 된다. 이것은 어떤 주장을 해도 모두 군대를 다녀온 남자라는 사실과 연관지어 신뢰를 보내지 않는 것으로, 마치 우물에 독을 풀어 아무도 못 마시게 하는 행위와 비슷하다. 그런 식으로 말하면 남자도 "너는 군대에 안 다녀와서 군가산점 제도에 반대하는 거야."라고 맞받게 되고 싸움은 끝없이 이어질 것이다. 사실 인터넷 게시판을 보면 그렇게 점잖게 말하는 사람은 없다. 군가산점에 반대하는 여자에 대해서는 "군대도 안 다녀온 X이 군가산점 제도에 반대한다."라고 욕설을 퍼붓는다. 이렇게 우물에 독 풀기는 토론의 진행을 방해한다는 점에서 입증의 권리 원칙^{세 번째 원칙}을 어기는 잘못된 논증 방식이다.

우물에 독을 푸는 논증도 이렇게 정당할 수도 있고 오류일 수도 있다. 그러므로 조심스럽게 판단해야 한다. 우물에 독을 푸는 논증 역시 자비로운 해석의 원칙^{첫 번째 원칙}을 발휘해서 그 논증을 통해 무엇을 비판하려고 하는지를 먼저 밝혀야 한다. 앞의 대화에서 남자를 비판하는 여자의 의도를 "그래서 군가산점에 대한 네 주장은 들어보나 마나야." 라고 강하게 해석할 수도 있고 그게 아니라 "그러니 네 주장은 조심스럽게 받아들여야 한다."라고 약하게 해석할 수도 있다. 만약 약한 주장이라면 굳이 우물에 독을 푸는 오류라고까지 단정할 필요는 없다. 그 의견에 편견이 있을 수 있으니까 액면 그대로 받아들이지 말고 주의해서 판단해야 한다는 주장이 잘못되지는 않았기 때문이다. "그 사람 입장에서는 그렇게 주장할 수밖에 없겠지." 정도로 해석하는 것이다.

　군대를 다녀왔기 때문에 찬성했다고 하는 것은 자신의 이익에 따라 판단한다는 비판인데 사실 이익을 추구하는 행동이 꼭 비판받을 일은 아니다. 인간이 자기 이익에 따라 행동하는 것은 아주 당연하다. 특정 집단의 이익을 대변하는 단체도 많다. 문제는 논증에서 그런 사실을 숨긴다는 데 있다. 군가산점 논증에 참여하는 당사자는 남자가 됐든 여자가 됐든 모두 자신이 스스로에게 유리하게 판단을 내렸다고는 주장하지 않는다. 대신 그들은 자신의 주장이 공정하고 객관적이라고 말한다. 앞의 대화에서 여자의 비판은 바로 그 위선을 지적한 것이라고 볼 수도 있다. 곧 남자는 자신의 주장에 마치 편견이 없는 것처럼 말하지만 사실은 군대를 다녀온 남자들 편에서 말하고 있다고 비판하는 것이다. 그런 비판에는 일리가 있다.

　단 처음부터 자기 이익을 위해 협상을 하는 대화라면 상황이 달라진다. 예를 들어 노사협상에서 "당신은 임원이니까 그렇게 주장하는 거야."나 "당신은 노조원이니까 그렇게 주장하는 거야."라는 말은 의미가 없다. 자신의 이익을 최대한 관철하기 위해 협상하고 있음을 뻔히 알고 있고, 또 그렇게 하는 것이 피차 당연한 일인데도 그렇게 말하는 것은 하나 마나 한 소리이기 때문이다. 그럴 때는 "그래서?"라고 대답해주면 된다. '밥그릇 챙기기'라는 말이 있다. 이른바 귀족 노조가 파업을 한다거나 의사 단체 같은 이익단체가 스스로의 이익을 위한 행동을 할 때 그런 말을 쓴다. 밥그릇 챙기기가 비난받을 일은 아니다.

자기 밥그릇은 자기가 챙겨야 한다. 다만 실제로는 밥그릇을 챙기면서 아닌 척하는 것이 문제다. 자기 밥그릇을 챙기면서도 말은 공공의 이익을 위하는 것처럼 하는 경우가 있다. 그럴 때 우물에 독 풀기는 의미가 있다. 상대방의 공정성을 의심하는 지적이기 때문이다.

반면에 여자의 비판이 강한 주장이라면 상황이 달라진다. "그러니까 네 주장은 틀렸다."라거나 "네 주장은 들어보나 마나야."라는 강한 주장이 담겨 있다면 그것은 상대방의 '논증'을 비판하는 것이다. 어떤 집단의 구성원이 논증을 했든 논증은 논증 그 자체로 평가받아야 한다. 그러므로 이런 우물에 독 풀기는 오류이다. 물론 대화 상황이라면 그렇게 강하게 주장한다고 해서 바로 우물에 독을 푸는 오류라고 단정하지는 않는다. 왜 그렇게 판단하는지 물어볼 것이다. 다음처럼 말이다.

> 남자 : 나는 군가산점 제도에 찬성해.
>
> 여자 : 너는 군대를 다녀온 남자니까 그렇게 주장하는 거야.
>
> 남자 : 왜 그렇게 생각하는데?

우물에 독 풀기에 대응하는 가장 좋은 방법은 입증의 책임을 상대방에게 떠넘기는 것이다. 다시 말해 입증의 책임 원칙 세 번째 원칙 을 강조하는 것이다. 이렇게 되면 이 대화에서는 입증의 책임이 여자에게 넘어간다. 여자에게는 왜 그렇게 생각하는지 추가적으로 밝혀야 할 의무가 생긴다. 만약 군대를 다녀온 남자의 군가산점 제도에 대한 의견이 가치가 없는 이유를 제시하지 못한다면 여자는 우물에 독을 풀었다고 비난받을 수밖에 없다.

'빠'의 논리

전형적인 우물에 독 풀기는 다음과 같은 것들이다. "김 사장은 환경개발 사업에 찬성한다. 그가 토목업체 사장인 것을 생각해보면 당연한 것 아닌가?" "박 교수는 홍삼의 탁월한 치료 효과를 입증하는 연구 결과를 발표했다. 그러나 그의 연구비는 홍삼 회사로부터 나온 것임을 알아야 한다." 이 논증들을 통해 무엇을 비판하려고 하는지에 따라 논증의 올바름이 결정된다. 만약 환경개발 사업에 대한 김 사장의 찬성 논증과 홍삼의 치료 효과에 대한 박 교수의 논증을 우물에 독을 풀어 비판하려고 한다면 논점을 벗어나게 된다. 정신분석적 시각으로 어떤 주장을 해석하는 것도 우물에 독을 푸는 것이다. "그의 동성애 찬성 주장은 어릴 때 어머니의 사랑이 부족해서 나오는 것이다."가 그런 예다. 어린 시절의 경험은 동성애에 대한 찬성 주장이 어떤 연유로 나왔는지를 설명하지만 그 주장의 올바름을 평가해주지는 못한다(주장의 발생에 기댔다는 점에서 발생적 오류이기도 하다).

우리나라에서 자주 볼 수 있는 우물에 독 풀기가 있다. 인터넷 게시판에서 볼 수 있는 이런 댓글들이다.

"너 빨갱이지?"

"너 노빠지?"

"너 황빠지?"

"너 알바지?"

'노빠'와 '황빠'는 각각 노무현 전대통령과 황우석 박사의 열렬한 지지자를 가리킨다. "너 노빠[황빠]지?"라는 댓글은, 그러니까 네가 하는 말은 들어볼 필요가 없다는 의미다. 현대 사회에서 인터넷 게시판은 여론 형성의 중요한 장이다. 그러므로 특정 정당이나 기업에서 아르바이트생을 고용해서 자신들에게 유리한 댓글을 작성하게 한다고 의심하는 사람들이 있다(실제로 그런 증거는 없다). "너 알바지?"라고 묻는 것은 "너는 돈을 받고 이런 댓글을 쓴 것이므로 네 의견은 들을 가치도 없다."라는 뜻이다.

논리 법정

흑백 논쟁과 우물에 독 풀기

1994년 미국의 O. J. 심슨은 아내와 아내의 남자 친구를 살해한 혐의로 재판을 받게 되었다. 이 재판은 심슨이 왕년의 유명한 미식축구 선수였다는 사실 때문에 미국 전체의 관심거리가 되었다. 그뿐만 아니라 인종 문제도 관심을 증폭시켰다. 심슨은 흑인이었고 살해된 아내와 아내의 남자 친구는 백인이었기 때문이다. 재판 과정에도 인종 문제로 계속 신경전이 벌어졌다. 심슨의 변호사는 심슨이 범인이라는 증거를 수집한 경찰관이 과거 인종주의자로 비난을 받은 적이 있다는 사실을 들어 이런 댓글들의 공통점은 모두 우물에 독을 푼다는 것이다. 상대방이 빨갱이[노빠, 황빠, 알바]라고 단정함으로써 그의 의견이 개진되는 것을 봉쇄한다. 상대방 입장에서는 기가 찰 노릇이다. 빨갱이가 아니라고 말하면 또 "빨갱이가 빨갱이라고 말하는 것 봤어?"라고 댓글을 단다 ("미친 사람이 미쳤다고 말하는 거 봤어?"라는 말을 연상시킨다). 이런 댓글은 생산적인 토론을 방해하기 때문에 잘못된 논증 방식이다. 무슨 말을 해도 빨갱이라는 말 한마디로 끝내버린다. 그런 점에서 이런 댓글은 잘못된 논증, 곧 우물에 독을 푸는 오류다.

음악인인 신해철 씨는 네티즌들에게 "너 전라디언이지?(너, 전라도 사람이지?)"라는 비판을 들은 적이 있다고 한다. 그런데 그는 사실 대구 출신이다. 그는 일단 '전라디언'이 되고 나니 그다음에는 무슨 이야기를 해도 소용이 없더라는 하소연을 한다. 이 얼마나 억울한 일인가? 물

그 증거를 믿을 수 없다고 주장했다. 이런 주장은 인신공격의 오류일까? 심슨의 수석 변호사는 흑인이고, 수석 검사는 백인이었다. 만약 흑인이므로 심슨의 무죄를 주장할 수밖에 없고 백인이므로 심슨의 유죄를 주장할 수밖에 없다고 주장한다면 우물에 독 풀기일까? 심슨은 형사 재판에서 배심원들로부터 무죄 판결을 받았는데 열두 명의 배심원 중 흑인이 여덟 명이었다. 그리고 그다음에 열린 민사 재판에서는 유죄 판결을 받았는데 당시 열 명의 배심원 중 아홉 명이 백인이었다. 이 경우도 흑인 또는 백인이었기 때문에 그렇게 판결했다고 주장한다면 우물에 독 풀기일까?

론 "너 노빠지?"라고 말할 수는 있다. 그러나 그러기 위해서는 그렇게 단정하는 추가적인 근거를 제시해야 한다. 상대방이 왜 노빠인지 그리고 왜 노빠는 저렇게 말할 수밖에 없는지 근거를 제시하면 된다. 그러나 밑도 끝도 없이 그렇게 말하는 것은 토론을 막을 뿐, 논증의 목적에는 아무런 도움도 주지 못한다. 하긴 그런 댓글을 다는 사람은 애초에 논증을 하겠다는 생각도 없었을 것이다. 그런 사람은 아예 무시를 하거나 똑같이 대꾸하는 게 최상이다. "그럼 너는 ○빠냐?"라고 말이다.

> **음모론 :** 서양에서는 외계인, 나치, 대통령, 기독교, 군대 등이 음모론의 단골 소재로 등장한다. 음모론은 대부분 그럴듯해 보이기는 하지만 합리적으로는 믿기 힘든 것들이다. 그러므로 입증의 책임 원칙에 의해 추가적인 근거 제시를 요구하는 것이 순서지, 음모론을 바로 믿어서는 안 된다.

말이 난 김에 음모론에 대해서 말해보자. 음모론은 어떤 사건의 배후에 비밀스러운 계획이 있다는 주장을 말한다. 미국의 9·11 테러가 사실은 미국이 스스로 벌인 사건이라든지 아폴로 우주선이 사실은 달에 간 것이 아니라는 주장이 그것이다. 우리나라에도 음모론은 드물지 않다. 조선시대의 정조가 사실은 독살당했다는 주장이나 줄기세포 기술을 탐내는 세력들이 황우석 박사를 궁지에 빠뜨렸다는 주장이 있다. 물론 음모론은 우물에 독 풀기와 상관이 없다. 그러나 추가적인 근거를 필요로 한다는 점에서는 비슷하다. 음모론 자체는 문제가 없다. 미국의 9·11 테러가 사실은 미국이 스스로 벌인 사건이라고 얼마든지 주장할 수는 있다. 그러나 그러기 위해서는 그렇게 단정하는 추가적인 근거를 제시해야 한다. 그러지 않고 밑도 끝도 없이 의혹만 보낸다는 점에서 음모론은 우물에 독 풀기와 비슷하다. 음모론이라서 근거를 '터럭' 만큼만 제시하는 것인가?

● 실전 논리 비법 : 말과 사람, 둘 중 하나만 공략하라

사람에의 호소는 흔히 사용되는 논증이다. 이 논증에는 인신공격, 피장파장, 우물에 독 풀기가 있다. 인신공격은 상대방의 개인적인 특성이나 과거의 행적을 거론하여 그 사람의 주장을 비판한다. 피장파장은 상대방의 말과 행동의 모순을 지적해서 그의 주장을 비판하는 논증 방법이다. 마지막으로 우물에 독 풀기는 상대방이 편견을 가지고 있어서 공정한 판단을 내릴 수 없다고 비판하는 것이다.

사람에 호소해서 논증하는 것은 논점 일탈일 때도 있고 아닐 때도 있다. 그것을 잘 구분하라. 그 논증으로 '논증'을 비판하는지 '사람'을 비판하는지 구분하라. 만약 상대방의 '논증'을 비판한다면 그것은 논점에서 벗어나는 오류가 된다. 인신공격의 오류, 피장파장의 오류, 우물에 독을 푸는 오류가 그것이다. 논증은 그 자체로 평가하라. 누가 그 논증을 제시했는지는 중요하지 않다. 근거를 갖추어서 지구가 둥글다는 주장을 했다면 그 논증을 갈릴레이가 했든 양치기 소년이 했든 중요하지 않다. 반면에 사람에의 호소 논증으로 상대방 '사람'을 비판했다면 그것은 좋은 논증이 될 수도 있음을 잊지 마라. 이때 그 논증은 그 사람의 자격이나 신뢰성을 문제 삼는 것이기 때문이다.

Chapter 9

'논리'는 피도 눈물도 없어?

감정

대부분의 범죄가 사람들의 분노를 자아내지만 특히 어린이를 대상으로 하는 범죄는 더 큰 분노를 불러일으킨다. 아무 저항도 할 수 없는, 귀엽고 연약한 어린이에게 감히 그런 짓을 했다는 사실에 맹비난을 하는 것이다. 2009년에 일어난 조 모씨의 어린이 성폭행 사건은 많은 국민의 분노를 샀다. 여덟 살짜리 여자 아이의 신체가 심하게 손상될 정도로 심각한 범행이었는데도 형량이 생각보다 낮자 국민들은 그 어느 때보다 강하게 분노하며 범인을 중형에 처하라는 항의를 계속했다.

국민들의 항의에는 각종 감정이 개입되어 있다. 피해를 입은 어린이에 대한 동정심, 파렴치한 범인과 흉악한 범죄에 대한 분노, 낮은 형량에 대한 분노가 그것이다. 이런 감정들은 사람들이 피해 어린이를 돕는 데 적극적으로 나서게 하고 형량에 대해 진지하게 논의하게 했다. 더구나 이런 감정은 일부가 아닌 상당히 많은 국민이 함께 표출하면서 그 영향력이 더 커졌다.

논리는 인정머리가 없을까?

이렇게 **감정**은 어떤 행동을 하는 데 중요한 계기가 되고 강력한 파급 효과가 있다. 그런데 과연 논리적인 사고에서도 감정이 중요한 위치를 차지할까? '논리적'이라는 말에서 '리(理)'는 '이성'을 가리킨다. 이성은 감정과는 반대되는 것이다. 이성에 따라 논증을 펼쳐야 논리적이므로 거기에 감정이 들어갈 자리는 전혀 없는 것처럼 보인다. 인간을 이성적 동물이라고 정의할 정도로 이성은 인간을 동물과 구별 짓는 특징인 데 반해, 감정은 동물도 가지고 있는 본능이다. 그런 점에서 논리적 사고는 인간만이 할 수 있다. 실제로 논리학 교과서들은 감정에 호소하여 논증하는 것을 오류로 취급한다. 그러나 앞서 말한 어린이 성폭행 사건에서는 동정심과 분노 없이 이성으로만 판단했다면 피해 어린이를 돕고 유사 범죄의 형량을 높이는 일은 벌어지지 않았을 것이다. 그렇다면 논리적인 사고는 피도 눈물도 없는 것일까? 논리적인 사람은 인정머리가 없을까?

논리적 사고에서 감정의 역할은 논점 일탈의 측면에서 다루어야 한다. 8장에서 본 사람에의 호소 논증에 써먹었던 바로 그 방법을 써야 하는 것이다. 사실 사람에의 호소도 설득력이 있었던 것은 크게 봐서 감정에 호소했기 때문이다. 어떤 사람이 지닌 부정적인 이미지에 대해 사람들의 감정을 불러일으킴으로써 주장이 먹혔던 것이다. 우리에게 동정심이나 분노 같은 감정이 있다고 하자. 그리고 그런 감정은 정당한 것이라고 하자. 그런데 그 감정이 지금 우리의 주장과 관련이 있을까? 논점에서 벗어난 것은 아닐까?

어린이 성폭행 사건 못지않게 국민의 감정을 자극하는 사건은 연쇄살인이다. 국민들은 연쇄살인범에 대해 분노를 느끼고 피해자를 불쌍하게 여기며 불안한 치안에 대해 공포심을 느낀다. 거기에서 흔히 "저런 X은 죽여야 한다."라는 결론이 따라 나온다. 동정심, 분노, 공포심이라는 감정에 기초해서 사형제를 옹호하는 것이다. 반면에 사형제를 반대하는 편에서는 대부분의 선진국이 사형제를 폐지했다는 것을 이유로 든다. 이 경우는 또 선진국 국민들의 감정에 호소해서 자신의 주장을 펼치는 것이다. 사형제를 찬성하는 쪽도, 반대하는 쪽도 감정에 호소하는데 이런 감정들이 과연 논점과 관련이 있을까?

우리는 6장에서 전문가의 견해에 의존하는 것은 합리적이라는 사실을 확인했다. 그런데 국민들은 절대 전문가가 아니다. 우리나라 국민들의 감정에 호소해서 사형제에 찬성하든 다른 나라 국민들의 감정에 호소해서 사형제에 반대하든 감정에 호소하는 것은 합리적이지 못한 것 같다. 성폭행 사건의 형량을 결정할 때나 사형제 찬반 논의를 할 때 국민들의 감정이나 여론은 전혀 고려 사항이 못 되는 것일까?

우리 인간에게는 수많은 감정이 있지만 그중 논리적 사고와 관련해

자주 등장하는 감정은 동정심과 공포심이다. 곧 불쌍하다는 감정에 호소해서 또는 무섭다는 감정에 호소해서 어떤 주장을 펼치는 것이다. 논리학에서는 이 두 경우를 각각 **동정심에 호소하는 논증**, 공

감정에의 호소 : 여기에 언급하지 않은 감정에 호소하는 논증도 얼마든지 가능하다. 부러움에 호소하는 논증, 증오에 호소하는 논증, 자긍심에 호소하는 논증 등. 그러나 그런 경우에도 논증 구조는 이 책에서 거론되는 논증들과 비슷하다.

포심[힘]에 호소하는 논증이라고 부른다. 그리고 이러이러한 생각을 가지고 있는 사람이 많으므로 그 생각은 옳다고 주장하는 것을 **대중에 호소하는 논증**이라고 부른다. 대중에의 호소도 대중이 모두 비슷한 감정을 가지고 있다는 점에 주목하는 것이므로 감정에의 호소와 같은 구조로 다룰 수 있다. 지금부터 대중, 공포심, 동정심에 호소하여 논증을 펼치는 것이 과연 올바른 논증인지 살펴보겠다.

다수결의 딜레마 : 대중에의 호소

논증에서 대중에 호소한다는 것은 어떤 주장을 할 때 많은 사람들이 그렇게 생각한다는 사실을 근거로 제시하는 것을 말한다. 대중의 의견이나 정서는 정치인들이 흔히 애용한다. 정치인들은 '국민이 원한다면' 또는 '국민이 지지하므로' 또는 '국민의 여론이 그러하므로' 어떤 정책을 따라야 한다고 말한다. 국민이 정말로 원하는 바를 편견 없이 정확히 알아낸다는 것은 쉬운 일이 아니다(이에 대해서는 12장에서 자세히 설명하겠다). 그렇지만 어찌어찌 해서 국민의 여론을 정확하게 파

악했다고 해보자. 그 대중의 의견이나 정서가 지금 정치인이 내세우는 주장을 지지해주는 적절한 근거가 될까? 사형제를 존치시키자는 여론이 폐지하자는 여론보다 많다고 하자. 그것이 사형제를 존치해야 한다는 주장의 근거가 될 수 있을까?

사실 국민이 지지하는 여론에 따라 정책을 결정하는 것, 곧 다수결의 원리는 민주주의의 기본 원리다. 그러므로 대중에 호소하는 것 자체에 큰 문제가 있어 보이지는 않는다. 그러나 모든 일을 다수결에 따라 결정한다면 토론이라는 과정은 필요가 없다. 히틀러의 유대인 학살이나 미국 정부의 인디언 학살은 당시 많은 국민들로부터 지지를

논리 법정

국민의 법 감정

사형제 폐지를 반대하면서 많이 드는 근거가 국민의 '법 감정'이다. 쉽게 말하면 사람들은 흉악범은 죽어도 싸다고 생각하는데 그런 생각을 존중해서 사형제는 폐지하면 안 된다는 것이다. 사형제 존폐 논쟁은 바로 그 국민의 법 감정이 올바른 것인지 검토해보자고 시비를 거는 것이다. 숙고를 거쳐서 나온 이성적인 판단인지, 아니면 즉각적인 보복 심리에서 나온 감정적인 처사인지 따져보자는 것이다. 어느 쪽이 옳다는 것이 아니라 그것 자체를 놓고 토론해보자는 것이다. 그런데 그런 과정을 거치지 않고 국민의 법 감정이 이러니까 사형제를 폐지해서는 안 된다고 말하는 것은 6장에서 말한 선결 문제 요구의 오류다. 다시 말해 논란거리가 되고 있는 것을 마치 모두가 받아들인 듯이 근거로 가져다 쓰는 잘못을 저지르는 것이다. 사형제 존폐 논쟁뿐만 아니라 다른 법률 논쟁에서도 '국민의 법

받았지만 그것을 올바른 행동이었다고 말할 사람은 없을 것이다. 과학의 진리는 특히나 다수의 의견과 상관이 없다. 대중의 의견이 진리의 기준이라면 500년 전에는 지구가 평평했는데 지금은 둥글게 된다.

대중에의 호소는 광고에서도 아주 즐겨 쓰는 방법이다. 자동차부터 세제까지 자사의 제품이 가장 많이 팔린 제품임을 홍보한다. 영화도 수백만 명의 관객이 봤음을 광고한다. 이런 광고는 상당히 효과가 있는 것으로 알려졌다. 가장 많이 팔렸다거나 수백만 명이 관람했다는 것은 일단 맞는 말이기 때문이다. (허위 광고는 법적으로 규제를 받는데 가장 많이 팔렸다는 정보는 의견이 아닌 사실의 영역이다. 사실과 의견의 구분에 대

감정'이 근거로 자주 거론된다. 예컨대 헌법재판소는 2005년 대마의 흡연 등을 처벌하는 마약류관리에관한법률 조항이 합헌이라고 판결하면서 "술과 담배는 오래전부터 기호품으로 자리 잡아 음주 또는 흡연 행위에 대한 단속과 형사처벌이 비현실적일 뿐만 아니라 대다수의 국민이 범죄자로 처벌될 수 있어 형사정책상 바람직하지 않은 반면, 대마는 1960년대 중반에 비로소 환각 목적의 흡연 물질로 알려진 이래 1970년대 중반경 그 이용이 확산됐을 뿐이므로 대마 사용에 대한 규제가 우리의 법 감정과 시대적 상황에 맞지 않을 정도로 비합리적이라고 볼 수 없다."는 것을 그 근거로 든다. 국민의 법 감정에 호소해서 대마가 술이나 담배와는 다르다는 주장을 하는 것이다. 그러나 그것이 전가의 보도처럼 쓰일 수는 없다. 그 법 감정 자체가 잘못된 것일 수 있기 때문이다.

| 다수결의 딜레마 |

히틀러의 유대인 학살은 다수결의 원리에 따라 국민들의 지지를 받은 결정이다.
누구도 이 결정을 올바른 결정이라고 하기 힘들 듯, 다수결의 원리만 내세우고
토론을 하지 않는 것은 잘못된 결과를 불러올 수 있다.

해서는 3장을 보라.) 광고주만 대중에 호소하는 것이 아니다. 소비자들도 스스로 대중에 호소하여 구매 행동을 한다. 슈퍼에서 수많은 치약 중 어떤 것을 고를지 고민될 때 점원에게 가장 잘 나가는 것이 어떤 것이냐고 묻는다. 외식하러 나갔을 때는 손님이 많은 식당으로 들어간다. 청소년들은 친구들이 많이 입는 옷은 꼭 입어야 한다.

대중에 호소하는 광고가 효과가 있다고 해서 대중에 호소하는 논증이 올바른 것은 아니다. 우리는 성공적인 설득이 아니라 논리적인 설득에 관심이 있음을 잊지 마라. 대중에 호소하는 광고가 결국 말하고자 하는 것은 뭘까? 그냥 많이 팔렸다는 정보만 주려는 것이 아니라 이 제품 또는 이 작품이 가장 좋다는 것을 은연중에 주장하는 것이다. 어떤 신문은 독자가 가장 많다는 사실을 아예 '1등 신문'이라는 표현에 담는다. 독자수로 1등이라는 뜻을 넘어서 1등 품질의 신문임을 주장하는 것이다. 그런데 가장 많은 사람이 찾는다는 것이 그 제품이 가장 좋다는 뜻일까? 이 책의 띠지나 뒤표지에 "수십만 독자가 선택한 책"이라는 홍보 문구가 있다고 해서(희망사항이다!), 그리고 그

올스타전과 대중에의 호소 : 프로야구 등의 스포츠에서 팬들의 투표로 뽑힌 선수들이 정규 시즌 중간 또는 후에 벌이는 게임이 올스타전이다. 야구의 경우 올스타전 베스트 10은 순전히 팬들의 투표로 뽑기 때문에 성적이 정말로 우수한 선수가 뽑히지 않는 일이 자주 일어난다. 그래서 성적은 좀 떨어져도 인기가 많아 베스트 10에 뽑힌 선수에게 "저 선수가 무슨 올스타야?"라고 비난하는 야구팬들이 있다. 그러나 올스타전은 애초에 실력 있는 선수보다는 인기 있는 선수를 뽑아 치르는 행사다. 따라서 그런 비난을 하는 팬은 '올스타'의 의미를 은밀하게 재정의하는 것이다(4장 참조). "저 선수는 올스타에 뽑혔으므로 인기 있는 선수다."라는 논증은 대중에 호소했지만 올바른 논증이다. 그러나 "저 선수는 올스타에 뽑혔으므로 실력 있는 선수다."는 똑같이 대중에 호소했어도 올바른 논증이 아니다.

말이 맞는다고 해서 이 책이 좋은 책임을 보장해줄까? 광고를 만드는 사람은 대중에 호소함으로써 그런 효과들을 노리겠지만 논리적인 관점에서는 그것이 올바른 것인지 잘못된 것인지 따져보아야 한다.

그럴 만한 이유가 있다

논리학 교과서들은 대중에의 호소를 오류로 취급한다. 앞에서 예를 들었지만 "사람들이 지구가 평평하다고 믿는다. 그러므로 지구는 평평하다."와 같은 논증은 분명히 잘못된 것이다. 사람들에게 손을 들어보라고 해서 과학의 진리를 결정할 수는 없다. 그런데 대중의 의견을 따른 판단이 올바를 때도 많다. 손님이 많은 음식점이 맛있다는 것은 일리가 있다. 같은 지역 사람들의 입맛은 대체로 비슷할 뿐만 아니라 손님 회전율이 높으면 신선한 재료를 계속 사용하게 되어 아무래도 맛있는 음식이 나올 가능성이 높다. 소프트웨어는 확실히 많은 사람들이 사용하는 것을 사용하는 쪽이 편리하다. 호환성 때문이다. 워드프로세서의 경우 마이크로소프트 워드가 세계 거의 모든 나라를 장악했지만 우리나라에서만은 맥을 못 추고 있다. 정부에서 아래아 한글을 공식 소프트웨어로 사용하고 있고 학교에서도 그것으로 교육하고 있기 때문이다. 또래 문화가 중요한 청소년은 친구들이 입는 옷을 입어야 왕따가 되지 않을 가능성이 높아진다. 대중에 호소하는 것이 꼭 잘못된 논증은 아니다.

그렇다면 대중에 호소하는 논증은 어떨 때는 올바르고 어떨 때는 잘못되었을까? 그것을 판가름하기 위해서는 가장 먼저 그 논증으로 무엇을 주장하려는 것인지를 분명히 해야 한다. 이때는 자비로운 해석의 원칙^{첫 번째 원칙} 을 이용해서 최대한 상대방 입장에서 주장을 찾아내야 한다. 그러고 나서 대중의 의견 또는 정서라는 근거와 그 주장 사이에 논점 일탈이 일어나지 않는지 판단해야 한다. 이 세제가 잘 팔린다는 광고를 예로 들어보자. 광고에서는 옆집 영희 엄마도 사고 뒷집 순희 엄마도 사고 모두 이 세제만 산다고 말한다. 광고에서는 거기까지만 말한다. 이 광고가 이것으로 무엇을 주장하려는 것일까? 가능한 후보들을 쭉 써보자.

근 거 : 이 세제는 많이 팔렸다.

주장 1 : 사람들이 이 세제를 살 만한 이유가 있다.

주장 2 : 이 세제는 앞으로도 많이 팔릴 것이다.

주장 3 : 당신은 이 세제를 사야 한다.

주장 4 : 이 세제의 품질이 가장 우수하다.

위 근거와 주장 1은 분명히 관련이 있다. 많이 팔렸다면 당연히 그럴 만한 이유가 있을 것이다. 주장 2도 충분하지는 않을지 몰라도 그 근거와 관련이 있기는 있다. 지금까지 많이 팔렸다면 앞으로도 많이 팔릴 것으로 예상할 수 있다. 그러나 주장 3은 어떤가? 많이 팔렸다고 해서 내가 꼭 그것을 사야 하는가? 사야 할지 말아야 할지는 소비자가 알아서 판단할 문제다. 많이 팔렸다는 것은 그런 판단을 하기 위한 한

가지 정보일 뿐이다. 청소년처럼 다른 사람의 유행에 끼고 싶은 사람이나 그런 것이 중요하다고 생각하는 사람은 사면 되고 그렇지 않은 사람은 안 사면 된다. 특히 세제는 옷과 달리 내가 무엇을 쓰는지 남에게 주목받지 않으므로 유행을 따를 필요는 없다. 그러므로 이 세제가 많이 팔렸다고 해서 내가 그것을 사야 한다는 결론이 따라 나오는 것은 아니다.

그렇다고 해서 주장 3이 논점에서 일탈했다고 말할 것까지는 없다. 많이 팔렸다는 것은 그 세제를 사야 할 한 가지 단서는 제공해주기 때문이다. 세제가 많이 팔렸다는 것은 주장 1이 말하는 것처럼 그럴 만한 이유가 있다는 뜻이다. 그 이유가 뭘까? 합리적인 소비자라면 그 점을 곰곰이 궁리해봐야 한다. 세제의 세탁력이 좋아서 그럴 수 있다. 7장에서 말한 것처럼 그냥 거품이 많이 나서 그럴 수도 있다. 유명 브랜드라서 그럴 수도 있다. 그 세제를 광고하는 모델이 유명 연예인이어서 그럴 수도 있다. 가격이 싸서 그럴 수도 있다. 이중에 나의 구매 행동을 결정하는 요인이 있는지 판단해야 한다. 그러나 대부분의 소비자들은 그럴 만한 시간도 없고 능력도 없다(사실은 〈소비자 시대〉 같은 소비자 구매 가이드 북만 봐도 되는데 그런 노력도 하지 않는다). 그래서 '안전빵'으로 가장 많은 사람이 선택한 세제를 고른다. 그 세제를 샀을 때 실패할 확률은 확실히 적을 것이다. 이렇게 많이 팔렸다는 사실은 그 세제를 사야 할 약한 근거는 된다.

주장 4도 마찬가지다. 많이 팔렸다는 것이 그 세제의 품질을 보장해주지는 못하지만 그렇게 판단할 약한 근거는 된다. 세제는 품질에 따라서 가격 차이가 크게 나지 않는다. 그러므로 많이 팔린 세제가 품질도 좋을 가능성이 높다. 그러나 휴대전화처럼 고가의 제품은 경우가 다르다. 휴대전화는 품질이 좋은 제품이 그렇지 않은 제품보다 훨씬 비싸므로 많이 팔린 제품이라고 해서 꼭 품질이 좋다는 보장은 없다. 이때 많이 팔렸다는 근거는 품질의 우수성이라는 논점을 벗어나게 된다.

정리하면 논증에서 사람들이 많이 사용하거나 믿고 있다고 대중에 호소하는 것은 논점 일탈까지는 아니다. 그럴 만한 이유가 있다는 것을 보여주므로 약한 근거는 된다. 그러나 그럴 이유가 있다는 것을 넘어서서 나도 그것을 사용해야 한다거나 나도 그것을 믿어야 한다는 것을 보여주지는 않는다. 나도 그것을 사용해야 한다거나 나도 그것을 믿어야 한다고 최종 결론을 내리기 위해서는 대중에 호소하는 것 외의 추가 근거가 필요하다. '이 주장을 지지하는 근거들이 이러이러한 것이 있는데 거기에 많은 사람들이 동의하기까지 하니 금상첨화다' 라는 식으로 논증이 진행되어야 하는 것이다.

> **약한 근거** : 약한 근거가 있는 논증은 논점 일탈은 아니다. 논점 일탈인 근거는 그 논증의 주장과 아예 관련이 없지만 약한 근거는 약하게나마 관련이 있다. 가령 불친절한 일본인 한 명을 본 것을 근거로 "모든 일본 사람은 불친절하다."라고 주장한다면 (이것은 12장에서 '성급한 일반화의 오류'로 설명할 것이다) 비록 그 근거는 약하지만 논점에서 벗어나지는 않았다. "모든 일본 사람은 불친절하다."라는 주장을 강하게 하고 싶다면 '불친절한 일본 사람'을 더 많이 만나야만 한다.

그런데 왜 사람들은 보강 근거는 찾지 않고 대중에만 호소할까? 추가 근거가 있는지 면밀히 돌아보는 일은 복잡하고 힘들고 수고스럽기

전통에의 호소 : 오랫동안 사람들이 믿어왔음을 근거로 어떤 주장이 옳다고 주장하는 논증 방식이다. "호주제는 우리나라의 미풍양속이므로 유지되어야 한다."라는 논증이 예가 되겠다. "옛말 그른 데 없다."나 "부모 말을 들으면 자다가도 떡이 생긴다."라는 속담이 전통에의 호소를 지지하는 속담이다. 전통에의 호소는 과거부터 현재까지 살아온 대중들에게 호소한다는 점에서 대중에의 호소 논증으로 볼 수 있다.

때문이다. 논리적으로 사고하기 위해서는 그런 과정이 반드시 필요하지만 많은 사람들은 그런 수고를 하려고 하지 않고 또 그럴 시간도 없다. 그래서 대세를 따라가는 방책을 쓴다. 그것은 성공도 하지만 실패도 한다. 사람들이 모두 지구는 평평하다고 믿어서 나도 그렇게 믿는 경우가 대표적인 사례다. 그러나 옳은 경우도 많다. 앞에서도 말했듯이 많은 사람들이 사용하고 믿는 데는 그럴 만한 이유가 있기 때문이다. 그래서 판단할 시간도 부족하고 그럴 의사도 없는 많

앨런 명령과 대중에의 호소

논리 법정

미국 법정의 가장 큰 특징은 배심원 제도다. 배심원 제도는 우리나라에서도 국민참여재판이라는 이름으로 시범적으로 시행되고 있다. 배심원은 유무죄 여부를 평결하는데, 민사 사건은 꼭 그렇지 않으나 형사 사건은 만장일치가 되어야 한다. 그러나 프롤로그에서도 보았듯이 만장일치가 되지 않을 때가 많다. 왜 안 그러겠는가? 이때 판사는 배심원들에게 다시 한 번 깊이 생각해보라고 하는데 이를 앨런 명령(Allen charge)이라고 한다. 판사는 이 재판이 얼마나 중요한지, 그리고 이 재판을 하느라 얼마나 많은 시간과 돈과 노력을 쏟았는지 생각해보라고 말한다. 소

은 사람들은 대중에 호소하는 '안전빵'을 쓰는 것이다. 그리고 광고를 만드는 사람들도 짧은 시간에 그 제품이 좋다는 객관적인 정보를 자세하게 설명할 수 없으므로 많은 사람들이 사용하고 있음을 알리는 전략을 쓰는 것이다.

사형제를 둘러싼 논의도 마찬가지다. 사형제 존치를 주장하는 사람들은 많은 국민이 동의한다는 것을 근거로 든다. 많은 국민이 동의할 만한 이유가 있다는 것이다. 한편 사형제를 반대하는 사람들은 대부분의 선진국이 사형제를 폐지했음을 근거로 든다. 선진국에서 폐지했다면 뭔가 폐지할 만한 이유가 있었을 것이다. 양측 모두 그럴 만한 이유가 있다. 그러므로 사형제를 존치할 또는 폐지할 또 다른 근거를 제시한 쪽이 유리할 수밖에 없다. 그 근거가 진짜 객관적인 근거다. 그런

수 의견을 낸 배심원은 자신의 의심이나 확신이 그럴듯한지 다시 생각해보라는 부탁을 받는다. 다수가 그렇게 생각하는 데는 뭔가 그럴 만한 이유가 있을 것이라는 의미다. 판사는 그렇다고 해서 자신의 신념을 포기하지는 말라는 당부를 하면서도 가능하다면 평결에 이르는 것이 배심원의 의무임을 잊지 말라고 말한다. 앨런 명령에 배심원들이 결국에는 의견 일치를 보는 경우가 많다. 그러나 이런 명령은 소수 의견을 낸 배심원들이 어쩔 수 없이 다수의 의견을 따르게 될 우려를 낳는다. 진리가 대중에 호소해서 결정되는 것이 아님을 상기한다면 자칫 앨런 명령으로 '시간과 돈과 노력'보다 더 소중한 것을 잃게 되지는 않을까 걱정스럽다. 그래서 미국의 몇몇 주는 앨런 명령을 금지한다.

근거로 보강이 되어야 성공적인 논증이 된다. 그다음에 우리나라의 많은 국민이 동의하기까지 하니 이 얼마나 좋은가, 또는 선진국 대열에 끼기까지 하니 이 얼마나 좋은가 하는 식으로 주장해야 한다.

이제 대중에의 호소도 스케일이 커져서 우리나라 정도로는 대중이라고 할 수 없다. 전 세계 정도는 되어야 한다. 이른바 글로벌스탠더드(세계표준)를 거론하는 것도 대중에의 호소다. 사형제 폐지를 주장하는 사람들로서는 사형제 폐지가 글로벌스탠더드다. 거기에 호소하는 것은 우리나라 국민들의 여론에 호소하는 것보다 훨씬 더 호소력이 크다. 물론 그것에만 의존해서 사형제 폐지를 주장하는 것은 약한 논증이라고 했다. 그러나 사형제 폐지 쪽이나 존치 쪽 모두 대중에의 호소 논증만을 사용하고 이를 보강할, 별도의 논증을 제시하지 않은 상태라면 스케일이 큰 글로벌스탠더드에 호소하는 사형제 폐지 쪽이 유리할 수밖에 없다. 그러므로 그때는 입증의 책임 원칙^{세 번째 원칙}에 따라 사형제 존치 쪽에 입증의 책임이 생긴다. 대부분의 선진국에서 사형제를 폐지했을 때는 우리나라 국민들만 사형제에 찬성했을 때보다 뭔가 더 그럴듯한 이유가 있을 것이라고 생각할 수 있기 때문이다. 따라서 사형제 존치 쪽은 자비로운 해석의 원칙^{첫 번째 원칙}에 따라 그 이유에 귀를 기울이고 반박할 책임이 있는 것이다. 그렇지 못하는 이상 우리는 사형제 폐지 쪽의 손을 들어줘야 한다.

역사는 진보한다고들 말한다. 특히나 인권 의식은 과거에 비해 성숙해져간다. 역사가 진행됨에 따라 노예, 여성, 어린이, 유색 인종에 곰비임비 인권이 부여되었음을 돌이켜보라. 사형제 폐지도 그런 진보 또는 계몽의 한 과정이다. 그 흐름을 거스르는 것을 '퇴행' 또는 '퇴보'라고 부른다. 물론 거꾸로 갈 수도 있다. 그러나 그러기 위해서는 그래야만 하는 강력한 근거를 제시할 책임이 있다. 역사를 거꾸로 돌리는 사람들이 비난받는 논리적인 이유는 바로 이 책임을 다하지 못하기 때문이다.

"계속 그러면 재미없어" : 공포심에의 호소

공포심은 무서운 감정을 뜻한다. 공포심에 호소하는 논증은 상대방에게 무서운 감정을 갖도록 만들어서 어떤 주장을 받아들이게 하는 논증이다. 보통 논리학에서는 공포심 대신에 **힘에의 호소**라는 말을 더 많이 쓰는데 힘을 이용해서 공포심이라는 감정을 불러일으키는 것이 목적이고, 또 힘보다는 공포심이 더 무서워 보이므로 이 책에서는 **공포심에의 호소**라는 말을 쓰겠다.

주장을 관철시키기 위해 공포심을 이용하는 것은 아이나 어른이나 똑같다. 아이들은 "너, 내 말 안 들으면 죽어!"라고 겁을 주어서 자신의 말을 듣게 한다. 어른들은 좀 더 세련되게(?) "당신, 내 말 안 들으면 재미없어!"라고 말하지만 협박이라는 본질은 다르지 않다. 그런 협박은 개인들 사이에서뿐만 아니라 기업 간에도, 국가 간에도 이루어진다. "우리에게 협조하지 않으면 불이익을 받을 것"이라고 점잖게 말하기도 하고 "불바다를 만들겠다."고 노골적으로 말하기도 한다. 그래서 자신의 요구 사항을 받아들이게 한다. 공포심은 정치에서도 즐겨 사용된다. 미국은 9·11 이후 테러에 대한 공포심을 이용해서 편하게 통치한다. 그리고 군수 업체들은 그 공포심을 이용해서 돈을 벌기도 한다. 우리나라에서 과거 북한의 위협을 이용해서 권력을 유지한 것과 비슷하다.

공포심에 호소하는 것은 대중에 호소하는 것처럼 논점에 맞기도 하고 벗어나기도 한다. 400여 년 전의 종교재판은 두려움의 대상이었다. 당시 로마교황청은 바로 그 종교재판을 통해 갈릴레이가 지동설을 철회하게 했다. 그러나 그렇다고 해서 천동설이 옳은 것은 아니다. 이때의 공포심은 어떤 주장의 옳고 그름과는 아무 상관이 없다. 지동설은 논증으로 되어 있다. 지동설을 비판하려면 그 논증 자체를 비판해야 하는데 거기서 공포심이 할 수 있는 역할은 아무것도 없다.

그러나 공포심이 적절한 경우도 많다. 공포심은 홍보나 광고에서 많이 이용된다. (사회과학에서는 이것을 '공포 소구'라는 어려운 말로 부른다. '소구'라는 말은 국어사전에도 안 나오는데 어디서 나온 말인지 모르겠다.) 금연

논리 법정

호주제의 협박

헌법재판소는 민법의 동성동본 금혼 조항에 대해서는 1997년에, 호주제에 대해서는 2005년에 헌법불일치를 선고한다. 그런데 그 토론 과정에서 동성동본 혼인을 찬성하거나 호주제에 반대하는 관련 단체들이 협박에 시달려야 했다. "한국을 떠나라." 라는 욕설이나 강연 방해가 이어졌다. 재판관들에게도 문중이나 유림 쪽의 압박이 전달

광고는 세계 어느 나라에서나 담배를 피웠을 때 생기는 섬뜩한 결과를 보여주는 방식으로 제작된다. 청소년 흡연으로 골머리를 앓고 있는 고등학교에도 흡연자의 허파 사진을 실은 포스터가 걸려 있다.

금연뿐이 아니다. 알코올 중독, 에이즈, 원하지 않는 임신 등의 위험을 경고하는 광고도 그 폐해를 보여준다. 고속도로 휴게소에는 참혹한 교통사고 사진을 전시함으로써 안전운전을 강조한다. 이런 광고들이 말하고자 하는 결론은 무엇이겠는가? 당연히 담배를 피우지 말자, 술을 적당히 마시자, 안전운전을 하자는 주장이다. 이 광고는 지동설과 달리 논증이 아니라 실천 의지를 북돋우는 데 목적이 있다. 섬뜩하고 참혹한 모습들을 보고 사람들이 바로 행동에 나설지는 모르겠지만, 다시 말해서 이 광고들의 효과가 어느 정도인지는 잘 모르겠지만 광고가 불러일으키는 공포심이 광고의 논점과 상당히 관련이 있는 것만은 분명하다. 의지가 박약하고 조심성이 없는 사람들에게 신속한 방법으로 정보를 제공해주고 경각심을 불러일으키기 때문이다.

되었다. 얼마든지 동성동본 혼인을 반대할 수 있고 호주제에 찬성할 수도 있다. 그러나 협박과 방해는 자유로운 토론을 가로막는다는 점에서 공포심에 호소하는 오류다. 반면에 토론 과정에서 "호주제가 폐지되면 가족이 붕괴된다."고 주장한다고 하자. 가족이 붕괴된다니, 흠, 이게 사실이라면 좀 무섭다. 역시 공포심에 호소하고 있다. 그러나 상대방의 반박 논증이 얼마든지 뒤따라 나올 수 있고, 또 반박 논증을 내는 걸 방해하지 않으므로 오류는 아니다.

공포심에 호소하는 논증 역시 올바른 논증인지 아닌지를 판단하기 위해서는 일단 그 논증을 통해 주장하는 바가 무엇인지를 분명히 해야 한다. 상대방이 "너, 내 말 안 들으면 죽어!"라고 말했을 때 그 사람이 하고자 하는 주장은 "내 말을 들어야 한다."일 수 있다. 그 사람의 위협이 무서워서 그 말을 듣는 것에 무슨 문제가 있는 것은 아니다. 위험이 있으면 피하는 것이 생존 본능이다. 왜 당당하게 맞서지 않고 그런 사람의 말을 듣느냐고 할지 모르지만 그것은 논리적인 차원의 문제가 아니다.

이번에는 이 논증이 말하고자 하는 주장이 "내 말은 맞는 말이다."라고 해보자. 만약 그렇게 생각한다면 공포심에 호소하는 논증은 논점에서 일탈하게 된다. 방금 말한 것처럼 그 사람의 말을 들은 것은 무서워서지 그 사람 말이 맞아서가 아니기 때문이다. 반면에 금연 광고 같은 경우 그 광고의 주장은 담배를 피우지 말라는 말을 들으라는 것이기도 하지만 그 광고의 내용("담배를 피우면 이런 꼴이 된다.")이 맞다는 것이기도 하다. 담배를 피우면 정말로 그런 꼴이 된다. 그래서 그때는 주장을 어느 쪽으로 해석하든 논점에서 벗어나지 않는다.

계급장 없는 세상을 위하여 : 협박과 경고

자비심을 발휘하여 상대방의 논증에서 주장을 분명히 파악해야 한다는 말은 어느 논증을 해석할 때나 공통으로 적용되는 것이다. 그런데 공포심에의 호소에는 특별히 주의할 것이 있다. 공포심을 이용하는 논증이 오류가 되는 이유는 자유로운 토론을 방해하기 때문인 경우가 많다. 다시 말해 입증의 권리 원칙세 번째 원칙 을 어기는 것이다. 힘 있는 사람이 "입 닥쳐!"라고 말했다고 하자. 이 주장에 반론이 가능한가? 가능하지 않다. "입 닥쳐!"는 극단적인 경우이고 "너, 내 말 안 들으면 죽어!"라는 논증을 보자. 여기에도 반론은 물론이고 비판적인 질문조차 불가능하다. 무슨 반론이라도 했다가는 그것은 곧 '내 말'을 안 들은 것이 되고 결국에는 정말 죽기까지는 않겠지만 상당한 보복을 당할 것이라고 느끼기 때문이다. 그래서 꼼짝없이 상대방의 주장을 받아들일 수밖에 없다. 공포심에 호소하는 논증이 오류인 까닭은 바로 이렇게 자유로운 토론을 가로막기 때문이다.

물론 모든 공포심에의 호소가 항상 토론의 진행을 방해하는 것은 아니다. 앞서 말한 금연 광고를 보자. 이 광고는 분명히 공포심으로 흡연자를 위협한다. 그렇다고 해서 흡연자가 아무런 반론도 할 수 없는 것은 아니다. "그래도 난 담배 피울래."라고 말하는 사람도 있을 테고 "담배가 해롭다는 정보는 말짱 거짓말"이라고 반박하는 사람도 있을 것이다. 그래봤자 그 사람들은 결국 폐암에 걸려 죽겠지만 그 폐암은 광고를 만든 사람이 강제로 걸리게 한 것이 아니다. 그런 점에서 공포심을 이용하는 각종 공익광고들은 '위협' 또는 '협박'을 한다기보다는 '경고'를 한다고 말하는 편이 더 옳을 것이다.

법률도 우리에게 그런 의미의 경고를 한다. 법률은 이러이러한 것을 어기면 저러저러한 처벌을 받는다고 말한다. 거기에는 분명히 안 지키면 안 된다고 생각하게 한다는 점에서 구속력이 있다. 그러나 우리는 법의 정당성과 공정함을 의심할 수 있고 거기에 도전할 수 있다. 합리적인 토론으로 법률 개정을 논의할 수 있고, 그게 뜻대로 안 되면 불복종운동도 할 수 있다. 그런 점에서 법률은 일종의 공포심에 의존하고 있지만 오류는 아니다.

노사협상도 마찬가지 기준으로 판단할 수 있다. 노측은 파업으로, 사측은 직장폐쇄로 상대방을 위협한다. 어떤 이익을 두고 밀고 당기는 협상을 하고 있으므로 그런 위협을 쓸 수도 있고 사실 그런 위협이 유용하기도 하다. 파업은 헌법에 보장된 권리이고 직장폐쇄 역시 법률로 가능하기 때문이다.

그러나 합리적인 토론에서는 그런 위협에 반론의 여지를 항상 남겨두어야 한다. 파업이나 직장폐쇄의 정당성에 대해 반론을 제기할 수 있고(입증의 권리 원칙^{세 번째 원칙}) 또 거기에 대해 답변할 책임을 진다면(입증의 책임 원칙^{세 번째 원칙}) 거기에 호소한다고 해도 잘못된 논증 방법은 아니다.

우리나라에서는 토론을 하다가 토론을 종료시키는 마법과 같은 말이 하나 있다. "너, 몇 살이야?"가 바로 그것이다. 나이는 사람의 개인적인 특성에 해당하므로 나이를 거론하는 것은 8장에서 말한 사람에의 호소도 된다. 그런데 "너, 몇 살이야?"라고 말하는 사람은 나이로 상대방을 위협하려는 것이므로 공포심에 호소하는 것이기도 하다. 그 사람에게 나이는 무기가 된다. (요즘 여자들의 경우에는 나이가 한 살이라도 어린 것이 무기다. 물론 이때의 나이는 위협의 수단은 아니지만 감정의 하나인 것은 마찬가지다.) 나이를 들이대면 상대방은 더 이상 어떤 말도 할 수가 없다. 무슨 말을 해도 "나이도 어린 놈이 말대꾸한다."는 말이 돌아올 것이다. 불리하면 판을 뒤엎어버리는 보리바둑과 같다. 나이에 호소하는 것은 이렇게 자유로운 토론을 방해한다는 점에서 잘못된 논증이다.

우리나라에서는 직위도 나이처럼 토론의 진행을 가로막는 위협 요소가 된다. 부하 직원은 상관이 꼭 강압적으로 말하지 않아도 자유롭게 반론을 제기하기가 어렵다. 심지어 자유롭게 토론을 해야하는 선생님에게도 학생들은 지레 겁을 먹고 질문도 하지 않는다. 그

나이와 말 : "민쯩 까봐!"라는 말이 유행어로 쓰이는 데서 알 수 있는 것처럼 우리나라에서는 꽤 많은 싸움이 나이 때문에 벌어진다. 그런데 이런 현상이 우리나라의 전통은 아닌 것 같다. 여러 어른들의 증언에 따르면 과거에는 열 살 차이까지는 친구로 지냈다고 한다. 그런데 요즘에는 한 살만 차이가 나도 깍듯이 존대를 하기를 원한다. 계급 관계를 중요하게 생각하는 군대 문화 때문이라고 분석하는 사람들도 있다. 정확한 이유야 사회과학자들이 밝혀주겠지만, 나이를 따지는 문화가 자유로운 토론에 방해가 되는 것은 분명하다. 만나면 나이부터 따지는 이유는 존대를 해야 할지 반말을 해야 할지 고민이 되기 때문이다. 논리적인 사고를 위해서라도 나이와 상관없이 서로 말을 놓거나 존대를 하는 문화를 만들어야 할 것 같다.

래서 "계급장 떼고 맞짱 뜨자!"라는 말이, 상스럽게 들리기는 하지만, 자유로운 토론을 가능하게 한다는 점에서 논리적인 사고에는 딱 적합한 말이다. 나이라는, 계급이라는, 신분이라는 '계급장'이 없어야 토론이 자유롭게 진행되기 때문이다.

정리하면 공포심에 호소해서 논증을 하더라도 거기에 비판적으로 질문할 수 있다면 오류가 아니다. 논증을 하는 사람으로서는 공포심을 주더라도 그런 반론을 얼마든지 받아들일 수 있다면 오류를 저지르는 것이 아니다. 공포심에 호소하는 논증을 받아들이는 사람으로서도 항상 그 공포심을 비판적으로 따져 물을 줄 알아야 논리적인 사람

이 된다. 배울 만큼 배운 엄마, 아빠도 지금부터 준비하지 않으면 뒤처진다는 사교육 업체들의 '협박'에 못 이겨 아무런 반성 없이 아이들을 유치원부터 입시경쟁에 뛰어들게 한다. 채찍질하면 나아가는 동물과 전혀 다를 바가 없다.

시청자의 눈물 : 동정심에의 호소

대중에의 호소와 공포심에의 호소를 살펴보았으므로 이제 동정심에의 호소가 어떤 논증이고 어떨 때 올바른 논증이 되는지 대충 짐작할 것 같다. 동정심은 글자 그대로 불쌍하게 느끼는 감정이다. 그것에 의존해서 어떤 주장을 하는 것이 **동정심에의 호소 논증**이다. 텔레비전을 보면 동정심에 의존하는 프로그램이 많다. 멀리는 아프리카에서 굶어 죽는 아이들부터 가까이는 우리 주변에서 어렵게 사는 독거 노인이나 소년소녀 가장까지 가여운 모습을 영상으로 생생하게 보여준다. 그 프로그램의 의도는 당연히 보여주는 데서 그치는 것이 아니라 불쌍한 이웃을 도와달라는 주장을 하는 것이다. 만약 그 프로그램을 보고 시청자들이 눈물을 흘리는 데서 그친다면 그것은 문제의 본질을 흐리는 것이다. 그러나 프로그램의 의도는 대체로 성공적이어서 많은 사람들이 후원회에 가입하거나 ARS 전화로 후원을 한다. 이 경우 동정심은 주장을 위해 적절한 수단이다. (요즘에는 이런 동정심을 노리는 스팸 메일도 많다. 그 경우는 상대가 정말로 동정심을 보낼 대상인지가 분명하지 않으므로 그 메일에 '낚이는' 것은 논리적인 오류는 아니다.)

그러나 본질을 흐리는 동정심도 많다. 논리학 교과서에는 학점을 달라고 애원하는 학생이 자주 예로 등장한다. F를 받을 학생이 교수에게 찾아와서 "집안 사정이 어려워서 알바를 하느라고 수업도 못 듣고 시험지도 백지로 냈습니다. 제발 F는 주지 말아주십시오."라고 애원한다고 하자. 불쌍하기는 하다. 그러나 학점은 학칙에 따라 처리하도록 되어 있다. 혹시 학칙에 집안 사정이 어려워서 F학점을 받게 된 학생을 구제해주라는 조항이 있다면 모를까, 그렇지 않다면 학점은 학생의 성취 점수에 따라 부과해야 하므로 동정심은 논점에서 벗어난다. 좀 인정머리 없어 보이지만 논리적으로는 냉정할 필요가 있다.

사형제 논의도 다시 보자. 흉악한 살인범에게 희생당한 피해자는 분명히 불쌍하다. 그 동정심은 정당하다. 더구나 희생자에 대한 동정심은 전 국민의 것이므로 사형제 존치론은 동정심뿐만 아니라 대중에 호소하고 있기도 하다. 그만큼 호소력이 더 있다. 그러나 그 동정심은 피해자 또는 피해자의 유가족들을 향해야 한다. 그러지 않고 흉악범을 향하게 되면 논점을 벗어나게 된다. 피해자가 불쌍하다고 범인을 죽이자는 것은 구시대의 보복 형벌관일 뿐이다. 사형제 존치론이 옳지 않다는 것이 아니다. 그 주장의 근거로서 동정심은 논점을 일탈했거나 다른 증거에 의해 보강되어야 할, 기껏해야 약한 근거일 뿐이라는 것이다.

동정심에의 호소 논증도 오류 여부를 밝히기 위해서는 대중에의 호소 논증과 공포심에의 호소 논증에 적용했던 방법론을 이용하면 된다. 우선 동정심에 호소하는 논증이 무슨 주장을 하는지 분명히 하자. 굶어 죽는 아프리카 어린이들의 모습을 보여주는 광고의 주장이 "굶어 죽는 아프리카 어린이들을 돕자."라고 하자. 측은지심이 행동으로 연결되는 것은 오히려 권장할 일이므로 동정심과 이 주장은 관련이 있다.

그것이 아니라 "굶어 죽는 아프리카 어린이들을 돕기 위해 우리 단체에 기부하라."가 이 광고의 주장이라고 해보자. 안쓰러운 마음 때문에 기부를 결정했다고 해도 꼭 그 단체에 기부해야 하는 것은 아니다. 현명한 기부자라면 그 자선단체가 기부금을 제대로 전달하는지, 단체 운영비로 너무 많은 돈을 쓰지는 않는지 면밀하게 살필 것이다. 그러

정상참작

논리 법정

동정심은 판결에도 영향을 미친다. 정상참작이 그것이다. 어려운 가정 환경에서 자랐다든가 노모를 봉양하고 있다든가 분유 값이 없다든가 가정 폭력이 원인이었다든가 하는 이유로 형량을 줄여주는 것이다. 이것은 법률에도 보장되어 있고 논점에서 일탈하지도 않는다. 그러나 "저 피고인의 범죄는 생계형 범죄이므로 무죄입니다."라고 주장한다고 하자. 정상참작이 되더라도 그것은 감형의 사유지 무죄의 사유는 아니다. 그러므로 그런 주장은 동정심에 호소하는 오류다. 국내에서는 드문 법정 소설인 손아람의 《소수의견》은 경찰에게 폭행당하는 아들을 구하기 위해 경찰을 때려 죽인 아버지를 국민참여재판 제도에 의해 재판하는 장면이 나온다. 검사는 배심원들에게 이렇게 말한다. '배심원 여러분들은 피고인에게 이런 동정심을 가질 수도 있을 겁니다. 설마 피고인이 죽일 생각으로 경찰을 때렸겠는가. 아들이 혼수 상태에 빠졌으니 흥분해서 자기도 모르게 일을

므로 동정심은 그 주장에 대해 논점을 일탈했거나 기껏해야 약한 근거가 될 수 있을 뿐이다. 한편 동정심에 호소할 때도 그 논증이 자유로운 비판을 막는지 살펴보아야 한다. 물론 동정심은 공포심만큼 토론을 방해하지는 않는다. 그러나 다들 불쌍하게 생각하는 상황에서 혼자만 비판적인 질문을 해서 인정머리 없는 사람처럼 보인다면 그것도 결국에는 자유로운 토론을 방해하는 효과가 생긴다.

기부 프로그램도 그렇지만 동정심에의 호소는 시각적인 요소를 많이 이용한다. 불쌍한 모습은 말로 듣는 것보다 눈으로 보는 것이 확실

저지른 게 아니겠는가. (…) 맞습니다. 당연히 그런 동정심이 들겠지요. 하지만 제가 감히 말하건대, 배심원 여러분들은 피고인에게 동정심을 가질 필요가 없습니다. 왜냐하면 법률이 이미 피고인을 동정했기 때문입니다. 제가 피고인을 살인이 아닌 치사라는 죄목으로 기소한 것이 그 증거입니다. 치사란 바로 피고인 박재호 씨처럼 죽일 의도가 없었는데 사람을 죽인 경우에 적용되는 죄목입니다. 여러분은 동정심이 고려된 죄목의 평결에 다시 동정심을 반영시킬 필요가 없다는 거지요." 동정심이 실제 법률에서도 발휘될 수 있음을 보여주는 발언이다. 프롤로그에 소개된 영화 〈12명의 성난 사람들〉에서 어떤 배심원은 "이 애는 평생 학대받고 살았어요. 가난하게 태어나서 아홉 살 때 엄마가 돌아가시고 아버지가 위조범으로 감옥에 가자 고아원으로 갔죠. 순탄한 삶은 아니었고 아이는 거칠고 반항적이죠. 왜 그럴까요? 매일 맞고 자랐으니까요." 라고 말했다. 배심원의 역할은 유무죄를 평결하는 것이다. 이 불쌍함이 무죄 평결의 근거가 된다면 그것은 동정심에 호소하는 오류다.

하게 전달되기 때문이다. 그러나 그 정도가 지나칠 때도 논점을 흐리게 된다. 동정심을 통한 논증이 아닌, 동정심 자체에 몰두시키기 때문이다. 2002년 우리나라에서는 미군 장갑차에 의해 여중생 두 명이 압사하는 사건이 있었다. 이 사고를 한미주둔군지위협정의 부당함을 지적하는 계기로 삼으려는 측에서는 그 사고의 잔혹한 사진들을 길거리에 전시했다. 그 사진은 피해자에 대한 동정심을 넘어 참혹함을 느끼게 만든다. 문화평론가인 진중권 씨는 한 칼럼(2003년 〈씨네 21〉 407호)에서 이 사진 전시를 광주항쟁 피해자의 사진 전시와 비교했다. 1980년의 광주항쟁은 당시 군사정권이 사실 자체를 부인했기 때문에 사진이 반대 논증의 근거로 쓰였다. 비록 잔혹한 사진이지만 사진의 공개가 필요했던 것이다. 그러나 미군 장갑차 피해자의 사진은 그것과 경우가 다르다는 것이다. 이미 우리나라 국민은 그 사건의 진상을 알고 있고 한미주둔군지위협정의 부당함도 많이 알고 있었다. 그런 상황에서 잔혹한 사진을 전시하는 것은 사건의 본질을 드러내지 못한다는 것이다. "그 사진이 발휘하는 힘은 어떤 비논리적인 것, 즉 인간의 피가 불러일으키는 어떤 원시적인 감정의 선동"이라는 진 씨의 지적은 정확하다.

낙태 반대 캠페인도 비슷한 성격을 띤다. 낙태 반대론자들은 길거리에서 낙태 시술된 태아의 처참한 사진을 보여준다. 낙태 논쟁의 본질은 태아가 인간인가 아닌가에 있다. 인간이 아닌 어떤 동물의 사체 사진이든 동정심을 불러일으킨다. 그러므로 낙태 시술된 태아의 사진은 낙태 논쟁에 기여하는 바가 별로 없고 논점만 흐린다. 낙태를 반대하

기 위해서는 그 태아가 불쌍하든 불쌍하지 않든 인간임을 보여줘야
하는 것이다.

● 실전 논리 비법 : 감정은 참조만 하라

감정은 다른 사람을 설득할 때 아주 좋은 수단이 된다. 하지만 감정에 호
소하는 것이 현재 논점에서 일탈하지 않는지 주의해야 한다. 가장 먼저
대중 또는 공포심 또는 동정심에 호소하는 논증들이 무엇을 주장하려고
하는지 분명하게 하라. 주장이 무엇이냐에 따라 그 감정들이 논점을 일탈
하기도 하고 논점을 약하게 지지하기도 한다.

대중의 의견이든 공포심이든 동정심이든 감정을 이용하는 논증은 거기에
한 번 더 주목하게 하는 효과가 분명히 있다. 그러나 그것만으로는 주장
을 지지하는 증거가 되지 못한다. 다른 객관적인 증거에 의해 보강되어야
한다. 그런데 그 감정과 객관적인 증거가 충돌하면 어떻게 할까? 좀 메말
라 보이지만 그때는 근거의 목록에서 그 감정을 제외하라. 감정이 모두
올바른 것은 아니므로 그 감정 자체도 검증의 대상이기 때문이다. 특정
법률이나 정책을 옹호할 때 '국민의 법 감정'이라는 말이 자주 쓰인다.
그런데 법 감정이라는 것이 무조건 존중받아야 할 대상인가? 그렇지 않
다. 그저 약한 참고 사항이 될 뿐이다. 그리고 혹시 다른 객관적인 증거나
전문가의 판단과 충돌할 때는? 아쉽지만 그 감정은 잊어버려라. 논리적인
사고에서는 분명 이성이 감정보다 우선하기 때문이다.

Chapter 10

"코카콜라 여섯 병에
펩시 세 병을 섞어 팔라니……"

유비

　　우리가 인터넷 검색을 위해 사용하는 익스플로러(IE)는 마이크로소프트 사에서 만든 브라우저다. 특히 우리나라에서는 대부분의 인터넷 사용자들이 IE를 이용한다. 1998년 미국 법무부는 마이크로소프트 사가 반독점법을 위반했다고 소송을 냈다. 당시 마이크로소프트 사의 운영체제인 '윈도우98'은 운영체제의 90퍼센트를 장악하고 있었는데 그 독점적 지위를 이용해서 IE를 끼워 팖으로써 자유경쟁을 위반했다는 것이다. 마이크로소프트 사는, 예컨대 다른 브라우저인 넷스케이프가 윈도우98과 함께 판매되는 것을 허용하지 않는다는 것이다. 이 소송에 대해 마이크로소프트 사의 CEO인 빌 게이츠는 이렇게 말했다.

법무부의 요구는 코카콜라 여섯 병들이 묶음에 펩시콜라 세 병을 섞어 팔라는 것과 같다.

예수는 유비 천재

서양인의 사랑은 확 달아올랐다가 확 식는다고 한다. 반면에 한국인의 사랑은 은근히 뜨거워졌다가 은근히 식는다고 한다. 정말 그런지는 잘 모르겠다. 어쨌든 그렇다고 치자. 이어령 선생은 서양인의 사랑은 난롯불에, 한국인의 사랑은 온돌에 비유한다. 확 달아올랐다가 확 식는 것을 난롯불에, 천천히 뜨거워졌다가 천천히 식는 것을 온돌에 빗댄 것이다. 이런 것을 **비유** 또는 **유비**라고 한다.

여기 두 현상이 있다. 한 현상은 우리에게 잘 알려져 있는 반면 다른 현상은 그렇지 않다. 그런데 두 현상은 비슷한 점이 많다. 그래서 잘 알려져 있는 현상이 가지고 있는 특징을 이용해서 다른 현상의 특징을 설명하는 것, 그것이 유비다. 유비는 대화나 글에서 흔히 쓰는 방법이다. 예수는 유비의 천재였다. 성경은 각종 유비로 가득 차 있다. 부자가 천국에 가는 것이 어렵다는 말을 하기 위해 낙타가 바늘구멍에 들어가는 것에 비유하거나 하느님이 천하고 어려운 사람을 돕는다는 말을 하기 위해 목동이 99마리 양보다 길 잃은 한 마리 양을 찾으러 가는 것에 비유하는 식이다. 이런 비유는 크리스트교를 믿지 않는 사람에게도 유명하다. 지식 수준이 그리 높지 않은 민중을 가르쳤던 예수로서는 유비만큼 좋은 교육 방법도 없었을 것이다.

사실 이런 식의 유비는 논증이 아니다. 이어령 선생이나 예수는 설명을 하는 것이지, 근거와 주장까지 갖추어서 논증을 제시하는 것은 아니기 때문이다. 애초에 근거 제시의 원칙^{두 번째 원칙} 을 지키지 않았으므로 논증이 아니다. 그냥 자신들의 설명을 이해하기 쉽게 비유한 것뿐이다. 낙타가 바늘구멍에 들어가는 일은 절대 일어날 수 없다는 사실을 우리는 잘 알고 있다. 그것을 알고 있는 사람이라면 예수는 부자가 천국에 가는 일은 절대 일어날 수 없다는 사실을 말하려 한다는 것을 쉽게 이해할 수 있다. 그러나 그 유비가 예수의 주장을 뒷받침하는 근거가 되지는 않는다. 즉 낙타가 바늘구멍에 들어가는 일이 정말 어렵다고 해서 부자가 절대로 천국에 갈 수 없다는 예수의 주장이 더 그럴 듯해지지는 않는다.

논증 없는 유비는 흔하다. '시간이 화살과 같다'나 '독서는 마음의 양식'처럼 유비라는 생각이 안 들 정도로 자주 쓰이는 표현도 많다. 그러나 빌 게이츠의 경우는 논증을 하고 있다. 그는 미국 법무부의 요구가 잘못되었음을 주장하고 싶어 한다. 그 근거로 코카콜라 여섯 병들이 묶음에 펩시콜라 세 병을 섞어 팔라고 요구하는 것은 말이 안 된다고 한다. 코카콜라 여섯 병들이 묶음에 펩시콜라 세 병을 섞어 파는 것이 말도 안 되는 현상임을 이미 누구나 알고 있다. 빌 게이츠는 윈도우98에 넷스케이프를 끼워 팔라는 것도 그 현상과 비슷하다고 생

식스팩: 미국에서는 콜라나 맥주를 여섯 병씩 묶어서 판다. 그것을 식스팩(sixpack)이라고 부른다. 그런데 식스팩은 잘 발달된 복근을 가리키기도 한다. 복근이 여섯 개의 덩어리로 불거져 나와 보여서 그런가 보다. 그러나 식스팩 콜라나 맥주를 많이 마시면 절대 식스팩은 생기지 않는다!

예수님은 비유의 천재

잘 알려져 있는 것의 특징을 이용해 어려운 내용을 설명하는 것을 유비라고 한다.
역사상 가장 유비를 잘 쓴 사람을 꼽으라면 단연 예수가 으뜸이다.
지식 수준이 그리 높지 않은 민중을 가르쳤던 예수로서는
유비만큼 좋은 교육 방법도 없었을 것이다.

각한다. 따라서 코카콜라의 사례가 터무니없다면 윈도우98의 사례도 터무니없다는 것이다. 이것이 빌 게이츠의 논증이다. 이렇게 유비를 통해 논증을 하는 것을 **유비 논증**이라고 부른다.

같은 것에서 같은 것으로

우리의 관심은 당연히 단순한 유비가 아니라 유비 논증에 있다. 1장에서 들었던 논증의 예를 다시 보자(여기서 변호사는 전 국립암센터 원장이며 금연운동가인 서울대 의대 박재갑 교수를 대변한다).

> 변호사 : 흡연은 불법화해야 합니다.
>
> 판　사 : 자세히 말씀해보세요.
>
> 변호사 : 다른 식품은 발암물질이 조금이라도 발견되면 몽땅 폐기 처분하
> 잖습니까?
>
> 판　사 : 그렇지요.
>
> 변호사 : 담배에는 62가지의 발암물질이 들어 있습니다. 그런데 왜 없애지
> 않습니까?

변호사는 흡연을 불법화해야 한다는 주장을 하고 있다. 이 주장을 지지하는 근거는 무엇일까? 변호사는 대부분의 사람들이 동의할 만한 전제에서 출발한다. 그것은 실제로 발암물질이 조금이라도 발견되는 식품은 몽땅 폐기 처분한다는 전제다. 중국산 녹차나 장어에서 발암

물질이 발견되면 폐기 처분하는 것이 그런 예다. 이 전제에는 숨겨져 있는 원리가 있다. 그것은 "발암물질이 조금이라도 들어 있는 식품은 먹을 수 없고, 먹을 수 없는 식품은 폐기 처분해야 한다."는 것이다. 대화 형식으로 된 위의 논증을 다음과 같이 정리해보자.

비교되는 대상에 대한 진술 : 중국산 녹차나 장어처럼 발암물질이 조금이라도 발견된 식품은 몽땅 폐기 처분한다.

일반 원리 : 발암물질이 조금이라도 들어 있는 식품은 먹을 수 없고, 먹을 수 없는 식품은 폐기 처분해야 한다.

비교하는 대상에 대한 진술 : 담배에는 62가지의 발암물질이 들어 있다.

결론 : 그러므로 담배는 폐기 처분해야 한다.

이 논증은 꽤 강력해 보인다. 일반성을 띤 원리가 전제로 들어 있기 때문이다. 상대방, 곧 판사가 첫 번째 전제에 동의한다는 것은 일반적인 원리인 두 번째 전제도 받아들인다는 뜻이다. 그러면 담배는 그 일반 원리에 포섭되므로 결론을 받아들일 수밖에 없다. 이것은 받아들일 개연성이 높다는 정도가 아니라 받아들이지 않으면 안 될 정도로 아주 강한 논증이다. 사실 중국산 녹차나 장어에서는 발암물질이 하나밖에 발견되지 않았지만 담배에서는 62가지나 발견되었기 때문에 결론의 강도는 더 세어진다.

유비 논증은 이런 식으로 진행된다. 자신이 주장하고 싶은 현상과 비슷하면서 사람들이 대부분 동의하는 현상을 찾는다. 그리고 그 현상을

개연성이 높은 논증과 아주 강한 논증 : 논리학에서는 논증을 크게 **연역 논증**과 **귀납 논증**으로 나눈다. 연역 논증은 전제(근거)가 참일 때 결론(주장)이 거짓이 되는 일을 전혀 상상할 수 없는 논증이다. 예컨대 "홍길순은 처녀이므로 그녀는 여자다."라는 논증은 "홍길순은 처녀다."라는 전제가 참이라면 "홍길순은 여자다."라는 결론이 거짓이 되는 일은 전혀 상상할 수 없으므로 연역 논증이다. 그런 점에서 연역 논증은 아주 강한 논증이다. 귀납 논증은 전제가 참이어도 결론이 반드시 참은 아닌 논증이다. "내가 본 고니들은 모두 흰색이므로 고니는 모두 흰색이다."라는 논증에서 "내가 본 고니들은 모두 흰색이다."라는 전제가 참이라고 해도 "고니는 모두 흰색이다."라는 결론이 반드시 참이 되는 것은 아니다. 실제로 검은 고니도 있다. 그래서 '블랙스완(black swan)'은 개연성이 낮지만 충격을 동반하는 사건을 은유적으로 가리키는 말로 쓰인다. 귀납 논증은 12장에서 다시 다룬다.

받아들인다면 (또는 거부한다면) 이 현상도 받아들여야 (또는 거부해야) 하지 않겠느냐고 논증하는 것이다. 그 사이에는 두 현상을 모두 아우르는 일반 원리가 숨어 있다.

이런 유비 논증이 올바른 논증인지 검토하기 위해서는 두 가지를 살펴봐야 한다. 첫 번째는 비교하는 두 현상이 정말로 비슷하냐는 것이고, 두 번째는 거기에 숨어 있는 원리가 옳으냐는 것이다. 이중 첫 번째 것이 더 쉬워 보인다. 원리를 비판하는 것이 왠지 어려워 보이니까. 그러나 무엇이 비슷한지 비슷하지 않은지를 따지는 것은 참 애매한 일이다. 비슷하게 보기 시작하면 한없이 비슷하고 다르게 보기 시작하면 한없이 다르다. 하늘과 바다가 비슷한 점이 있는가? 푸르다는 점에서 같다. 코에 걸면 코걸이, 귀에 걸면 귀걸이다. 그래서 비슷함을 측정할 수 있는 기준을 정해줘야 한다. 그것이 바로 '원리'다. 따라서 두 현상이 정말로 비슷한지를 살펴야 하는 첫 번째 일도 결국 원리가 옳은지 살피는 두 번째 일과 밀접하게 연관되어 있다.

그럼 앞의 논증을 들여다보자. 여기서 원리에는 문제가 없어 보인다. 어떤 식품에 발암물질이 있다는데 아무리 조금이라도 그것을 먹어도 괜찮다고 주장할 사람이 어디 있겠는가? 당연히 몽땅 폐기 처분해야 한다. 그렇다면 문제는 중국산 녹차나 장어와 담배가 비슷한지 그렇지 않은지다. 그것들은 비슷한 점도 있고 다른 점도 있다. 녹차나 장어는 먹는 사람만 먹는다. 담배도 마찬가지다. 그러나 녹차나 장어는 남녀노소 불구하고 먹는다. 담배는 주로 성인 남자가 피운다. 그런데 그 차이가 이 원리와 관련해서 중요한 차이점인가? 그렇지는 않다. 발암물질이 있다면 남녀노소가 됐든 성인 남자가 됐든 누구에게나 치명적인 해가 된다. 발암물질이 있는 녹차나 장어는 먹는 사람에게만 피해가 가지만 담배는 피우는 당사자뿐만 아니라 주변 사람들에게도 피해를 준다는 차이점이 있다. 이것은 오히려 담배를 폐기 처분해야 할 더 강한 이유이므로 논증을 비판할 건더기는 되지 못한다.

아무리 봐도 의미 있는 차이점을 찾기가 어렵다. 그나마 찾을 수 있는 차이점은 녹차나 장어와는 달리 담배에는 중독성이 있다는 정도다. 발암물질이 들어 있는 녹차나 장어는 폐기 처분해도 큰 지장이 없다. 반면에 담배에 중독된 사람은 담배에 발암물질이 들어 있어도 당장에 끊을 수가 없다. 당장 폐기 처분하는 것은 사회적으로 커다란 혼란을 낳는다. 그래서 논증의 주장이 틀렸다고 말할 수 있을까? 중독자들을 치료할 때까지 담배를 폐기 처분할 시점을 늦출 명분은 되지만 그 주장이 틀렸다고 주장할 근거는 되지 못한다. 앞서 말한 일반 원리와 관련해서 녹차나 장어와 담배 사이에는 차이가 없다. 그런데 왜 담배를 불법화하지 않는 것일까? 아무리 생각해도 모를 일이다.

담배와 대마초 그리고 안전모

담배 이야기가 나온 김에 담배와 관련된 유비 논증을 좀 더 들어보자.

> 담배는 분명히 몸에 해롭지만 다른 사람에게 피해를 주지 않는다. 만약 담배 피우는 사람을 처벌한다면 그것은 규칙적으로 운동하지 않는 사람을 처벌하는 것처럼 웃기는 일이다. 담배를 피우는 것이나 규칙적으로 운동을 하지 않는 것이나 다른 사람에게 아무런 피해를 주지 않는다는 점에서는 똑같은데 말이다. 그렇다면 대마초를 피우는 사람은 왜 처벌할까? 대마초도 몸에 해롭긴 해도 다른 사람에게 피해를 주지 않는다는 점에서는 담배를 피우는 것이나 운동을 안 하는 것과 똑같은데 말이다.

대마초 합법화 운동을 하는 사람들이 있다. 그들 중 일부는 대마초가 담배보다 덜 해롭다고 주장하기도 한다. 이것은 의학적인 사실의 문제이므로 여기서는 건드리지 말자. 그냥 대마초가 담배만큼 해롭다고 치자. 위 논증도 유비 논증을 하고 있다. 그런데 비교의 대상이 세 가지다. 운동, 담배, 그리고 대마초가 그것이다. 이 논증에 숨어 있는 원리는 "당사자에게는 해롭지만 다른 사람에게 아무런 피해를 주지 않는 행위는 처벌할 수 없다."일 것이다. 운동을 안 하는 것, 그리고 담배와 대마초를 피우는 것은 당사자에게는 해롭지만 다른 사람에게 아무런 피해를 주지 않는다는 점에서 공통점이 있다.

이 논증이 올바른지 판단해보자. 일단 원리는 옳은가? 옳지 않아 보인다. 우리 사회에는 다른 사람에게 아무런 피해를 끼치지 않는데도 처벌하는 사례가 있다. 자동차를 탈 때 안전띠를 매지 않았거나 오토바이를 탈 때 안전모를 쓰지 않았다고 범칙금을 부과한다. 안전띠나 안전모를 착용하지 않았다고 해도 본인만 다치지 다른 사람을 다치게 하지는 않는다. 이 원리를 반증하는 사례인 것이다. 따라서 이 원리는 틀린 것 같다. 원리가 틀렸으므로 논증도 잘못되었을까? 그렇지 않다. 원리는 그대로 성립한다고 생각하면서 이 논증으로 안전띠와 안전모까지 싸잡아 비판할 수 있기 때문이다. 왜 똑같이 다른 사람에게 피해를 주지 않는데 담배 흡연은 처벌하지 않으면서 대마초 흡연이나 안전띠[안전모] 미착용은 처벌하느냐고 말이다. 따라서 원리에 대한 비판은 접어야겠다. 이 논증을 비판하기 위해서는 이 사례들 사이에 중요한 차이가 있음을 지적해야 한다.

비교 대상이 네 가지로 늘었다. 운동, 담배, 대마초, 안전띠[안전모], 이것들 사이에 의미 있는 차이가 있을까? 이 논증을 비판하는 사람은 있다고 생각한다. 안전띠[안전모]는 착용하지 않았을 때 물론 당사자만 피해를 입지만 그 피해가 너무 명백하다고 말이다. 그 피해를 알고서 막지 않는 것은 국가의 직무유기이므로 범칙금을 매긴다고 겁을 줘서라도 착용하게 해야 한다(이것을 **부권적 간섭주의**라고 부른다)고. 안전띠[안전모]와 담배의 차이점은 피해

부권적 간섭주의 : '선의의 간섭주의'라고도 한다. 아버지가 자식에게 간섭하는 것처럼 다른 사람의 사적인 행동을 규제하는 것을 가리킨다. 자유주의라고 해도 무한대의 자유를 허용하는 것이 아니다. 다른 사람에게 해를 끼치는 경우에는 그 사람의 행동을 규제한다. 그런데 부권적 간섭주의에서는 다른 사람이 아닌 당사자에게 해를 끼치는 경우에도 그 사람의 행동을 규제한다.

| 관문 효과 |

대마초 단속의 근거로 가장 흔히 내세우는 것은 대마초를 피우면
다른 마약에도 쉽게 손을 대게 된다는 것이다.
대마초가 다른 마약을 하는 관문 역할을 한다는 것인데, 이를 '관문 효과' 라고 한다.

가 명백하냐 아니냐다. 그러나 이것은 다른 점이 아니다. 담배의 폐해 역시 분명하다. 더구나 담배는 피우는 당사자뿐만 아니라 주위 사람들에게까지 민폐를 끼친다. 그런데 왜 안전띠[안전모] 미착용에 대해서는 처벌하면서 흡연은 처벌하지 않는가?

대마초와 담배가 다르다는 주장도 가능하다. 대마초를 단속하는 근거로 '관문 효과'가 많이 거론된다. 대마초 자체는 담배와 견줘 특별히 해로운 것이 아니지만 대마초를 피우게 되면 히로뽕 같은 다른 마약에 손을 대기가 쉽다고 한다. 대마초가 다른 마약으로 가는 관문이 된다는 것이다. 이런 차이점도 그리 설득력이 없어 보인다. 당사자에게 해로워도 다른 사람에게 아무런 피해를 주지 않는 행위는 처벌할 수 없다는 원리는 대마초뿐만 아니라 다른 마약에도 적용된다. 그 원리에 따르면 대마초도, 히로뽕도 처벌해서는 안 된다. 그런데 대마초를 허용하게 되면 다른 마약에까지 빠질 수 있다고 말하는 것은, 6장에서 '논란이 되는 근거는 쓰지 마라'라고 말한 것에 위배된다. 히로뽕을 처벌할 수 있느냐 없느냐가 확정된 것이 아닌데 히로뽕 복용에 대한 처벌을 당연하게 생각하고 있기 때문이다.

이 논증을 비판할 방법이 없어 보인다. 그러면 대마초 흡연을 처벌하지 말아야 한다는 결론이 나올까? 꼭 그렇지는 않다. 그 반대의 결론도 나올 수 있다. 앞의 논증은 담배와 대마초는 같은 원리의 지배를 받으므로 똑같이 취급해야 한다고 주장한다. 따라서 담배 흡연을 단속하지 않는다면 (유비에 의해) 대마초 흡연도 (더 나아가 히로뽕 복용도) 단속하지 말아야 한다는 주장도 가능하지만, 거꾸로 대마초 흡연을 단속한다면

(유비에 의해) 담배 흡연도 단속해야 한다는 주장도 가능하다.

물론 운동을 하지 않는 사람을 처벌하는 것이 웃기다고 말하는 것으로 보아서 자비로운 해석의 원칙첫 번째 원칙에 따르면 담배나 대마초나 모두 단속하지 말자는 주장으로 받아들이는 것이 더 그럴듯하다. 그러나 운동과 나머지 것들, 곧 담배, 대마초, 안전띠[안전모]의 차이는 구분할 수 있을 듯하다. 운동을 하지 않아서 생기는 폐해는 담배나 대마초 흡연, 안전띠나 안전모 미착용으로 생기는 폐해에 비해서 아주 적거나 당장 나타나지는 않는다. 그러니 운동을 하지 않는다고 처벌하는 것은 정말로 웃기다. 그렇다고 해서 다른 경우에도 처벌하지 말아야 한다는 주장이 성립하는 것은 아니다. 이러면 운동을 제외하고 담배나 대마초 모두 단속하자는 주장이 될 것이다.

잘못된 유비 논증

또 담배 논증이다. 길거리에서 흡연을 금지하자는 주장에 대해 흡연자 중에는 이렇게 주장하는 사람들이 있다. "자동차 매연에는 담배 연기 못지않게 많은 유해 물질이 포함되어 있다. 그런데 자동차가 매연을 내뿜는다고 해서 자동차를 없애자는 주장은 말이 안 된다. 마찬가지로 담배 연기를 내뿜는다고 길거리에서 담배를 못 피우게 하는 것은 말이 안 된다."

여기에 숨어 있는 원리는 "유해 물질이 있더라도 불가피한 것은 없앨 수 없다."는 정도일 것이다. 이른바 '필요악'은 있어야 한다는 것이다. 자동차의 매연과 담배 연기는 차이점이 없을까? 자동차가 매연을 내뿜는 것은 사실이다. 그러나 자동차는 모든 사람에게 도움을 준다. 문명의 이기를 거부하고 산 속에서 살겠다고 마음먹은 사람이 아니라면 자동차는 누구나 받아들이고 이용한다. 그러므로 혹시 자동차 매연이 있더라도 그것은 우리가 누리는 편리함의 대가일 뿐이다. 그러나 담배의 경우 비흡연자는 아무런 이득도 없이 담배 연기만 들이마셔야 한다. 또 자동차 매연을 줄이기 위한 노력도 다양하게 펼쳐진다. 과도한 매연은 단속하고 매연 없는 자동차를 만들기 위해 연구도 계속한다. 그러나 담배 연기에 대해서는 그러지 않는다. 자동차의 매연과 담배 연기는 같지 않다. 다시 말해 담배는 '불가피한 것'이 아니다. 따라서 흡연자의 논증은 잘못된 유비 논증이다.

첫머리에서 말한 빌 게이츠의 유비 논증을 평가해보자. 거기에 숨어 있는 원리는 "어떤 회사에 그 회사와 경쟁 관계에 있는 회사의 제품을 섞어 팔라고 요구하는 것은 터무니없다."일 것이다. 여기서 코카콜라와 펩시콜라의 비교 대상이 되는 것은 IE와 넷스케이프다.

그런데 게이츠는 법무부의 소송을 오해했다. 법무부의 요구는 IE와 넷스케이프를 묶어서 팔라는 것이 아니다. 윈도우98을 팔 때 IE를 끼워 팔지 말라는 것이다. 그래야 윈도우98을 사는 사람도 IE가 아닌 다른 브라우저를 쓸 기회가 생긴다는 것이다. IE를 쓸 것이냐 넷스케이프를 쓸 것이냐를 소비자가 선택하게 하라는 것이므로 결코 IE와 넷스케이프를 묶어 팔라는 요구가 아니다.

법무부의 요구를 게이츠 식의 유비로 말해보면 이렇다. "코카콜라

사에서 치킨 가게도 열었다. 이 치킨 가게는 치킨 시장의 90퍼센트를 장악하게 되었다. 그런데 치킨을 살 때 코카콜라를 끼워 판다. 이 끼워 팔기는 치킨을 먹을 때 펩시콜라를 마시고 싶은 사람의 선택권을 방해한다."

유비 논증이 성공하려면 역시 비교 대상 간에 비슷한 점이 많아야한다. 앞서 말했듯이 비슷한 점은 어디에나 있다. 고로 유비 논증에 숨어 있는 원리가 비슷한 정도를 판단하는 기준이 되어야 한다.

행정 중심 도시인 세종시 건설 문제가 뜨거운 논란거리다. 이전 정부에서 추진되었던 세종시 건설 계획을 이명박 대통령은 대통령선거 당시에는 원안대로 추진하겠다는 공약을 내세웠으나 취임 후에는 대폭 축소하기로 계획을 바꾸었다. 이에 대한 비판이 거세지자 당시 청와대의 이동관 홍보수석은 이렇게 말했다. "미국 링컨 대통령도 원래는 노예제 폐지에 반대했지만 남북전쟁이 시작되고 현실적 필요도 있어서 노예제 폐지를 선언했다."

이 수석이 설마 이 유비 논증에 "한 나라의 정책은 대통령이 최종 결정하는 것이니 왈가왈부하지 말라."는 원리를 담고 있지는 않을 것이다. 자비로운 해석의 원칙첫 번째 원칙 을 발휘하면 "한 나라의 미래를 걱정하는 지도자는 한때 지지했던 정책이라도 올바르지 않으면 바꿀 수 있다."라는 것이 숨은 원리일 것이다. 그는 이 원리 아래에서 링컨의 노예제 찬성과 세종시 계획 추진을 비교하고 있다. 이 두 제도는 비슷한 점도 있고 다른 점도 있을 것이다. 이 수석의 유비 논증이 적절한지를 판단하려면 위 원리와 관련해서 비슷한 점이 있는지 살펴보아야 한다.

노예제는 역사적으로 옳지 않은 제도라는 것이 밝혀졌다. 그러나 세종시 계획은 원안이 옳은지 수정안이 옳은지 논란 중이다. 그런데도 이 수석은 세종시 계획의 원안이 노예제처럼 옳지 않다고 전제하고 있다. 이 점은 국민들에게 설득해야 할 논점이지 당연하게 전제할 수 있는 것이 아니다. 논란이 되는 근거를 써서는 안 된다고 6장에서 말했다. 노예제와 세종시 계획은 중요한 점에서 같지 않다. 이 논증은 잘 못된 유비 논증이다.

바늘 도둑이 소 도둑 된다 : 미끄러운 비탈길

앞에서 담배와 대마초의 차이점은 대마초를 피우게 되면 히로뽕 같은 다른 마약에 손대기가 쉽다는 점이라는 설명이 있었다. 이런 식의 설명 방법을 **미끄러운 비탈길**이라고 부른다. 가파르게 기울어져 있는 비탈길이 있다. 이 길은 매우 미끄럽다. 그래서 그 길의 맨 위에 무엇인가를 올려놓으면 아래로 쭉 미끄러져 내려가게 된다. 아주 사소한 일이 있다. 그까짓 것 정도는 허용해도 괜찮다. 그러나 그것을 허용하기 시작하면 아주 심각한 일까지 허용하게 된다. 마치 미끄러운 비탈길에서 쭉 미끄러져 내려가는 것처럼. "바늘도둑이 소도둑 된다."라는 속담이 있다. 바늘도둑은 도둑이긴 해도 정말 별것 아닌 도둑이다. 그러나 그것을 바로잡지 않으면 결국 그는 소도둑이 되고 만다. 미끄러운 비탈길을 타고 미끄러진 셈이다. 한때 알코올 중독자였던 사람이 술을 한 방울도 안 마시려고 한다. 한 잔이야 괜찮지 않느냐고 하니 자신은 일단 마시게 되면 한 잔으로 만족할 수 없다고 말한다. 역시 비탈길에서 미끄러질까 봐 걱정하는 것이다.

미끄러운 비탈길이 논증에서 쓰이면 **미끄러운 비탈길 논증**이 된다. 이 논증은 유비 논증과 비슷하다. 비탈길 맨 위에 있는 것과 맨 아래에 있는 것이 비슷한 점이 많기 때문에 잘 미끄러지게 되는 것이다. 다만 유비 논증은 비교되는 두 현상 사이에 비슷한 점만 있으면 되지, 첫 번째 것을 선택한다고 해서 두 번째 것을 선택할 수밖에 없다는 결론이 나오는 것은 아니다. 앞서 든 유비 논증으로 보면 중국산 녹차나 장어처럼 발암물질이 들어 있는 음식을 먹는다고 해서 그다음 단계로 담배를 피우게 되는 것은 아니다.

모든 유비 논증이 미끄러운 비탈길 논증은 아니지만 모든 비탈길 논증은 유비 논증이다. 그래서 미끄러운 비탈길 논증도 유비 논증처럼 비탈길 양끝에 있는 현상들 사이에 결정적인 차이점이 있다면 잘못된 논증이 된다. 비유적으로 말하면 비탈길 중간에 미끄러짐을 막는 버팀목이 있다면 그 비탈길에 발을 내딛더라도 쭉 미끄러지지는 않는다. 예컨대 대마초는 중독성이 별로 없지만 히로뽕은 중독성이 아주 강하다는 차이점이 있다고 해보자. 그러면 대마초에 손을 대더라도 중독성이라는 버팀목 때문에 히로뽕까지 미끄러져 내려가지 않게 된다. 물론 대마초의 관문 효과를 주장하는 사람들은 중독성 때문에 미끄러지는 것이 아니기 때문에 그런 버팀목은 있으나 마나라고 대답할 것이다. 대마초를 시작하는 사람이 결국 히로뽕에 손대는 까닭은 둘 다 중독성이 있어서가 아니라 둘 다 범죄 집단이 취급하는 것이기 때문이다. 그래서 대마초를 하다 보면 자연스럽게 히로뽕도 하게 된다. 그런 점에서 미끄러운 비탈길을 탄다. 일리 있는 지적이다. 그러나 대마초나 히로뽕이 합법화되면 어떨까? 그러면 더 이상 범죄 집단의 소유물이 아니게 된다. 조직폭력배가 담배를 거래하지 않는 것처럼 말이다. 그때는 대마초와 히로뽕 사이에 더 이상 미끄러운 비탈길이 없지 않을까?

안락사를 반대하는 사람들도 안락사가 미끄러운 비탈길을 타고 미끄러져서 히틀러의 장애인 학살 같은 대량학살이 일어날 것이라고 주장한다. 더 이상 치료가 불가능하다고 생각되는 환자들은 살 만한 가치가 없다고 생각되어 안락사를 허용하게 된다. 그러면 살 만한 가치가 없다고 생각되는 범주를 자의적으로 판단하여 장애인, 정치범, 다른 인종 등에까지 점점 확장한다는 것이다. 그러나 이 논증은 이 비탈길에 결정적인 버팀목이 있음을 간과하고 있다. 민주주의 사회라면 안락사는 본인 또는 가족의 사전 동의와 중립적인 위원회의 판단에 의해서 시행된다. 그리고 비민주적인 사회라면 '살 만한 가치가 없다'고 생각되는 사람을 굳이 안락사로 위장해서 죽일 필요가 없다. 안락사를 반대하는 미끄러운 비탈길 논증도 실패한 논증이다.

상대방에 대한 배려가 없을 때, 곧 역지사지의 원칙^{첫 번째 원칙}을 적용하지 않을 때 잘못된 미끄러운 비탈길 논증이 쓰이게 된다. 1792년 여성해방론의 선구자인 메리 울스턴크래프트(Mary Wollstonecraft)가 《여성의 권리 옹호(Vindication of the Rights of Woman)》라는 책을 냈다. 이 책의 견해가 터무니없다고 생각한 사람이 익명으로 《짐승의 권리 옹호

(Vindication of the Rights of Brutes)》라는 풍자적인 제목의 책을 냈다. 거기서 저자는 다음과 같은 요지로 울스턴크래프트를 비판했다. "여성의 평등에 대한 논증이 건전하다면 그와 같은 논증이 개나 고양이, 또는 말에 적용되어서는 안 될 이유가 무엇인가? 짐승에게 권리가 있다는 것은 말이 안 된다. 그러면 여성들이 권리를 갖는다는 추론 또한 건전하지 못하다."

현대에는 짐승에게 권리가 있다는 것이 '말이 안 된다'고 생각하지 않는 사람도 있다. 동물 권리론자들이 그들이다. 어쨌든 그것이 말이 안 된다고 해보자. 그래도 여성에게 권리를 주게 되면 미끄럼을 타게

낙태와 미끄러운 비탈길 논증

논리 법정

안락사 논쟁처럼 낙태 논쟁에도 미끄러운 비탈길 논증이 쓰인다. 재미있는 것은 낙태를 찬성하는 쪽이나 반대하는 쪽 모두 미끄러운 비탈길 논증을 사용한다는 점이다. 1990년 미국 연방 대법원은 낙태를 합법화했다. 그 재판 과정에서 미국 법무장관 특별보좌관인 프라이드(Charles Fried)는 낙태를 반대하기 위해 낙태 논쟁의 핵심은 사생활 보호가 아니라 생명이라면서 이렇게 말했다. "우리의 요구는 사생활 보호 권리라는 옷감을 몽땅 풀어달라는 것이 아닙니다. 그저 이 실 한 가닥만 풀어달라는 것입니다." 그러자 낙태를 찬성하는 변호사 서스맨(Frank Susman)은 실과 옷감의 비유를 맞받아치면서 다음과 같이 말했다. "이 법정에서 프라이드 보좌관이 출산권이라는 옷감 전체를 풀려는 것이 아니라 단지 실 한 가닥을 풀려는 것이라고 말한 것은 다소 정직하지 않다고 생각합

되어 짐승에게 권리를 주게 될 정도로 여성과 짐승을 똑같이 보아야 할까? 여성을 짐승과 동급으로 생각하지 않는 한, 이런 논증은 나올 수 없다. 그러나 여성과 동물 사이에는 커다란 버팀목이 있다. 가령 여성에게는 투표권을 줄 수 있지만 동물에게는 줄 수 없다. 《짐승의 권리 옹호》의 저자는 여성의 권리 주장에 대한 역지사지가 없었기 때문에 이런 논증을 내놓았던 것이다.

초·중등 학생들에게 전면 무상급식을 실시해야 한다는 주장이 있다. 일부 빈곤 학생에게만 시행되던 무상급식을 모든 학생에게로 확대하자는 것이다. 이 주장에 대해 반대하는 쪽은 그 정책이 무비판적

니다. 내 경험으로는 실 한 가닥을 잡아당기면 언제나 소매 전체가 떨어져 나갔습니다. 그가 바라는 것은 실 한 가닥이 아닙니다. 출산권과 선택권 전체입니다. 그것은 이 법정이 인정했던 기본권입니다." 낙태는 사생활 보호 권리에 해당하는데 그것을 금지하면(실 한 가닥을 풀면) 미끄러운 비탈길을 타고 다른 권리도 금지된다(소매 전체가 떨어져 나간다)는 주장이다. 한편 낙태를 반대하는 쪽도 미끄러운 비탈길 논증을 이용할 수 있다. 우리나라의 모자보건법은 인공임신중절(낙태)수술을 금지하지만 다섯 가지 경우에 한하여 허용하고 있다. 예를 들어 우생학적 또는 유전학적 정신장애나 신체장애가 있는 경우, 전염성 질환이 있는 경우 등에는 낙태가 허용된다. 그런데 이런 예외를 허용하다 보면 다른 질병이나 장애의 경우에도 낙태를 허용하게 되고, 결국에는 미끄러운 비탈길을 타고 내려가서 태아가 자신이 원하는 성별이 아니라는 이유만으로도 낙태를 허용할 수 있다는 것이다.

인 대중의 인기를 끌기 위한 포퓰리즘이라고 비판했다. 그리고 이런 식으로 말했다. "이런 식의 포퓰리즘 정책이 쏟아지면 전 국민에게 점심을 제공하겠다는 공약이 나오지 않을 수 없다." 학생들을 대상으로 하는 무상급식을 받아들이게 되면 결국에는 전 국민을 대상으로 하는 무상급식을 시행해야 한다는 것이다.

그러나 이런 미끄러운 비탈길 논증은 학생 무상급식과 전 국민 무상급식 사이에 다른 점이 있음을 애써 무시한 것이다. 학생 무상급식은 의무교육의 일환이지만 국민 급식은 교육과는 상관이 없다. 이런 비판도 있다. "무상급식이 헌법이 규정한 의무교육의 일부라면 점심 식사뿐만 아니라 신발, 실내화, 학용품, 교통비, 교복, 체육복, 이발비, 간식비 등 학생이 필요로 하는 모든 것을 보장해야 한다. 왜 식사에서 멈추어야 하는가?" 이것도 무상급식 주장을 상대방 입장에서 이해하지 못하기 때문에 생긴 오해다. 무상교육을 주장하는 사람들은 의무교육에는 학용품, 각종 준비물, 교복, 체육복, 교통비(또는 교통수단) 등 교육과 관련된 물품들이 무상 제공되어야 한다고 생각할 것이다. 실제로 선진국에서는 그렇게 하고 있다. 거기까지는 오히려 미끄러져 가야 한다. 그러나 교육과 관련된 물품들과 교육과는 직접적으로 상관이 없는 이발비, 간식비 사이에는 버팀목이 있다. 그래서 미끄러져도 거기까지 가지는 않는다.

유비 논증은 우리에게 이미 낯이 익거나 우리가 당연하게 받아들이는 것에 빗대어 논증을 한다는 점에서 유익한 논증 방법이다. 그러나 유익한 만큼 주의해야 한다. 유비 논증 안에는 일반 원리가 숨어 있고 비교되는 대상들이 있다. 먼저 그것들을 찾아라. 일반 원리를 받아들일 수 있는지 검토하라. 그런 다음 비교되는 두 대상이 공통점이 있는지 살펴보라. 공통점이 없으면 유비 논증은 실패하고 만다. 미끄러운 비탈길 논증도 마찬가지다. 비탈길 맨 위쪽에 있는 것과 아래쪽에 있는 것 사이에 공통점이 있는지 살펴보라.

같은 것은 끝까지 같게 보인다. 같은 것을 찾을 수 없는 경우는 없으니까. 객관적으로 정말 같은지를 알기 위해서는 다른 사람의 입장에서 생각해야 한다. "너도 이게 같아 보이니?"라고 묻는 정신이 필요하다. 역지사지의 원칙^{첫 번째 원칙} 이 다시 한 번 필요한 대목이다.

Chapter 11
오늘의 운세와
머피의 법칙 사이

인과

흡연으로 인해 폐암에 걸린 사람들이 담배 회사를 상대로 소송을 내는 일이 외국에서는 심심찮게 일어난다. 우리나라에서도 그런 소송이 있었다. 2007년 재판부는 폐암 환자들이 담배 회사를 상대로 제기한 손해배상 청구소송에서 청구를 기각한다고 판결했다. 재판부는 "'역학적 인과관계'는 집단을 대상으로 하여 다른 요인이 모두 같다는 가정 아래 추출한 특정 요인과 질병 사이의 통계적 관련성이므로 이를 특정 개인의 구체적 질병 발생의 원인을 규명하는 개별적 인과관계에 직접 적용하기 어렵다."라고 말했다.

흡연이 폐암과 인과관계가 있다는 사실은 널리 알려져 있다. 그러나 그것은 집단을 대상으로 할 때 일반적으로 흡연이 폐암의 원인이 된다는 것이다. 따라서 특정 개인이 폐암에 걸린 것이 오로지 흡연 때문인지는 확정할 수 없다는 것이 재판부의 판단이다. 흡연 아닌 다른 원인 때문에 폐암에 걸릴 수도 있기 때문이다.

때문에 : 인과 논증

담배 소송에는 '인과'에 대한 판단 이외에 흡연자의 자유의지도 중요한 판단으로 작용한다. 흡연이 폐암의 원인이 맞더라도 자유의지가 있는 성인이 계속 담배를 피웠으므로 흡연자의 책임이라는 것이다. 그러나 앞의 판결에서처럼 인과관계 자체에 대한 판단도 역시 논란거리가 된다. 흡연과 폐암 사이에 역학적 인과관계는 있는데 개별적 인과관계는 없다니.

인과는 **원인**과 **결과**의 준말이다. 우리는 나날의 생활에서 '······때문에'나 '······로 인하여'라는 표현을 쓴다. 법조문에는 '······로 말미암아'라는 말도 쓰인다. 가령 "교통 체증 때문에 늦었다."거나 "북태평양 고기압으로 인하여 무더위가 예상된다." 등 어떤 주장을 하면서 원인을 근거로 제시하는데 이런 논증을 **인과 논증**이라고 부른다. 곧 인과 논증에서는 원인이 근거, 결과가 주장의 역할을 한다.

A라는 현상과 B라는 현상이 있다고 하자. A가 일어날 때 B가 일어난다. 이럴 때 우리는 A와 B 사이에 인과관계가 있다고 생각하기 쉽다. 그러나 A와 B가 함께 일어나는 것만 가지고서는 인과관계가 있다고 하기에는 충분하지 않다. 거기에는 여러 가능성이 있기 때문이다.

A와 B가 함께 일어날 때 있을 수 있는 가능성은 네 가지나 있다.

> **우연의 일치** : 우연의 일치로 A와 B가 함께 일어난다.
>
> **진정한 인과관계** : A가 B의 원인이다.
>
> **원인과 결과의 혼동** : B가 A의 원인이다.
>
> **공통 원인의 존재** : 원인이 따로 있고 A와 B는 모두 그것의 결과다.

첫 번째는 A와 B 사이에는 아무런 인과관계가 없는데 단순히 **우연의 일치**로 A와 B가 함께 일어났다. A가 일어날 때 B도 규칙적으로 일어나면 **상관관계**가 있다고 한다. 그런데 우연의 일치는 이런 상관관계도 없는 경우다. A 다음에 B가 일어난 것은 순전히 운이다. B는 어쩌다 한 번 일어난 것이다. 첫 번째 가능성을 제외하고는 상관관계가 있는 경우들이다. 두 번째는 정말로 A가 B의 원인이다. 이것이야말로 **진정한 인과관계**다. 세 번째는 거꾸로 B가 A의 원인이다. 그런데도 A가 B의 원인이라고 생각한다면 그것은 **원인과 결과를 혼동**한 경우다. 네 번째는 A가 일어날 때마다 B가 일어나긴 한다. 그러나 그것은 C라는 제3의 독립된 원인이 있어서 그것 때문에 A도 일어나고 B도 일어난 것이다. 곧 A와 B의 **공통 원인**인 C가 따로 있었던 것이다. 상관관계가 있다고 해서 그것이 꼭 인과관계인 것은 아니다.

이렇게 A가 일어날 때 B가 일어났다고 해서 반드시 A가 원인이고 B가 결과라는 인과관계가 있다고는 단정할 수 없다. 위 네 가지 중 어디에 해당하는지 잘 구분해야 한다. 이 가능성들에 대해 하나씩 살펴보자.

오늘의 운세 : 미신

길택 씨는 출근하자마자 신문의 '오늘의 운세'란을 펼쳤다. 호랑이띠를 보니 "구설수에 휘말릴 수 있으니 다른 사람과 이야기 나눌 때 말과 행동을 조심하는 게 좋다."라고 적혀 있다. 그래서 그는 "오늘은 정말로 말조심을 해야겠구나."라고 다짐해본다. 어젯밤에 이상한 꿈을 꾸었다. 돼지에게 물리는 꿈을 꾼 것이다. 돼지꿈이니 길몽인 것 같기는 하지만 하필 돼지에게 물려서 뭔가 찜찜하다. 인터넷의 해몽 사이트에 검색해보니 "권세나 지위, 재물을 얻게 된다."라고 나와 있다. 아싸, 오늘은 로또를 하나 사야겠다고 마음먹는다. 곧 이사를 해야 해서 이삿짐센터에 전화를 걸어 견적을 물어보았다. 내가 원하는 날은 손 없는 날이라 비싸단다. 다른 날 해도 되는데 그래도 손 없는 날로 결정했다.

길택 씨처럼 미신을 믿는 사람을 주위에서 심심찮게 볼 수 있다. 점을 치는 집이 여전히 있고 요즘은 과학 기술의 총아인 인터넷을 이용해서 점을 치기도 한다. 이름을 지을 때도, 결혼할 때도, 이사를 할 때도 점을 보며 직원을 뽑을 때 관상을 보는 회사도 있다. 집을 지을 때나 묫자리를 정할 때 풍수에 의존한다. 신세대들은 타로나 점성술 같은 서양 미신을 믿기도 한다.

우리나라 사람들이 이런 미신을 얼마나 믿는지는 통계치로 나와 있지 않다. 그 말은 우리나라 사람들이 실제로 통계 조사를 해야 할 만큼 미신을 많이 믿지 않는다는 뜻이기도 하다. 우리나라는 미신을 혹세

무민의 사술(邪術)로 치부해온 전통이 있고 높은 교육열로 합리적이고 과학적인 사고방식이 널리 퍼진 탓인지 서양에 비해 오히려 미신을 믿는 정도가 낮은 것 같다. (이것은 어디까지나 내 추측이다. 5장에서 강조한 것처럼 이렇게 개인의 경험에 의존한 추측은 신뢰도가 낮음을 감안해서 들어야 한다.)

우리나라에서는 서양처럼 심각하지는 않지만 앞에서 소개한 길택 씨처럼 소소한 일상생활에서 미신을 믿는 사람들이 여전히 있다. 그런 미신을 믿게 된 데는 정서적인 요인도 작용하지만 인과관계

민사소송에서의 개연성

논리 법정

거의 확실한 심증이 있을 때만 유죄 판결을 하는 (5장의 의심의 이득 참조) 형사소송과는 달리 민사소송에서는 인과관계를 개연성으로 해석하는 경우가 많다. 1990년의 대법원 판례에 따르면 "민사소송에 있어서 인과관계의 입증은 추호의 의혹도 있어서는 아니 되는 자연과학적 증명은 아니고 경험칙에 비추어 모든 증거를 종합 검토하여

에 대해 논리적인 판단을 제대로 하지 못한 탓이 크다. 미신도 인과 논증의 하나로 볼 수 있다. 예컨대 길택 씨는 "돼지에게 물린 꿈을 꾸었기 때문에 재물을 얻을 것이다."라는 인과 논증을 만들고 그 논증에 따라 로또를 산다. 이것 자체에는 아무 문제가 없다. 이것은 나름대로 근거 제시의 원칙^{두 번째 원칙} 을 지켰을 뿐만 아니라 우리가 평상시에 자신의 경험에 바탕을 두고 논증을 만드는 자연스러운 과정이기도 하다. 어려운 말로 하면 하나의 가설을 세운 것이다. 자동차에서 이상한 소리가 나면 자동차에 뭔가 문제가 생긴 것은 아닌가 생각하는 것도 가설을 세우는 것이고, 사과가 떨어지는 것을 보고 만유인력의 법칙을 세운 뉴턴도 가설을 세운 것이다. 그러므로 우리의 길택 씨도 하나의 가설을 세운 것이다. 우리는 그런 길택 씨를 미신이나 믿는, 어리석고 미개한 사람이라고 비난하지 말고 자비로운 해석의 원칙^{첫 번째 원칙} 에 의해 좀 더 지켜보도록 하자.

문제는 그다음에 일어난다. 길택 씨가 산 로또는 당첨되거나 당첨되

어떠한 사실이 어떠한 결과 발생을 초래했다고 시인할 수 있는 고도의 개연성을 증명하는 것이며 그 판정은 통상인이라면 의심을 품지 아니할 정도로 진실성의 확신을 가질 수 있는 것임이 필요하고 또 그것으로 족하다 할 것이다."라고 했다. 심지어 과실과 결과 사이에 50퍼센트의 개연성만 있어도 인과관계를 인정할 수 있다는 판결도 있다.

지 않을 것이다. 당첨된다고 해보자. 그러면 그는 자신의 가설이 맞는 다고 생각하고 "돼지에게 물린 꿈을 꾸면 재물을 얻는다."라는 일반화 논증으로 바꿀 것이다. 그러나 12장에서 말하겠지만, 이렇게 일반화 하기에는 사례의 수가 너무 적다. 길택 씨가 돼지꿈을 꾼 후 로또에 당 첨됐다는 사건이 일어났지만 그것은 우연의 일치다. 그 둘 사이에는 아무런 인과관계도 없다. 그러나 우리는 좀 더 참고서 길택 씨에게 그 이상의 근거를 요구해야 한다. 그러면 그는 입증의 책임 원칙세 번째 원칙 에 따라 대답을 해야 한다. 그래서 아무 대답도 못한다면 그때는 그의 가설을 폐기 처분해야 한다. 미신이라고 말이다.

어쩌면 그는 누구누구도 돼지에 물린 꿈을 꾼 다음에 큰돈을 벌었다 고, 또 다른 사례를 근거로 제시할지 모른다. 자신의 가설을 지지해주 는 사례를 모으는 것은 바람직한 자세다. 그러나 동시에 자신의 가설 을 반박하는 사례가 없는지도 살펴야 한다. 똑같은 꿈을 꾸고서 로또 를 샀는데 당첨되지 못한 사람이 없을까? 우리가 길택 씨에게 자비를 베풀어 근거를 제시하도록 기다려준 것처럼 길택 씨도 자신에게 불리 한 증거를 무시해서는 안 된다. 그래서 유리한 쪽과 불리한 쪽 중 어느 쪽이 많은지 통계를 통해 자신의 가설을 입증해야 한다. 그러나 5장(그 리고 12장)에서도 본 것처럼 자신에게 불리한 사례는 통상 무시당한다. 자신에게 유리한 사례만 편향되게 받아들이는 것이다. 아마 길택 씨 도 자신이 또는 다른 사람이 비슷한 경우에 로또에 당첨되지 못하면 그런가 보다 하고 넘어갈 것이다. 진정 논리적인 사람이라면 자신의 가설을 의심해야 하는데도 말이다.

담배와 폐암의 관계 : 우연의 일치

대다수 미신의 예측이 이런 식으로 작동한다. 물론 미신이 맞아떨어질 때도 있다. 왜 그런 일이 없겠는가? 그러나 그럴 때는 그것이 단순한 **우연의 일치**인지, 아니면 **진정한 인과관계**인지 판단해야 한다. 둘 사이의 결정적인 차이는 진정한 인과관계라면 원인과 결과의 관계가 반복적이고 규칙적으로 나타난다는 데 있다. 원인이 있으면 결과가 반드시 일어나거나 일어날 확률이 높아야 한다.

논리학자들은 원인이 있으면 결과가 반드시 일어나는 인과관계는 **결정론적 인과**, 일어날 확률이 높은 인과관계는 **확률적 인과**라고 부른다. 순수한 물이 섭씨 100도에서 끓는 것은 결정론적 인과이고 담배를 피우면 폐암에 걸리는 것은 확률적 인과다. 물리나 화학 현상에서 드러나는 인과관계는 주로 결정론적 인과다. 섭씨 100도라는 원인이 주어지면 순수한 물이 끓는다는 결과가 반드시 일어난다. 그러나 생물학적이거나 의학적인 현상의 경우 그런 결정론적 인과는 드물고 대개는 확률적 인과다. 담배를 피우면 대체로 폐암에 걸리지만 예외 없이 그러지는 않는다. 다만 폐암에 걸릴 개연성이 높을 뿐이다. 과로하면 심장마비나 뇌졸중이 발생할 개연성이 높다. 그래서 어떤 직장인이 과로 끝에 심장마비로 쓰러졌다고 할 때 비록 심장마비의 원인이 과로인지, 아니면 그 사람의 심장이 원래 안 좋아서인지 알 수는 없어도 과로가 원인이라고 판단하는 것이다.

이렇게 볼 때 이 장을 시작할 때 소개한 담배 소송에서 재판부는 확률적 인과를 제대로 이해하지 못했다고 볼 수밖에 없다. 어떤 폐암 환자가 반드시 담배 때문에 폐암에 걸렸다고 말할 수는 없다. 그러나 폐암에 걸릴 상당한 개연성이 있음이 이미 밝혀졌다. 그런데도 담배가 원인이라고 확정할 수 없다면 의학의 영역에서 인과관계를 확정할 수 있는 경우는 거의 없다.

사람들은 자신이 바라는 것만 믿는 경향이 있다고 했다. 자신의 믿음(선입견)과 일치하는 정보는 얼른 받아들이면서 그것과 반대되는 정보는 애써 무시한다. 그래서 우연의 일치에서도 규칙성을 발견하여 인과관계라고 생각한다. 돼지꿈을 꾼 후 행운이 일어난 경우는 잘 기억한다. 그러나 돼지꿈을 꾸고도 행운이 일어나지 않거나 돼지꿈을 안 꾸고도 행운이 일어난 경우는 무시해버린다. 그리고는 돼지꿈이 행운의 원인이라고 믿는다.

단순한 우연의 일치인지 아닌지 알아보는 방법은 간단하다. 자신이 원인이라고 믿는 것이 일어났는데도 결과가 일어나지 않는지 또는 자신이 원인이라고 믿는 것이 안 일어났는데도 결과가 일어났는지 두루 살펴보면 된다. 도식적으로 말해보면 내가 A가 원인이 되어 B라는 결과가 생긴다고 믿는다면 A가 없어도 B가 일어나는지 또는 A가 있으면 항상 B가 일어나는지 살피면 된다. 곧 자비로운 해석의 원칙^{첫 번째 원칙} 을 발휘하여 내가 알고 있는 것과 다르게 생각할 여지가 있는지 자비를 가지고 캐물으면 된다. 손 없는 날 이사해야 잘산다는데 그렇지 않은 사람도 잘사는지, 말띠 여자는 드세다는데 드세지 않은 말띠 여자도 있는지, 점이나 사주팔자나 관상이 항상 맞는지 조사하면 된다.

이것은 자기에게 유리한 사례만 받아들이는 편향된 자세만 버린다면 누구나 쉽게 할 수 있는 조사다. 아프면 병원에 가지 않고 기도원에 가는 사람이 있다. 그리고 치료가 되었다고 주장하는 사람이 있다. 그럴 수 있다. 그러나 기도원의 치료가 완치의 원인일까? 나만 우연의 일치로 나은 것은 아닐까? 기도원에 가서도 낫지 못하는 사람이 많은데 그 경우는 모두 그런가 보다 하고 무시하고 나은 경우만 기억하기 때문은 아닐까? 주변에 드센 여자 열 명만 찾아보라. 그리고 그 여자가 말띠인지 아닌지 물어보라. 그러면 말띠 여자가 드센지 그렇지 않은지 해결된다. 물론 이런 조사는 한계가 있다. 내가 만나는 사람은 제한되어 있다. 다시 말해서 표본이 작다. 더 심각하게는 자기에게 유리한 사례만 받아들이는 인간의 본성을 버리기 어렵다. 그러므로 확실한 인과관계를 보여주는 과학적인 연구나 통계 조사가 있기 전까지는 입증의 책임 원칙^{세 번째 원칙}에 의해서 그런 것들을 믿어서는 안 된다.

미신이 맞는 것처럼 보이는 이유는 인과관계를 비판적으로 이해하지 못하는 것 말고 또 있다. 길택 씨가 본 오늘의 운세를 보라. "구설수에 휘말릴 수 있으니 다른 사람과 이야기 나눌 때 말과 행동을 조심하는 게 좋다." 누구나 말과 행동을 조심해야 한다. 거기에 해당 안 되는 사람이 어디 있겠는가? 이것은 4장에서 말한 애매모호한 말이다. 그날이 별일 없이 지나가면 내가 조심해서 그런 것이고, 혹시 구설수에 오르면 오늘의 운세가 맞는다고 아전인수 식으로 해석할 것이다. 사주팔자나 관상도 이렇게 두루뭉수리하게 표현하여 사람의 현재와 미래를 정확하게 예측하는 것처럼 꾸민다.

우리나라는 서양에 비해 미신적인 사고는 적은지 몰라도 민간요법은 아주 발달했다. 그중 상당 부분은 이 우연의 일치를 의심해보아야 한다. 인류학에서 '모방주술'이라고 부르는 것이 있는데, 이는 결과는 그 원인을 닮는다는 생각에 기초한 관습을 의미한다.

여름에 개고기를 먹는 이유는 그래야 더위를 안 타기 때문이라고 한다. 그러나 그것은 개가 땀을 흘리지 않는 것을 보고 개고기를 먹으면 땀을 흘리지 않을 것이라고 생각한 모방 주술이다. 물개나 뱀이나 장어를 정력제로 먹는 것은 그 동물들의 정력이 세 보이기 때문이다. 허리가 아플 때 고양이를 먹는 치료법은 미개하다고 생각하면서 보신탕이나 정력제는 여전히 즐겨 찾는다. 그게 그건데 말이다. 혹시 보신탕을 먹고 더위를 이겨냈다고 해도 약효에 대한 과학적인 검증이 없는 이상 우연의 일치로 봐야 한다. 불치병 환자들은 주변에서 무엇을 먹고 나았다는 말을 듣고 솔깃해 하고 닥치는 대로 그것을 먹어치운다. 불치병 환자야 절박한 심정이니까 그런다고 치지만 보신탕이나 정력제의 약효를 여전히 믿는 사람들은 원시적인 사고에서 벗어나지 못하는 것이다.

우연의 일치 : 사실은 우연의 일치인데 진정한 인과관계로 혼동하는 잘못을 라틴어로 'post hoc ergo propter hoc'라고 한다. '먼저 일어났으므로 원인'이라는 뜻이다. 먼저 일어났다고 해서 꼭 원인은 아니므로 이것은 오류다. 이 라틴어는 영어나 구미어에서 라틴어 그대로 자주 쓰는데 간단하게 줄여서 'post hoc'이라고도 한다.

단순한 우연의 일치와 진정한 인과관계를 헷갈리는 잘못은 꼭 미신의 영역에서만 저질러지는 것은 아니다. 우연의 일치와 인과관계에 대한 혼동은 과학적인 논쟁을 불러일으키기도 한다.

| 모방주술 |

단순한 우연의 일치와 진정한 인과관계를 헷갈리지 마라.
개고기를 먹는 이유는 그래야 더위를 안 타기 때문이라고 생각한다.
그러나 사실은 개가 땀을 흘리지 않는 것을 보고 개고기를 먹으면
땀을 흘리지 않을 거라고 생각하는 미신(모방주술)에 불과하다.

밀폐된 방에서 선풍기를 틀어놓고 자면 저체온증이나 산소 부족으로 죽는 것으로 알려져 있다. 여름이면 누군가 선풍기를 틀어놓고 자다가 죽었다는 기사가 가끔 나온다. 그런데 최근에는 그런 사람은 다른 질환 때문에 죽은 것이지 선풍기 때문에 죽은 것은 아니라는 주장이 나온다. 선풍기가 틀어져 있는 것은 우연의 일치라는 것이다. 한여름에 선풍기 바람만으로 체온이 낮아지거나 산소가 부족해질 수는 없다는 것이다. 실제로 선풍기를 틀어놓고 자지만 멀쩡한 사람도 많다. 그래서 미국의 위키피디아(네티즌이라면 누구나 참여해서 글을 쓸 수 있는 백과사전)는 선풍기로 인한 사망 사고를 한국판 도시 전설로 소개하고 있다('도시 전설'에 대해서는 5장을 보라). 물론 그렇다고 해서 선풍기와 죽음을 우연의 일치라고 바로 단정할 수는 없다. 우연의 일치에 불과하다는 비판이 나왔으니 인과관계라고 주장하는 쪽으로 입증의 책임이 넘어갔다.

선풍기를 틀어놓고 자면 죽는다는 주장을 미국산 쇠고기를 먹으면 광우병에 걸린다는 주장과 비교하는 사람이 있다. 광우병 주장도 언젠가는 한국판 도시 전설로 위키피디아에 실릴 것이라고 말이다. 그러나 이런 주장은 악의적이다. 선풍기를 틀어놓고 자면 죽는다는 주장이 도시 전설로 일컬어지는 이유는 선풍기가 사망 원인이 아니고, 죽음과 선풍기 사이에는 우연의 일치만 있기 때문이다. 그러나 미국산 쇠고기를 먹고 광우병에 걸리는 것은 확률이 매우 낮은 일일 뿐이지, 인과관계가 성립하지 않는 것은 아니다. 우연의 일치는 원인이 아니지만 확률적인 원인은 분명히 원인이다. 그 확률이 얼마나 높으냐가 문제될 뿐이다. 우유 회사를 혐오하는 협박범이 우유 한 개에 독극물을 주입했다고 하면 국민들은 우유를 먹지 않을 것이다. 독극물이 든 우유를 마실 확률은 아주 낮지만 우유를 마시지 않는 행동이 비합리적인 것은 아니다. 미국산 쇠고기를 반대한 것도 그런 종류의 공포심 때문이다.

경찰이 많아서 범죄가 많다? : 원인과 결과의 혼동

우연의 일치는 두 현상 사이에 상관관계가 전혀 없는 경우다. A가 일어날 때 B도 규칙적으로 일어나야 상관관계가 있는데 우연의 일치는 A가 일어날 때 어쩌다가 B가 일어날 뿐이다. 이번에는 A와 B 사이에 상관관계가 있는 경우를 살펴보자. 곧 A가 일어날 때 B가 규칙적으로 일어나긴 일어난다. 그렇지만 둘 사이에 인과관계까지 있는가? 그것이 주제다.

상관관계가 성립할 때 어떤 것이 원인이고 어떤 것이 결과인지 헷갈리는 경우가 있다. 부자인 사람이 주식을 많이 가지고 있다. 그 사람이 부자여서 주식을 많이 샀을까, 아니면 주식이 많아서 부자가 됐을까? 인과관계가 성립한다고 할 때 원인이 되는 사건은 결과가 되는 사건보다 언제나 먼저 일어난다. 결과가 원인보다 먼저 일어나면 그것은 결과가 아니라 원인이다. 그런데 **원인과 결과를 혼동**하는 사람이 있다.

이[虱]가 건강의 원인이라고 믿는 어떤 섬사람들의 예가 대표적이다. 그들은 건강한 사람들에게는 이가 있는데 아픈 사람들에게는 이가 없는 것을 보고 그렇게 믿었다. 그러나 이는 건강의 원인이 아니라 결과다. 이에게는 건강한 사람의 체온이 살기 좋은 환경인데 아픈 사람은 체온이 올라가므로 살지 않게 된다. 그러므로 이 때문에 건강한 것이 아니라 건강하기 때문에 이가 사는 것이다. 경찰이 많은 동네는 범죄율이 높다는 통계가 있다고 하자. 그래서 경찰이 많기 때문에 범죄율이 높아진다고 결론을 내리면 어떻게 될까? 경찰의 수를 줄여야 할까? 경찰이 많아서 범죄율이 높아진 것이 아니라 범죄율이 높기 때문에 경찰이 많은 것이다.

개인이 됐든 사회가 됐든 유명해진 다음에 알려지는 것들이 있다. 사람들은 그것이 유명해진 원인이라고 생각하는 경향이 있다. 그러나 그것은 유명해졌기 때문에 결과적으로 알려진 것이지 유명해진 원인은 아니다. 공부를 잘하는 학생을 봤더니 만년필을 쓰더라. 그래서 그 만년필이 공부 잘하는 원인이라 생각하고 '나도 만년필을 써야지'라고 생각한다면 원인과 결과를 혼동한 것이다. 만년필의 예는 설명의 편의를 위해 든 것이지만 실제로 누군가 그렇게 생각한다면 정말 웃길 것이다. 그러나 공부에 관심이 많은 우리나라에는 그것과 비슷한 오류가 흔하다. 공부 잘하는 학생들이 어떤 고등학교에 많이 다닌다. 그 고등학교에 다니기 때문에 공부를 잘할까? 그렇지 않다. 공부를 잘하기 때문에 그 고등학교에 다닌 것뿐이다. 그 고등학교에 다니는 것이 공부를 잘하는 원인이라면 공부를 못하는 학생도 그 학교에 다니면 공부를 잘해야 한다. 그러나 그렇지 않다. 그 고등학교에 다닌 것은 공부를 잘하는 원인이 아니라 공부를 잘하는 학생들이 그 고등학교에 많이 다녀서 알려진 결과일 뿐이다.

상관관계와 인과관계의 혼동

공부 이야기를 좀 더 해보자. 집값이 비싼 동네일수록 아이들이 공부를 잘한다는 이야기는 이제 상식이 되었다. 더 이상 개천에서 용이 나지 않는다고 한다. 그런데 이런 '상식'이 옳다는 사실은 개인의 경험에 의한 추측이 아니라 통계 조사에서도 드러난다. 집값이 비싼 지역에 있는 고등학교 졸업생이 명문대에 입학하는 비율은 그렇지 않은 고등학교 졸업생보다 월등히 높다는 것이다. 집값이 비싼 동네와 명문대 입학 사이에 규칙적이고 반복적인 관계가 성립한다. (물론 결정적인 관계가 아니라 확률적인 관계다. 사회 현상에서 결정적인 관계란 찾기 어렵다.)

그러면 집값이 명문대 입학의 원인이라고 말할 수 있을까? 혹시 집값과 명문대 입학 모두의 원인이 되는 제3의 요소가 있는 것은 아닐까? 대체로 공부를 잘하면 성공할 가능성이 높다. 공부를 잘해서 일도 잘하고 그래서 보수도 높아지는 것이다. 돈을 많이 버니 부유한 동네에 입성하게 된다. 그리고 이렇게 공부를 잘하는 사람은 역시 공부를 잘하는 아이를 낳게 마련이다. 그 아이는 원래 공부를 잘하는데다가 교육 환경까지 좋다 보니 명문대 입학은 자연스러운 일이다. 곧 비싼 집값이 명문대 입학의 원인이 아니라 부모가 공부 잘하는 것이 원인이 되어 집값도 비싸지고 자녀의 명문대 입학도 가능해진 것이다. 부모가 공부를 잘하는 것은 그 두 가지 결과의 공통 원인이다.

만약 높은 집값이 명문대 입학의 원인이라고 생각한다면 그것은 **상**

관관계와 인과관계를 혼동한 것이다. 높은 집값과 명문대 입학은 대체로 같이 움직이므로 상관관계는 있지만 그렇다고 해서 하나가 다른 하나의 원인이 되는 것은 아니다. 그러므로 명문대에 입학하려는 목적으로 집값이 높은 동네로 이사한다고 해서 명문대에 입학하는 것은 아니다. 아무리 집값이 높은 동네로 이사해도 자녀가 공부를 못하면 명문대 입학은 불가능하고, 또 자녀가 공부를 잘하면 집값이 높은 동네가 아니어도 명문대 입학은 가능하다.

사회 현상을 분석할 때 흔히 상관관계와 인과관계를 혼동할 수 있으므로 주의해야 한다. 누구나 말도 안 된다고 생각하는 예를 들어보면 상관관계와 인과관계에 대한 혼동을 이해하기 쉬울 것 같다. 〈미술관 옆 동물원〉이라는 영화 제목처럼 미술관 옆에 동물원을 짓고 있다고

총기 규제법과 범죄율의 관계

논리 법정

미국의 수정 헌법은 총기 소유권을 규정하고 있다. 미국 대법원은 이를 바탕으로 총기 소유를 규제하는 법률들에 위헌 판결을 내리고 있다. 그래도 총기 소유는 뜨거운 논쟁거리다. 재미있는 것은 총기 소유를 찬성하는 쪽이나 반대하는 쪽 모두 범죄율이 줄어든다는 통계를 근거로 제시한다는 점이다. 총기 소유를 찬성하는 쪽은 1980년대 중반 이후 총기 소유를 허용한 31개 주에서 총기 관련 범죄나 기타 강력 범죄가 현저히 줄어들었다는 통계를 제시한다. 총기 소유를 반대하는 쪽도 1974년 매사추세츠 주에서 총기 규제법이 통과된 후 총기 살인 사건은 50퍼센트,

하자. 오후 6시가 되니 미술관이 문을 닫고 동물원 공사장에서는 인부들이 퇴근한다. 곧 미술관의 폐관과 인부들의 퇴근 사이에는 상관관계가 성립한다. 그렇다고 해서 둘 사이에 인과관계가 성립할까? 미술관이 문을 닫아서 인부들이 퇴근하는 것일까? 이렇게 생각하는 사람은 없을 것이다. 분명히 제3의 원인, 곧 오후 6시라는 시간이 그 두 가지 결과를 모두 생기게 했다. 상관관계와 인과관계의 혼동을 그림으로 그려보자.

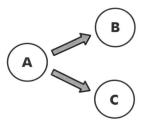

총기 강도는 35퍼센트나 줄어들었다는 연구를 지지 근거로 든다. 두 진영 모두 자신이 지지하는 법률이 범죄율을 줄어들게 하는 원인으로 작용했다고 주장하는 것이다.

그러나 어느 쪽도 인과관계를 제대로 보여주지 못한다. 총기 소유 찬성 쪽은 총기 소유를 허용한 주에서 범죄율이 줄었다고 하지만 그 당시는 미국 전체의 범죄율이 줄어들던 때였다. 총기 소유를 반대하는 쪽도 총기 규제법이 통과되지 않은 주의 범죄율 통계를 보여주어야 총기 규제법 때문에 범죄율이 줄었음을 입증할 수 있는데 그러지 않았다. 두 경우 모두 상관관계는 보여주었어도 인과관계까지는 보여주지 못한 것이다.

B와 C 사이에는 상관관계가 성립한다. 곧 B가 일어날 때 C도 항상 일어난다. 그렇다고 해서 B가 C의, 또는 C가 B의 원인이 되는 것은 아니다. A라는 진짜 원인이 있어서 그것이 B와 C 모두의 원인이 되는 것이다. 인과관계가 성립하면 원인과 결과의 관계가 규칙적이고 반복적으로 일어나므로 상관관계도 성립한다. 그러나 상관관계가 있다고 해서 항상 인과관계가 있는 것은 아니다. 그러므로 이 상관관계를 가능하게 한 또 다른 원인이 있지는 않은지 살펴봐야 한다.

사실 우리는 일상생활에서 상관관계가 있지만 인과관계는 없는 사례를 알고 있다. 어르신들은 무릎이 쑤시면 비가 오겠다고 한다. 이것은 과학적인 근거가 있다. 습도가 높아지면서 무릎도 아프게 되고 비도 오게 된다. 그러나 어느 누구도 무릎의 통증이 비가 오는 원인이라고 생각하지 않는다. 가물 때 비가 오게 하려고 무릎을 강제로 아프게 하는 일은 없지 않은가? 그런데 다른 경우에 상관관계와 인과관계를 헷갈리는 이유는 자신이 보고 싶은 것만 보기 때문이다. 상관관계를 가능하게 하는 또 다른 원인을 찾으려고 노력하지 않는다. 역시 자비로운 해석의 원칙^{첫 번째 원칙}에 따라 내가 원인이라고 생각한 것 이외의 다른 원인이 있는지 고민해봐야 한다.

공통 원인이 따로 있다

이런 자비를 베풀지 않으면 엉뚱한 판단을 내리게 된다. 앞에서 든 예처럼 아무 생각 없이 집값이 비싼 동네로 이사 갔다가는 명문대에 입학도 하지 못하고 비싼 동네에 사느라 허덕이게 된다. 이성 친구를 사귀면 공부를 못한다고 생각하는 학부모들이 많다. 어떤 학부모가 이성 친구를 사귀려는 자녀에게 이성 친구가 있는 학생들은 성적이 나쁘다는 통계치를 보여주면서 만류한다고 해보자. 이성 친구를 사귀는 학생들은 정말로 성적이 나쁠 수 있다. 이성 친구 교제와 성적 불량 사이에는 상관관계가 있는 것이다. 그러나 혹시 원래 공부에 흥미가 없어서 이성 친구도 사귀고 성적도 나쁜 것은 아닐까? 만약 그렇다면 이성 친구를 사귀는 것은 나쁜 성적의 원인이 아니다. 공부에 흥미 없는 학생이 이성 친구를 사귀지 않는다고 해서 성적이 좋아지는 것도 아니고, 공부에 흥미 있는 학생이 이성 친구를 사귄다고 해서 성적이 나빠지는 것도 아니다.

어쩌면 흡연과 공부도 그런 관계인지 모른다. 공부에 관심이 없어서 담배도 피우고 공부도 못하는 것이지, 담배를 피운다고 공부를 못하는 것은 아니다. 자신이 믿는 것만 믿으려고 하니 다른 원인이 있을 수 있음은 생각하지 않으려고 한다. 특히 자식의 공부 문제는 더 그렇다.

사회에서 심각한 폭력 행위가 생기면 폭력적인 게임이나 폭력 영화 같은 폭력물이 원인이라고 지적하는 여론이 생긴다. 2007년 미국 버지니아 공대에서 재미 교포의 총기 난사 사건이 일어났을 때도 그가 슈팅 게임(총기나 무기를 사용하는 게임)을 즐겼다는 보도가 나왔다. 그러나 폭력물과 폭력 행위도 상관관계만 있을 수 있다. 어쩌면 폭력적인 성향이 진짜 원인일지 모른다. 폭력적인 성향이 원인이 되어 폭력적인 게임이나 폭력 영화를 좋아하게 되고 폭력적인 행동도 하게 되는 것이다. 그렇다면 폭력적인 행동을 없애기 위해서는 폭력적인 성향을 없애야 한다. 폭력적인 성향이 진짜 원인임이 밝혀지면 그 폭력적인 성향은 양육 방식에 따른 것인지, 아니면 선천적인 것인지 연구가 뒤따를 것이다. 그에 따라 교육에 의해서든 약물 치료에 의해서든 원인을 제거하려는 여러 방안이 나올 것이다.

그런데 그런 과정 없이 폭력물만 없애면 어떻게 될까? 폭력적인 성향은 여전히 남아 있으므로 폭력 행위는 쭉 계속될 것이다. 그리고 폭력적인 성향은 없지만 폭력적인 게임이나 폭력 영화를 좋아하는 사람들도 많다. 그들에게는 폭력물이 순전히 취미이고 스트레스를 푸는 수단이다. 그런데도 폭력물을 없애버리면 그들에게는 스트레스를 푸는 수단이 없어지고 사회는 더 험악해질 것이다. (실제로 폭력 영화가 상영되는 지역에서는 범죄가 줄어들었다는 연구가 있다. 조직폭력배들이 폭력 영화를 보면서 스트레스를 푼 것이다.) 음란물과 성범죄 사이의 관계도 마찬가지로 분석할 수 있다.

의학에서 정확한 인과관계의 판단은 건강과 연관되므로 아주 중요하다. 패스트푸드를 즐겨 먹으면 건강이 나빠진다는 보도가 나왔다고 하자. 패스트푸드를 많이 먹는 사람들은 비만이 되거나 심장 관련 질환이 생길 가능성이 높다고 하자. 정말로 패스트푸드와 건강 악화는 인과관계가 있을 수도 있다. 하지만 이를 밝히려면 패스트푸드의 어떤 성분이 건강에 나쁜지를 밝혀야 한다. 그러지 않은 이상 다른 원인이 있는 것은 아닐까 궁리해봐야 한다. 패스트푸드 회사에서는 당연히 그렇게 반발할 텐데 패스트푸드 회사의 변호사가 됐다고 생각하고 그 원인을 찾아보라. 혹시 나쁜 생활 습관이 패스트푸드도 즐겨 먹게 하고 건강도 나빠지게 하는 공통 원인은 아닐까? 바쁘거나, 아니면 정반대로 게으른 생활 습관 때문에 밥도 제대로 챙겨 먹지 않고 운동도 하지 않으므로 패스트푸드를 자주 먹게 되고 건강도 나빠지는 것은 아닐까? 만약 그렇다면 패스트푸드만 끊는다고 해서 건강이

아침을 먹어야 공부를 잘한다 : 아침을 먹는 학생들이 성적이 좋다는 연구 결과가 있다. 그래서 어떤 TV 프로그램에서는 등교하는 학생들에게 아침을 주기도 했다. 아침을 먹는 것과 공부를 잘하는 것 사이에는 상관관계가 있을 수 있다. 그러나 인과관계까지 있을까? 부지런한 학생들은 일찍 일어나서 아침도 먹고 공부도 더 하는 것이 아닐까? 패스트푸드를 먹는 학생은 공부를 못한다는 연구도 있다. 이것도 역시 학교나 집보다는 밖으로 돌아다니는 학생이 패스트푸드도 많이 먹고 공부도 안 하기 때문은 아닐까?

되살아나는 것은 아니다. 또 여유 있게 살고 운동도 열심히 하는 사람에게는 패스트푸드가 그렇게 나쁜 음식이 아닐 수도 있다. 뭐, 그런 사람이 패스트푸드를 먹을 일도 없겠지만.

이렇게 겉으로 보이는 상관관계와 진짜 인과관계를 찾는 일은 쉽지 않다. 상관관계가 있다고 해서 정말로 인과관계도 있는지 비판적으로 물어야 한다. 앞에서 비싼 집값과 명문대 입학의 상관관계를 언급하면서 공부를 잘하면 성공할 가능성이 높다고 말했다. 마치 공부를 잘하는 것과 성공 사이에 인과관계가 성립하는 것처럼 말이다. 그러나 그 둘도 상관관계에 불과한 것은 아닐까? 혹시 제3의 원인이 있어서 공부도 잘하게 되고 성공도 하게 되는 것은 아닐까? 성실성이나 욕심이 진짜 원인일지도 모른다. 성실하고 욕심이 있다 보니 공부도 열심히 하게 되고 성공도 하게 되는 것이다. 만약 그렇다면 타고난 머리로

공부를 잘하는 경우 꼭 성공한다는 보장은 없다. 그리고 공부와 인연이 닿지 않아 공부를 못하더라도 성실하고 욕심이 있으면 얼마든지 성공할 수도 있다. 골프 황제 타이거 우즈가 물리학을 공부했으면 노벨 물리학상도 탔을 것이라는 말이 괜히 나온 것이 아니다. 어떻게 보면 우즈는 욕심이 지나쳤다. 여자 욕심이.

● **실전 논리 비법 : 보고 싶은 것, 믿고 싶은 것을 뒤집어보라**

인과 논증은 일상생활은 물론이고 사회나 자연 현상을 분석할 때도 자주 쓰인다. 사람들은 두 사건이 함께 일어날 때 당연히 인과관계도 있을 것이라고 생각하는 경향이 있다. 그러나 두 사건이 함께 일어났어도 인과관계가 아닐 때가 더 많음을 잊지 마라. 사실은 우연의 일치이거나 원인과 결과를 혼동했거나 제3의 원인이 있어서 두 사건이 결과로 일어났을 수 있다. 우리는 지금까지 그런 사례들을 쭉 훑어보았다.

두 현상 사이에 인과관계가 있다는 믿음이나 있으리라는 바람은 계속 인과관계만 보게 만든다. 혹시 내가 그런 믿음과 바람을 가지고 있는 것은 아닌지 생각해보라. 그런 것에 콩깍지가 씌우면 우연의 일치이거나 단순히 상관관계만 있는데도 인과관계가 있는 것처럼 보인다. 보고 싶은 것만 보고 믿고 싶은 것만 믿으니까. 세상은 내 생각과 다를 수 있다는 자비를 베풀라.

Chapter 12

틀림없이
당신이 죽인 거야

일반화

O. J. 심슨은 1970년대 미국의 최고 풋볼 선수였다. 그를 더 유명하게 한 것은 1994년에 벌어진 한 건의 살인 사건이었다. 이 사건의 피해자는 심슨의 아내였고, 심슨은 결국 아내를 살해했다는 혐의로 재판을 받았다. 심슨이 워낙 유명한 풋볼 선수인데다 흑인 남편이 백인 부인을 살해했다는 점 때문에 이 재판은 미국 국민들의 관심을 불러일으켰다. 검찰 측은 몇 가지 증거를 들어 그의 유죄를 입증하려고 했다. 그 증거 중 하나는 평소 심슨이 아내를 때리고 폭언을 일삼았다는 것이다. 변호인 측은 검찰 쪽의 증거들을 하나하나 반박하면서 이 증거에도 오류가 있음을 지적했다. 실제로 남편에게 폭행당하는 아내 중 자신을 때린 남편에게 살해당하는 경우는 1000명 중 한 명 꼴

인 0.1퍼센트도 안 된다는 것이다. 그러므로 심슨이 평소에 아내를 때렸다는 검찰의 증거는 이 재판의 논점을 벗어났다는 것이다.

이런 변호사들의 노력 덕분인지 심슨은 배심원들로부터 무죄 평결을 받았다. 템플 대학교의 수학 교수인 존 앨런 파울로스(John Allen Paulos)는 확률 이론을 이용해서 변호인단의 반박에 문제가 있음을 지적했다. 남편에게 맞는 아내가 그 남편에게 살해당하는 확률이 0.1퍼센트라는 것은 맞는 말이다. 그러나 폭행당하던 아내가 죽었을 때는 문제가 달라진다. 폭행당하던 아내가 죽었을 경우 그 아내를 평소에 때리던 남편이 범인일 확률은 무려 80퍼센트로 높아진다는 것이다. 결국 표본을 잘못 설정한 데서 이런 오해가 생겼다. 평소에 폭행을 당하던 아내를 표본으로 해서 그 아내가 남편에게 살해당할 확률을 계산하면 0.1퍼센트에 불과하지만 남편으로부터 폭행당하다가 죽은 아내를 표본으로 해서 그 남편이 범인인 확률을 계산하면 80퍼센트로 뛰는 것이다.

엄친아 이야기는 그만 : 성급한 일반화

이 장에서는 표본을 어떻게 잡느냐에 따라 생기는 논리적 문제를 검토해보자. 인기 코미디언 박명수 씨가 진행하는 라디오 프로그램인 〈2시의 데이트〉에 '거성 리서치'라는 코너가 있다. 아무한테나 전화를 걸어 질문을 한 가지 한다. 예컨대 "전화 받으신 분은 수박을 먹을 때 수박씨를 뱉습니까, 아니면 삼킵니까?"라고 묻는다. 그 사람이 "수박씨를 뱉습니다."라고 대답하면 팡파르 소리와 함께 박명수 씨가 외친다. "우리나라 국민들은 수박을 먹을 때 수박씨를 뱉는 것으로 조사되었습니다."라고. 그리고 이 조사의 표준오차는 ±99퍼센트라는 말이 뒤를 잇는다.

청취자들은 이것이 왜 웃긴지 잘 안다. 아무한테나 직접 전화해서 묻는 방식도 재미있지만 달랑 한 사람한테만 묻고서 우리나라 국민들 모두가 그렇다고 말하는 것은 올바른 논증 방식이 아니기 때문에 웃긴 것이다. 논리학자들은 이런 추론 방식을 **성급한 일반화의 오류**라고 부른다. 그리고 논리학을 배우지 않은 사람도 성급한 일반화라는 말 정도는 이제 많이 알고 있는 것 같다. 신문의 독자 투고란이나 인터넷 게시판을 보면 이 말이 심심찮게 쓰인다.

일반화 자체는 오히려 권장할 만한 논증 방식이다. 우리는 세상에 있는 모든 것을 경험할 수 없으므로 자신이 경험한 것을 토대로 일반화된 진술을 한다. 이것은 올바를 뿐만 아니라 우리 삶에 꼭 필요하다. 뜨거운 그릇에 손을 데고는 "뜨거운 것을 만지면 항상 손을 델 것이다."라고 결론 내리거나 흰 고니를 몇 마리 보고는 "모든 고니는 희다."라고 결론 내린다. 그러고 나서 이 일반화를 개별 사례에 적용한다. 곧 뜨거운 것이 있으면 "아, 이번에도 만지면 데겠지."라고 생각하고, 어느 동네에 고니가 산다고 하면 "그 고니도 흰색일 거야."라고 추측한다. 이런 일반화가 없다면 우리는 뜨거운 것을 일일이 만져보아야 데는지 안 데는지를 알 것이고, 아직 보지 않은 고니도 직접 봐야 희다는 것을 알 것이다. 이렇게 일반화는 진화의 과정에서 살아남기 위해 꼭 필요한 것이다. 일반화 자체는 문제가 없다. 문제는 너무 적은 표본에 근거해서 성급하게 일반화를 하기 때문에 생긴다.

거성 리서치도 분명히 성급한 일반화의 오류를 저지르고 있다. 달랑 한 사람한테만 물어보고서 우리나라 전 국민에게로 일반화하기 때문이다. 표본이 너무 작다. 전화 받은 사람 한 명이 수박을 먹을 때 수박씨를 뱉는다는 사실은 우리나라 국민이 수박을 먹을 때 어떤 행동을 하는지를 판단할 때 올바른 근거가 되지 못한다.

그런데 이상하다. 우리는 단 한 번의 경험으로 일반화된 판단을 할 때가 많다. 가령 지난번에 이용한 이삿짐센터가 서비스가 좋아서 다른 사람에게 추천한다. 영하의 날씨에 철봉에 혀를 갖다댔을 때 달라붙은 적이 있어서 다시는 그런 짓을 안 한다(앞에서 말한, 뜨거운 그릇에 덴 경험과 비슷하다). 범죄 현장에 떨어져 있는 머리카락 한 올을 가지고 DNA를 분석해서 범인을 찾아낸다. 한 명의 엄마 친구 아들(시쳇말로 '엄친아')이 열심히 공부해서 명문대에 입학한 것을 본 엄마가 내게도 열심히 공부하라고 말한다.

이런 논증들은 모두 단 하나의 사례에 근거했는데 성급한 일반화의 오류가 아닌가? 왜 거성 리서치를 보고서는 말도 안 된다고 웃으면서 이런 논증들은 당연하게 여기는가? 혹시 거성 리서치는 일반화 정도가 너무 커서, 곧 전 국민을 대상으로 해서 그런가? 그런 것 같지는 않다. 혹시 그 전화를 받은 사람이 강원도 삼척시에 살고 박명수 씨가 "강원도 삼척 시민들은 수박을 먹을 때 수박씨를 뱉는 것으로 조사되었습니다."라고 일반화의 정도를 줄여도 웃기는 것은 마찬가지니까. 그리고 영하의 날씨에 철봉에 혀를 갖다댔다가 달라붙은 적이 있는 사람이라면 누구나 그런 행동을 하면 안 된다고 생각할 테니 오히려 일반화의 폭이 더 넓다. 그럼 무슨 차이가 있을까?

"그건 네 생각이고": 성급하지 않은 일반화

논증을 할 때 개인의 경험이 근거로 자주 이용된다는 사실을 5장에서도 살펴보았다. 사람들은 어떤 주장을 펼치기 위해서 "내 경험에 따르면……"이나 "내가 아는 사람이 그러는데……"와 같은 표현을 즐겨 쓴다. 5장에서 전문가의 의견과 대비되는 개인의 경험을 살펴봤다면 여기서는 그런 경험을 밑절미 삼아 일반화된 주장을 하는 경우를 살펴보겠다. 그런데 개인적인 경험은 두 가지 이유에서 일반화의 적절한 근거가 되지 못한다. 그 첫 번째 이유는 경험은 사람마다 다를 수 있기 때문이다. 그것을 무시하기 때문에 개인의 경험은 일반화 논증에서 적절한 근거가 되지 못한다. 나는 수박을 먹을 때 수박씨를 뱉고 우리 집 가족들도 모두 그러지만 다른 사람들은 그러지 않을 수 있다. 학교에서 체벌을 허용해야 한다고 주장하면서 체벌은 교육적 효과가 있다는 것을 근거로 드는 사람들이 있다. 그 사람은 자신이 선생님에게 매를 맞고 바른길로 들어선 경험을 그 사례로 든다. 그러나 그것은 그 사람의 경험에 불과하다. 매를 맞고 더 삐뚤어진 사람도 있을 테니까.

흡연의 무해함을 주장하면서 주변에 담배를 피우고도 건강하게 오래 사는 사람을 예로 드는 사람도 있다. 담배를 피우는 사람들은 이런 예로 흡연을 합리화한다. 한 기자가 128세의 할머니를 만나 인터뷰를 했다. "할머니, 장수 비결이 뭡니까?" 그러자 할머니가 대답했다. "응, 담배는 건강에 나빠. 피우지 마. 그래서 나도 5년 전에 끊었거든." 이것은 만들어낸 이야기다. 하지만 때로는 역사적 사례를 근거로 들기도 한다. "린뱌오는 술과 담배를 멀리 했는데 63세에 죽었고, 저우언라이는 술을 즐기고 담배를 멀리 했는데도 73세에 죽었다. 마오쩌둥은 술은 멀리하고 담배를 즐겼는데 83세까지 살았고, 덩샤오핑은 술을 즐기고 담배도 즐겼는데도 무려 93세까지 살았다. 특히 장제스 군대의 부사령관을 지낸 장쉐량은 술과 담배와 여색을 모두 가까이 했는데도 103세까지 살았다." 뭐, 담배를 피우면서도 그렇게 건강한 사람도 있을 것이다. 그러나 담배 때문에 일찍 죽는 사람도 주변에 많다. 통계를 제시하지 않고 자기가 본 사례만 이야기하는 것은 올바른 논증 방법이 아니다.

이렇게 개인의 경험은 사람마다 다양하다. 그러므로 그 표본의 크기가 작을 때는 근거의 역할을 할 수가 없다. 자기 나름대로 근거 제시의 원칙 두 번째 원칙 을 지키려고 했지만 실패한 것이다. 그 근거는 다양한 경험을 하는 다른 사람들이 받아들일 수 있는 것이 아니기 때문이다. 자기의 경험을 근거로 제시하는 사람은 이 말 한마디면 할 말이 없어질 것이다. "그건 네 생각이고."

물론 대화 중에는 한두 사례를 근거로 성급하게 일반화한다고 해서 바로 오류로 단정해서는 안 된다. 방금 네가 말한 경험은 네 생각에 불과하니까 그 경험이 더 많은 사례로 확장될 수 있느냐고 입증의 책임을 지워야 할 것이다. 그때 대답을 못하면 그 논증은 성급한 일반화의 오류이거나 기껏해야 아주 약한 논증이 된다.

개인의 경험은 다양할 수 있으므로 근거 제시의 원칙^{두 번째 원칙}을 지키면서 어떤 일반화된 주장을 하기 위해서는 여러 경험들을 조사해야 한다. 사회 조사에서는 여론 조사가, 과학적인 연구에서는 반복적인 실험이 그런 역할을 한다. 예컨대 수박씨의 사례라면 몇 백 명의 시민을 상대로 여론 조사를 해야 할 테고, 체벌이나 흡연의 사례라면 과학적인 표본 조사가 이루어져야 한다. 그때 결론은 꼭 "모든 ……"라는 식으로 나오는 것은 아니다. "대부분의 ……"나 "몇 퍼센트의 ……"라는 식으로 나올 때도 많다.

그런데 앞에서 단 하나의 표본을 근거로 주장했는데도 성급한 일반화가 아닌 것처럼 보일 때도 있다고 했다. 영하의 날씨에 철봉에 혀를 갖다대면 달라붙는다는 것은 한 번의 경험만으로도 일반화할 수 있다. 그리고 그 일반화는 아주 훌륭하다. 정말로 달라붙는지 확인해보기 위해 다시 한 번 경험해보는 것은 바보 같은 짓이다.

철봉의 사례와 수박씨의 사례는 무슨 차이가 있기에 똑같이 한 번의 경험으로 일반화했는데도 하나는 성급하고 하나는 성급하지 않을까?

앞에서 경험이 근거의 역할을 하지 못하는 것은 사람들의 경험이 다양해서라고 했다. 이 말은 뒤집어보면 사람의 경험이 모두 비슷하다는 것을 우리가 사전에 정확히 알고 있다면 달랑 한 사례만 관찰해도 좋은 근거가 될 수가 있다는 뜻이 된다. 우리는 인간의 혀가 아주 약하고 민감하며, 그런 특성은 사람에 따라 다르게 나타나는 것이 아님을 잘 알고 있다. 그리고 철은 열전도율이 높으므로 영하의 날씨라면 철봉은 어디에 있든 얼음과 같다는 사실도 잘 알고 있다. 그런 지식이 있으므로 여러 번의 경험을 거치지 않고도 영하의 날씨에 철봉에 혀를 갖다대면 달라붙는다고 일반화해도 문제가 안 되는 것이다.

경험에 근거해서 일반화를 하려면 자비로운 해석의 원칙^{첫 번째 원칙}을 적용해야 한다. 다른 사람들도 나와 같은 경험을 할까? 이 경험은 내게만 특수한 것이 아닐까? 일반화하기 전에 항상 이렇게 비판적으로 물어보아야 한다. 만약 비슷한 조건에 있는 사람의 경험이 모두 또는 거의 같다는 것을 안다면, 어려운 말로 균질적이라면 한두 번의 경험에 근거해서 일반화를 해도 괜찮다. 그렇지 않다면 성급한 일반화의 오류를 저지르게 된다. 보통 이삿짐센터는 네다섯 명이 팀을 이루어 항상 같이 움직인다. 그리고 이사 서비스라는 것이 매일 매일의 상황에 따라 달라지는 것이 아니다. 그렇다면 그 팀의 서비스가 좋았다면 다른 사람에게 추천해도 실패할 가능성은 낮다. 물론 같은 이삿짐센터라도 팀이 달라지면 이야기가 달라진다. 그때는 그 회사가 어느 팀이냐에 상관없이 균등한 서비스를 제공하도록 교육을 시키고 있는지를 확인해야 한다. 우리는 한 사람의 DNA는 신체의 어느 부위에서나 똑같다는 사실을 알고 있다. 그러면 머리카락 한 올로 DNA 분석을 해서 범인을 찾아내도 성급한 일반화가 아니고 훌륭한 증거가 된다.

엄친아가 열심히 공부해서 명문대에 입학한 사례는 어떨까? 그 경험은 그 엄친아에게만 특별한 것일까? 엄마 친구라면 나와 가정 형편이 비슷할 가능성이 높다. 그러므로 그 사례는 나와 비슷한 환경에 있는 사람들에게 일반화해도 성급하지 않을 것이다. 그러므로 나도 엄친아처럼 열심히 공부하면 명문대에 입학할 것이라는 엄마의 충고는 옳다. 그러나 그런 일반화가 성공한다 하더라도 그것은 적용 범위가 제한되어 있는 일반화다. 곧 "나와 환경이 비슷한 사람은 누구나 (또는 대체로) 열심히 공부하면 명문대에 입학할 수 있다."라는 식이다. 그러므로 아주 환경이 다른 학생, 가령 달동네에 사는 학생에게는 그런 일반화를 적용할 수 없다. 그 학생에게 "너도 열심히 공부하면 명문대에 입학할 수 있어."라고 말할 수는 있지만 근거는 아주 불충분하다.

편견과 진실의 차이

우리는 어느 지역을 방문한 후 그 동네 사람들이 참 친절하다거나 불친절하다는 일반화된 판단을 한다. 그런 판단은 방문 기간 동안 몇 번의 경험을 바탕으로 한 것이다. 이럴 때는 아까 말한 것처럼 그 사례가 내게만 특수한 것은 아닐까, 이런 경험은 사람마다 다른 것은 아닐까 하고 자비롭게 해석해보아야 한다. 이 세상에 친절한 사람만 모여 살거나 불친절한 사람만 모여 사는 마을이 있을까? 그런 균질성이 보장

된다면 몇 번의 경험에 따른 일반화라고 하더라도 크게 문제되지는 않을 것이다. 그러나 그런 사람들만 모여 사는 곳은 없다.

《아메리카 자전거 여행》에서 홍은택 씨는 어느 동네에서든 친절한 경험을 하면 플러스 1점, 불친절한 경험을 하면 마이너스 1점을 주는 식으로 계산을 했다고 한다. 그런데 마이너스 2~3점 이하로 내려가는 경우는 없었다고 한다. 어느 동네에나 친절한 사람이 있으면 불친절한 사람도 있고 불친절한 사람이 있으면 친절한 사람이 있는 법이다. 사람 사는 곳이 다 그렇다. 나쁜 사람들만 모여 사는 마을은 진즉에 붕괴된다. 그러므로 개인적인 경험만으로 특정 지역에 대해 일반화된 판단을 내려서는 안 된다.

확실한 근거 없이 어떤 집단에 대해 가지고 있는 생각을 **편견**이라고 한다. 이런 편견은 대체로 성급한 일반화에 의해 생긴다. 그 집단에 속한 사람이나 대상에 대해 한두 번 경험해보고서 그 집단 전체에 대해

성급한 일반화를 막는 방법

논리 법정

같은 사람의 DNA는 신체의 어느 부위에서나 똑같다. 그러나 DNA가 똑같은 사람이 있을 수 있다는 문제가 있다. DNA가 같은 사람이 있을 확률은 1만 분의 1이라고 한다. 들머리에서 말한 심슨 재판에서 검찰 쪽은 범행 현장에서 채취한 DNA가 심슨의 것과 일치한다는 점도 증거로 제시했다. 그러나 변호인 쪽은 로스앤젤레스 인구가 300만 명이니 DNA가 같은 사람은 300명이나 있을 수 있다고 주장했다. 그러나

일반화된 판단을 내린다. 그런데 그 집단은 그 성질에 대해 균질적인 특성을 보이지 않는다. 그렇다면 그 일반화에 의해 생긴 편견은 잘못된 것이다.

특정 지역에 대한 일반화된 판단도 편견이다. 인종이나 성별에 대한 일반화된 판단도 마찬가지로 편견이다. 예를 들어 흑인은 게으르다거나 여자는 수학을 못한다고 생각하는 사람들이 있다. 그 근거를 대보라고 하면 내가 만나본 흑인들은 정말로 게으르다거나 내가 아는 여자 누구누구는 수학을 정말로 못한다고 박박 우긴다. 실제로 게으름이라는 특성이 인종별로 다르게 나타나거나 수리 능력이 성별로 다르게 나타날지도 모른다. 그러나 이를 확인해주는 연구는 없다. 있는 것은 오로지 사적인 경험뿐이다. 입증의 책임 원칙^{세 번째 원칙}에 따라 그런 연구가 있기 전까지는 인종이나 성별에 따라 게으름이나 수리 능력이 다르게 나타난다는 생각은 버려야 한다. 이렇게 누군가를 개인으로

검찰은 DNA만 증거로 제시한 것이 아니다. 범행 현장에서 심슨의 발 사이즈와 똑같은 발자국이 발견되었다는 점, 발자국 왼쪽에 핏자국이 있고 심슨의 왼손에 상처가 있다는 점도 증거로 제시했다. 아니, 발 사이즈가 같은 사람이나 왼손에 상처가 있는 사람이 얼마나 많겠는가? 그것만 가지고는 증거가 안 되겠지. 그러나 앞서 말한 파울로스 교수에 따르면 DNA가 같은 그 300명 중 발 사이즈가 같고 왼손에 상처까지 있는 사람이 몇 명이나 될지 고려해보면 심슨이 범인일 확률은 굉장히 높아진다.

판단하지 않고 아무 증거 없이 그가 속한 인종이나 성별에 따라 판단하는 것은 논리적으로나 도덕적으로 모두 비난받아야 할 차별이다.

그런데 어떤 집단이 특정 성질에 대해 균질적인 특성을 보인다고 해보자. 흑인은 체질적으로 다른 인종에 비해서 운동신경이 뛰어나다는 것은 과학적으로 입증된 사실이다. 그러므로 어떤 흑인이 운동을 잘하는 것을 보고 "과연 흑인은 운동을 잘하는군."이라고 말하는 것은 성급한 일반화가 아니다. 또 명문대 졸업생들은 학업 능력에서 거의 같은 특성을 보인다. 그리고 이런 일반화는 몇 번의 경험을 통해 나온 것이 아니라 명문대에 입학할 때의 성적이나 졸업할 때의 각종 고시 및 인증 시험의 성적으로 확인된 것이다. 다시 말해서 명문대 졸업생은 학업 능력이 뛰어나다고 주장하는 것은 성급한 일반화가 아닌 것 같다. 그렇다면 기업에서 명문대 졸업생이라는 집단에 속한 것만 보고 채용하고, 그 집단에 속하지 않은 것만 보고 채용하지 않는 것은 편견에 의한 차별이 아니지 않을까?

사실 이것은 굉장히 복잡한 문제다. 따져야 할 것이 한두 가지가 아니다. 우선 학업 능력이 우수하다고 해서 업무 능력도 우수하다고 할 수 있느냐는 문제가 걸린다. 우리는 그렇지 않은 반대 사례를 많이 알고 있다. 그렇지만 일단 명문대 졸업생은 학업 능력이 우수하므로 업무 능력도 우수하다고 해보자(어쩌면 우리 사회는 명문대라는 간판이 곧 업무 능력이 되는지도 모른다).

그렇다고 해도 그 일반화는 그 구성원 모두에 대해 빠짐없이 적용되는 일반화는 아니다. '대체로' 그럴 뿐이다. 그렇다면 명문대 졸업생 중 일부는 업무 능력에서 떨어질 테고, 비명문대 졸업생 중 일부는 업무 능력이 뛰어날 것이다. 따라서 명문대 졸업 여부만 보고 직원을 채용하게 되면 업무 능력이 부족한 명문대 졸업생을 채용하는 일도 생기고, 업무 능력이 뛰어난 비명문대생을 놓치는 일도 생기게 된다. 기업이 그런 실수를 하지 않으려면 학력을 보지 않고 한 명 한 명의 업무 능력을 테스트해야 한다. 그러나 기업 입장에서는 그렇게 하기에는 비용과 시간이 너무 많이 든다. 그래서 간혹 잘못 선발하는 일이 생기더라도 명문대 위주로 선발하는 관행을 유지하는 것이다. 9장에서 말한 '안전빵'이다.

기업의 이런 '차별'은 도덕적으로 비난할 수는 있지만 논리적으로는 비난하기 어렵다. 기업은 자신들의 판단이 실패할 수 있음을 잘 알면서도 그 실패가 비용 면에서 더 이익이라고 판단했기 때문이다. 기업 입장에서는 최선의 이익을 내는 행동을 하는 것이 당연하다. 기업은 정작 실력이 있는 사람을 뽑지 못할 가능성, 그래서 한 명 한 명의 업무 능력을 테스트한다고 해도 정말 실력 있는 사람을 뽑을 수 있을지 확신하지 못하는 의구심, 확신한다고 하더라도 거기에 들어갈 노력과 시간, 명문대 출신만 뽑는다는 사회적 비난의 감수 등을 모두 종합적으로 따져서 결정하는 것이다. 그 나름대로 합리적인 판단이다. 그러나 이익 추구를 목표로 하지 않는 정부에서 공무원을 그런 식으로 선발한다면 도덕적으로는 말할 것도 없고 논리적으로도 비난받아야 한다. 정부는 명문대 출신이든 아니든 공정한 기회를 부여해야 하고 그런 구분 자체가 무의미해지도록 노력해야 하기 때문이다.

아는 만큼 보인다 : 편향된 일반화의 오류

지금까지 개인적인 경험이 일반화 논증을 할 때 좋은 근거가 되지 못하는 첫 번째 이유로, 사람들의 경험은 다양한데 한두 번의 경험으로 이 모두를 일반화하기에는 턱없이 부족하다는 것을 들었다. 그런데 자신의 경험은 한두 번이 아니라 여러 번 반복된 것이므로 일반화하기에 충분하다고 부득부득 우기는 사람이 종종 있다. 그런데 그의 말대로 같은 경험이 여러 번 반복된다면 일반화해도 괜찮지 않을까? 까마귀를 단지 몇 마리가 아니라 수백 마리 관찰했는데 모두 검다면 까마귀는 모두 검다고 일반화해도 괜찮은 것처럼 말이다.

이제 개인적인 경험이 일반화 논증의 근거로 적절하지 않은 두 번째 이유를 말할 차례다. 그것은 경험이 객관적이지 못할 가능성이 크다는 것이다. 사람들은 관찰을 거울처럼 대상을 있는 그대로 반영해 보여주는 것으로 알고 있다. 그러나 여러 심리학 연구는 사람들이 경험을 자신에게 유리한 쪽으로 해석하는 경향이 있음을 보여준다. 이를 확증 편향이라고 한다. 5장에 나온 오리-토끼 그림을 다시 보라. 오리인가, 토끼인가? 어떻게 보면 오리이고 또 어떻게 보면 토끼다. 자신의 관심사에 따라 다르게 보인다.

로또에 당첨될 확률은 800만 분의 1이라고 한다. 그러나 로또를 구매하는 사람은 당첨된 한 명에게만 관심을 집중한다. 돈을 잃는 수백만 명은 눈에 들어오지 않는다. 로또를 사는 사람에게는 당첨된 한 명이 당첨되지 않은 수백만 명과 같은 비중이고, 그래서 그 사람은 당첨

될 확률은 2분의 1이라고 생각한다. 재테크도 도박과 비슷해서 그런지 승자만 기억하고 패자는 기억하지 않는 속성이 있다. 주식이나 부동산으로 돈을 벌고 싶은 사람의 눈에는 돈을 번 사람만 보이는 것이다. 부모들 눈에는 자기 아이가 똑똑하다는 증거만 관찰된다. 야구를 볼 때도 내가 응원하는 팀의 타자가 타석에 섰을 때는 심판이 볼인데도 자꾸 스트라이크를 선언하는 것 같다. 그런데 상대 팀의 타자가 타석에 섰을 때는 똑같은 코스로 공이 들어오는데도 심판이 자꾸만 볼을 선언하는 것 같다.

정치인도 마찬가지다. 어떤 사안에 대해 찬성 의견도 있고 반대 의견도 있는데 그 사람들은 듣기 싫은 말에는 귀를 닫는다. 외계인이나 UFO가 있다고 믿어봐라. 밤하늘에 뭔가가 반짝이기만 하면 외계인으로 보이고 UFO로 보인다. 나무껍질은 불특정한 모양으로 결이 져 있다. 다른 사람들은 아무것도 보지 못한다. 그런데 예수나 마리아만을 생각하는 사람은 그 모습이 예수나 마리아로 보인다. 사람들은 자기가 보고 싶은 것만 보고 듣고 싶은 것만 듣는다.

머피의 법칙이라는 것이 있다. 자신에게는 재수 없는 일만 일어난다는 것이다. 자신이 기다리는 버스는 안 오는데 기다리지 않은 버스는 자주 올 때 머피의 법칙이 들어맞는다고 한다. 왜 자신이 기다리는 버스만 안 오겠는가? 그 버스가 금방 올 때는 잊어버리고 버스가 안 와서 짜증날 때만 기억하니까 그렇겠지.

이런 예는 쌔고 쌨다(11장에서 인과 논증과 관련해서도 언급했다). 이렇게 객관적이지 못한 경험을 토대로 일반화를 하면 아무리 많은 표본을

| 확증 편향 |

사람들은 관찰을 거울처럼 대상을
있는 그대로 반영해 보여주는 것으로 알고 있다.
그러나 여러 심리학 연구는 사람들이 경험을 자신에게
유리한 쪽으로 해석하는 경향이 있음을 보여준다.
이를 확증 편향이라고 한다.

관찰했다고 해도 그것들은 대부분 편향되어 있다. 표본을 많이 관찰했다. 그래서 관찰 사례가 굉장히 많다. 그러면 성급한 일반화의 오류는 피할 것이다. 그러나 그 표본들이 죄다 편향되어 있다. 그때는 **편향된 일반화의 오류**를 저지르게 된다.

유홍준 교수는 《나의 문화유산답사기》에서 "아는 만큼 보인다."

몬데그린 : "아는 만큼 보인다."라는 말은 많이 하지만 "아는 만큼 들린다."라는 말은 그리 많이 하지 않는다. 몸이 100냥이면 눈이 90냥이란 속담처럼 시각의 중요성이 더 강조되기 때문이다. 그러나 보는 것 못지않게 듣는 것도 주관적으로 이루어진다. 몬데그린(mondegreen)은 외국어가 청자의 모국어처럼 들리는 착각 현상을 말한다. 자기가 아는 것이 모국어밖에 없으니까 그렇게 들리는 것이다. 올리비아 뉴턴-존의 유명한 팝송인 〈피지컬(Physical)〉에 나오는 "Let me hear your body talk"라는 가사가 "냄비 위에 밥이 타"로 들리는 것이 대표적인 예다.

라는 말을 널리 알렸다. 유 교수는 그 말을 좋은 의도로 썼다. 다시 말해서 문화재에 대해서 더 많이 알기 위해서는 더 많이 공부하라는 의도로 한 말이다. 그러나 그 말을 나쁜 의도로 가져다 쓸 수도 있다. 똑같은 현상이 자신의 관심사대로 주관적으로 해석된다고 말이다.

사람들은 자기에게 유리한 증거만 받아들인다. 자기에게 불리한 증거도 증거인데 그것은 애써 무시한다. 자비로운 해석의 원칙^{첫 번째 원칙}은 나와 의견이 달라도 최대한 합리적으로 해석하라고 말한다. 나에게 불리한 증거는 분명히 옳은 증거다. 다만 나에게 껄끄러운 증거일 뿐이다. 그렇다고 해서 거부하는 것은 자비로운 자세도 아니고 열린 자세도 아니다. 자신에게 불리한 증거는 무시하고 유리한 증거만 제시하는 변호사가 있다고 하자. 반대편은 고사하고 제3자, 가령 판결을 하는 판사도 그 변호사처럼 생각해줄까? 어림없는 소리다.

우리의 예로 돌아가서 특정 지역을 여행한 사람이 자신이 당한 불친절한 경험은 한두 번이 아니라 수없이 많다고 주장한다고 치자. 이 주장은 그 지역이 불친절한 동네라는 일반화를 충분히 정당화해줄까? 그 사람이 불친절한 경험을 수없이 했을 수도 있다. 그러나 그 사람은 아마 그에 못지않게 친절한 경험도 했을 것이다. 다만 불친절한 경험만 기억하는 것이다. 이 지역은 불친절한 동네라는 편견이 있기 때문에 그 선입견을 입증해주는 사례만 기억하고, 반증해주는 사례는 기억하지 못한다. 그런 사례를 아무리 많이 모아 일반화해도 그것은 편향된 일반화일 뿐이다. 특정 지역 사람이 불친절하다는 주장은 하나의 가설이다. 그 가설을 입증해 주는 사례가 더 많은지 반증해주는 사례가 더 많은지 검증하는 것이 합리적인 자세다. 그때 마음을 열고 자비를 베풀어 나의 가설에 유리하든 불리하든 똑같이 취급해야 한다.

우리나라에서는 특정 지역 사람들을 사기꾼이라고 욕하는 사람들이 있다(지역 이름을 밝히면 내 의도와는 달리 학습화가 될 수도 있으므로 'ОО 지역'이라고 해보자). 이런 사람들은 없어질 때도 됐는데 아직도 없어지지 않고 있다. 공적인 자리에서 이런 욕을 하는 사람은 없지만 술자리나 인터넷 공간에는 아직도 있다. 아무 근거도 없이 무턱대고 욕하는 사람도 있지만 그 나름대로 근거를 제시하는 사람도 많다. 예컨대 자기 아버지가 지금까지 여러 번 배신을 당했는데 모두 ОО 지역 사람들한테 당했다는 식이다. (미국 교포들의 사이트에도 그런 말이 쓰여 있다. 이 지겨운 지역주의는 미국에서도 잊히지 않는 모양이다.) 그러나 그 아버지가 살아오면서 ОО 지역 사람에게 배신만 당했겠는가? 반대의 경우도 있었을 것이다. 그러나 ○○ 지역 사람한테 가지고 있는 편견 때문에 배신당한 경우만 기억하고 있을 가능성이 크다.

정말로 ○○ 지역 사람들에게만 배신을 당했을 수도 있다. 운이 참 없는 사람이다. 그러나 거기에 근거해서 "모든 ○○ 지역 사람들은……"이라고 일반화하는 것은 별개의 문제다. 일반화하기 전에 자비를 베풀어서 해석해야 한다. ○○ 지역 같은 지방은 이농 현상으로 서울 같은 도회지로 떠나는 사람이 많았다. 고향을 떠나 객지에, 그것도 대도시에 사는 사람들은 정착하기 위해 아무래도 아등바등하기 마련이다. 살기에 팍팍하고, 그래서 남을 등치는 사람도 있었을 것이다. 고향에 있었으면 그럴 사람이 아닌데 말이다. 혹시 ○○ 지역 사람 중에 사기꾼이 많다는 가설이 참이라면 그것은 어디까지나 대도시로 이주해 사는 ○○ 지역 사람들이 많다 보니 그중에는 사기꾼도 더 많아서 그럴 것이다. 표본 선정이 잘못된 것이다. 앞에서도 말했지만 세계 어느 지역이든 그 지역과 인간성의 연관성을 연구한 결과는 없다. 입증의 책임 원칙^{세 번째 원칙} 에 따르면 그런 증거가 없는 이상 ○○ 지역이 됐든 다른 지역이 됐든 특정 지역 사람의 인간성을 단정 짓는 발언은 악의적이다. 자신의 주장에 반대되는 사례가 있는지 약간의 자비만 베풀어도 금방 알 수 있는데 그런 자비를 베풀려고 하지 않기 때문이다.

'○○ 지역'이라고까지 하면서 이 이야기를 하는 까닭은 우리 사회의 발전을 가로막는 편견 중 이 지역에 대한 편견이 가장 심각하다고 생각하기 때문이다. 특정 집단에 대한 증오 때문에 이유 없이 테러를 가하는 범죄를 '증오 범죄'라고 한다. 우리나라에는 아직 증오 범죄라고 할 만한 테러는 없는 것 같다. 그러나 지역 차별적인 발언은 심각하다. 합리적인 근거는 눈곱만큼도 없으면서 다른 지역 사람들을 비난한다. 이런 편견이 결국은 외국인이나 소수자에 대한 테러 행위의 씨앗이 되므로 그런 비난도 증오 범죄에 속한다는 인식을 만들어야 한다.

혈액형과 성격 사이에 연관성이 있다는 과학적인 연구는 제시된 적이 없다. 그러므로 입증의 책임 원칙^{세 번째 원칙}에 따르면 혈액형과 성격 사이에는 아무런 관련도 없다. 그런데도 고등 교육까지 버젓이 받은 수많은 사람들이 아직도 다른 사람의 혈액형을 묻는다. 의료인이 아닌 이상, 다른 사람의 혈액형이 궁금할 이유가 전혀 없다. 다른 사람의 혈액형을 알아서 뭣에 써먹겠는가? 혈액형이 궁금한 이유는 오직 하나, 그 사람의 성격과 관련시키기 위해서다.

논리 법정

증오 범죄

증오 범죄는 '이유 없이' 한다고 정의했지만 특정 집단에 속한다는 것이 테러를 하거나 증오심을 표현하는 이유다. 주로 소수 인종 · 외국인 · 여성 · 장애인 · 성적 소수자 등 소수자들을 대상으로 저질러진다. 여러 나라에서는 특정 집단에 대한 테러뿐만 아니라 증오심을 표현하는 행위도 다른 사람이나 재산에 피해를 줄 정도로 확대되면 표현의 자유에 의해 보호되지 않는다는 판결을 내린다.

가령 A형은 소심하다고 말한다. A형은 정말로 소심하다고 믿는 사람이 있다. 자신의 주변에서 소심한 A형을 수없이 봤다는 것이다. 그 사람은 소심한 사람을 만나면 혈액형이 무엇인지 물어본다. 혹시 A형이란 대답을 들으면 "봐라, 내 말이 맞지!"라고 무릎을 친다. 그러나 A형이 아니라면 "아니, A형 맞는 것 같은데……."라고 말을 흐리다가 잊어버린다. 더구나 소심하지 않은 수많은 A형들에게는 애초에 혈액형을 물어보지도 않는다. 이 사람도 일반화를 하기는 했지만 편향되게 했다. 자신에게 유리한 사례만 기억하고 불리한 사례는 잊어버리거나 무시하는 행태는 올바른 논증 방식이 아님은 분명하다. (영화 〈달콤, 살벌한 연인〉의 여자 주인공은 혈액형과 성격의 연관성을 부정하는 남자 주인공에게 이렇게 말한다. "A형이죠? A형이야, A형. A형이 원래 따지기 좋아하고 의심이 많아." 이 대사는 8장에서 말한 우물에 독 풀기에 해당한다. 참고로 나는 A형이다.)

논리적인 여론 조사

지금까지 일반화를 할 때 개인의 경험이 왜 근거로서의 역할을 하지 못하는지에 대해 설명했다. 첫째는 개인의 경험은 다양한데 한두 번의 경험으로는 일반화를 하는 데 어림도 없기 때문이었고, 둘째는 설령 경험이 많더라도 자신에게 유리한 경험만 기억하기 때문이었다. 첫째 이유 때문에 성급한 일반화가 생기고 둘째 이유 때문에 편향된 일반화가 생긴다. 그런데 이런 주의점은 낯선 것이 아니다. 우리는 아

여론 조사를 할 때 꼭 챙겨야 할 것들

1. 누구의 의뢰로 이루어진 여론 조사인가?
2. 질문을 할 때 정의가 명확한가?
3. 질문에 특정한 의도가 들어 있지 않은가?
4. '예'와 '아니오'로만 강요하지 않는가?

주 흔하게 여론 조사에 접한다. 언론에는 선거나 국가 정책에 대한 여론 조사가 심심찮게 실린다. 바로 이 여론 조사를 할 때 반드시 조심해야 할 것이 성급한 일반화와 편향된 일반화다.

여론 조사는 모집단에서 표본을 추출하는 과정에서 시작된다. 이때 표본의 크기는 커야 하고 편향되어서는 안 된다. 가령 내 강의를 듣는 학생들만을 대상으로 지지하는 대통령 후보를 물으면 표본이 너무 작다. 그렇다고 해서 우리 학교 학생들 전체에게 물으면 표본은 커지겠지만 대부분 20대의 젊은이들이므로 심하게 편향된 여론 조사 결과가 나올 것이다.

언론이나 공공 기관에서 여론 조사를 할 때는 표본이 커야 하고 편향되지 않아야 한다는 원칙은 잘 지키는 것 같다. 대체로 1000명 이상에게 질문을 하고 무작위로 표본을 뽑는다. 그러나 여론 조사를 할 때 지켜야 할 원칙으로는 이것만 있는 것이 아니다. 여론 조사를 소개하는 책들을 보면 다음과 같은 것들을 물어봐야 한다고 쓰고 있다. 모두 이 책에서 지금까지 두루 살핀 주제와 관련되어 있다.

1. 누구의 의뢰로 이루어진 여론 조사인가?

여론 조사를 시행하는 회사는 객관적이고 공정하게 조사를 하는 것이 직업윤리라고 말한다. 하지만 이윤을 추구하는 회사이다 보니 의뢰자의 의도가 반영되지 않는다고 보기는 어렵다. 그러므로 누가 의뢰해서 시행한 여론 조사인지가 중요하다. 또 여론 조사 회사는 공정하게 조사를 했는데 의뢰 기관은 그 결과가 마음에 들지 않아서 없었던 것으로 할지도 모른다.

이 경우 우리에게 공표되는 여론 조사는 구미에 맞는 것만 걸러져 나온 것일지도 모른다. 어떤 기관이 의뢰했으므로 그 여론 조사 결과는 믿을 수 없다고 결론 내리는 것은 8장에서 설명한 우물에 독 풀기에 해당하지만 그럴 만한 이유를 추가로 제시하면 잘못된 논증 방법이 아니라고 했다. 따라서 아래와 같은 질문을 추가로 던져야 한다.

2. 질문을 할 때 정의가 명확한가?

정의가 명확하게 내려지지 않은 애매모호한 상태에서 질문을 하게 되면 그 조사 결과를 믿을 수 없다. 4장에서 언급한 예처럼 성폭력을 강간으로 이해하느냐 성희롱으로 이해하느냐에 따라 답변은 달라진다. 성적인 농담이나 느끼한 눈빛을 경험한 적이 있다는 조사 결과를 가지고 "여성 중 4분의 3이 성폭력을 경험했다."라고 발표하면 혼란을 가져올 수밖에 없다. '빈곤', '실업자' 등도 마찬가지로 애매모호한 낱말들인데 명확한 정의 없이 조사하면 다른 답변이 나온다.

복합 질문의 오류 : 논리학에서는 "불법적인 총기 거래를 단속하는 것에 찬성하는가?"와 같은 질문을 복합 질문의 오류라고 부른다. 그 질문에는 사실 "총기 거래가 불법이라고 생각하는가?"라는 질문이 들어 있음을 숨기고 있기 때문이다. "지금도 와이프를 때리니?"가 고전적인 예다. 복합 질문의 오류는 여론(어젠다)을 선점하기 위해서도 쓰인다. 총기 거래 질문도 총기 거래가 불법임을 당연시하려는 목적이 숨어 있고 "원더걸스가 미국에서 성공한 이유는 뭘까요?"라는 질문도 원더걸스가 미국에서 성공했음을 당연시하려는 목적이 숨어 있다.

3. 질문에 특정한 의도가 들어 있지 않은가?

질문을 어떻게 하느냐에 따라 그 결과가 달라질 수 있다. 이 점을 아는 여론 조사 전문가들은 질문을 교묘하게 조작해서 원하는 대로 답변을 이끌어낼 수 있다. 사회학자인 조엘 베스트는 《통계라는 이름의 거짓말》에서 다음과 같은 사례를 소개한다. 총기 규제를 옹호하는 사람들이 실시한 조사에서는 "불법적인 총기 거래를 단속하는 것에 찬성하는가?"라고 물었더니 응답자의 4분의 3이 찬성한다는 결과가 나왔다. '불법적'이라는 단서가 붙는 이상 단속에 찬성하는 사람이 많을 수밖에 없다. 이 질문을 하는 사람은 왜 총기 거래가 불법적인지부터 밝혔어야 했다. 이 질문은 상대방이 받아들일 수 있는 근거를 제시해야 한다는 근거 제시의 원칙^{두 번째 원칙}을 어겼다.

질문을 어떻게 하느냐가 중요하다는 사실은 2007년 한나라당에서 대통령 후보 경선을 할 때 여론 조사 문항을 두고 벌어진 논란에서도 확인할 수 있다. 이명박 후보 쪽은 "한나라당 대통령 후보로 누가 좋겠습니까?"라고 묻기를 원했고 박근혜 후보 쪽은 "누구를 찍겠습니까?"라고 묻기를 원했다. 이명박 후보 쪽은 굳이 선택하라면 다른 후보보다는 이명박 후보를 찍겠다는 사람들이 많고 박근혜 후보 쪽은 적극적으로 지지하겠다는 사람이 많으므로 모두 자기 쪽에 유리한 질문으로 여론 조사를 하고 싶었던 것이다.

4. '예'와 '아니오'로만 강요하지 않는가?

만약 여론 조사가 아니라면 총기 규제를 옹호하는 사람들의 질문에 '예', '아니오'로만 대답할 것이 아니라 "왜 총기 거래가 불법이에요?"라고 물어야 한다. 우리나라는 총기 거래가 당연히 불법이니까 이렇게 묻는 것이 오히려 이상하겠지만 총기 소유가 논란이 되는 미국에서는 이렇게 묻는 것이 더 당연하다. 우리나라로 치면 이 질문은 "불법적인 다운로드를 단속하는 것에 찬성하는가?"라고 묻는 것과 비슷하다. 그런데도 이 질문은 '예'

와 '아니오'로만 대답하도록 강요하고 있다. 다른 사람이 질문할 기회를 빼앗고 있으므로 입증의 권리 원칙 세 번째 원칙 을 어기고 있다.

한편 총기 거래에 반대한다고 해서 꼭 '예'라고 대답해야 하거나 찬성한다고 해서 꼭 '아니오'라고 대답해야 하는 것은 아니다. 어떤 사람은 조직폭력배들의 총기 거래만 반대할 수 있다. 그런데도 대부분의 설문 조사는 '예'와 '아니오'의 두 가지 답변만 요구한다. 이것도 역시 입증의 권리 원칙 세 번째 원칙 을 어기는 것이다. 실제로 많은 사람들이 총기 문제에 관심이 별로 없어서 '모른다'라고 대답할 것이다. 그런데 '모른다'라는 답변은 설문에 아예 없거나, 있어도 사람들은 뭔가 아는 체하기 위해 '예'라고 대답하는 경향이 있다.

이런 일들은 질문을 만들 때 상대방 입장에서 만드는 것이 아니라 자신의 입장만 반영하여 만들기 때문에 일어난다. 곧 자비로운 해석의 원칙 첫 번째 원칙 에 어긋나서 벌어지는 문제다. 대답하는 사람의 입장을 한 번만 생각하면 될 것 같은데 그렇게 하지 않는 것은, 언론이 '예'나 '아니오'처럼 딱 떨어지는 답을 좋아하기 때문이다. 그래야 간단하게 숫자로 통계치를 제시할 수 있어서 뭔가 객관적으로 보이고 치열한 의견 대립도 있는 것처럼 보인다. '예'나 '아니오' 이외의 대답은 통계처리도 힘들고, '모른다'라는 대답이 너무 많으면 뉴스거리가 되지 않는다. 그래서 '예'나 '아니오'만 강요하는 것이다.

여론 조사는 숫자를 사용하여 결과를 제시하므로 신뢰성이 있어 보인다. 그런데 그 신뢰성을 보장하기 위해서는 앞서 소개한 질문들을 반드시 던져야 한다. 그러나 언론은 여론 조사 결과를 통계치로만 보여준다. 누구 의뢰로 했는지 어떤 질문들을 어떤 순서로 어떻게 던졌는지는 밝히지 않는다. 언론에 그런 것들을 물어볼 수도 없다. 그런 비판적인 질문은 불가능하고 통계치를 일방적으로 받아들이라고 강요하는 것은 입증의 권리 원칙^{세 번째 원칙}에 어긋난다.

여론 조사에는 분명 그런 문제점이 있지만 그래도 우리는 개인의 경험보다는 통계 수치를 더 신뢰해야 한다. 경험을 이야기로 듣는 것은 분명히 재미도 있고 생생하다. 그러나 그것은 수많은 다양한 경험 중하나일 뿐이며 편견으로 똘똘 뭉친 것일 가능성이 크다. 내가 무슨 경험을 했다. 그래서? 그것은 내 경험일 뿐이다. 그 경험을 가지고 무슨 의미 있는 결론을 내리려면 더 많은 근거들이 필요하다.

● **실전 논리 비법 : 자기 경험만으로 판단하지 마라**

일반화를 하는 것 자체는 문제가 아니다. 오히려 아주 훌륭한 논증 방식이다. 그리고 일반화를 하지 못하면 진화 과정에서도 도태되므로 생존 수단으로서도 꼭 필요하다. 그러나 제대로 하라. 먼저 일반화하려는 대상이 균질적인지를 살펴보라. 균질적이면 한두 번의 경험으로 일반화해도 괜찮다. 그러나 균질적이지 않다면 자신의 경험만으로 판단하지 마라. 내 경험과 다른 사례가 많을 수 있음을 잊지 말고 더 많은 사례를 관찰하라.

그러나 아무리 많이 보아도 내 경험을 지지해주는 사례만 보인다. 내가 편견이 있어서 그런 사례만 보이는 것은 아닌지 생각해보라. 나에게 유리하든 불리하든 똑같은 눈으로 관찰하도록 노력하라. 그런 자비심이 없다면 일반화를 해도 잘못된 결론을 내릴 수밖에 없다. 잘못된 일반화는 결국 당신을 진화에서 뒤처지게 만든다.

논쟁에서 이기는 사람은
마음가짐부터 다르다

나는 인터넷에서 댓글 읽는 것을 좋아한다. 인터넷으로 야구 중계를 볼 때도 네티즌들이 실시간으로 올리는 관전평을 즐겨 읽는다. 학생들을 가르치다 보면 우리나라 학생들이 의사표현에 굉장히 소극적이라는 것을 알 수 있다. 이것은 뭐, 우리나라 학생만의 문제는 아니고 아시아권 학생들이 모두 그렇다고 한다. 이러니 어떤 사안에 대한 여론을 듣고 싶으면 그나마 인터넷 댓글을 읽는 것이 가장 효과적이다.

그런데 댓글을 읽을 때마다 답답함을 느낀다. 꼭 욕설 때문만은 아니다. 욕설이 됐든 점잖은 표현이 됐든 일단은 상대방이 틀렸다고 보는 접근 방식 때문이다. '상대방이 왜 저런 주장을 했을까?' 하고 상대방의 주장을 찬찬히 들어보려는 노력은 전혀 하지 않는다. 나와 의견이 다르면 무조건 비판부터 쏟아낸다. 물론 상대방이 틀리고 내가 옳을 수도 있다. 그러나 아무리 그렇다고 해도 100퍼센트 틀린 말만 하는 사람은 없으므로 상대방의 의견에서도 분명히 배울 점이 있다. 그리고 상대방이 틀렸다고 어떻게 단정 지을 수 있나? 모두 나만큼 똑똑한 사람들인데 왜 나만 옳고 저 사람은 틀렸겠는가? 그런데도 사람들은 나와 의견이 다르면 왜 그런 주장을 하게 되었는지는 들어보지도 않고 일단 비판부터 한다.

논리학을 연구하고 가르치다 보니 어떻게 하면 논리적이 될 수 있느냐는 질문을 받는 경우가 많다. 대부분은 상대방과의 논쟁에서 졌을 때 스스로 논리적이지 못하다는 생각을 하는 것 같다. 그렇다고 논리학을 공부하라고 말할 수도 없는 노릇이다. 그것은 달리기를 잘하고 싶다는 사람에게 운동생리학을 공부하라거나 경제적인 사람이 되고 싶다는 사람에게 경제학을 배우라는 것처럼 당장 도움이 되는 답은 아니다. 나는 논리적인 사람이 되고 싶을 때 당장 실천할 수 있는 방법으로 다음 두 가지가 최선이라고 생각한다. 첫 번째는 관련 분야의 지식을 많이 쌓는 것이다. 우리가 논리적이지 못하다고 생각될 때, 그러니까 상대방의 말을 잘 알아듣지 못하겠다든가 상대방과의 논쟁에서 질 때는 사실 그 분야에 대해 아는 바가 별로 없어서 그런 경우가 많다. 그때는 그 분야에 대해 열심히 공부하는 수밖에 없다. 경제면 경제, 군사면 군사, 과학이면 과학을 열심히 공부하라. 논리학 선생으로서 해줄 말이 이 말밖에 없다면 참으로 난감한 노릇이다. 그러나 두 번째 방법도 있다. 바로 상대방의 말을 잘 들으라는 것이다. 상대방이 터무니없는 주장을 하는 것 같아도 그건 어디까지나 내 생각이다. 상대방도 내가 선소리를 해댄다고 생각하는 것은 마찬가지다. 상대방이 아무리 이치에 안 맞는 말을 하는 것 같아도 왜 그 말을 하는지 잘 들어보라. 뭔가 그럴 만한 이유가 있을 것이라고 생각하라. 그러면 상대방으로부터 배우는 것이 있어서 내 지식을 늘릴 수 있을 뿐만 아니라 상대방의 논증 구조를 잘 파악할 수 있어서 효과적으로 논증을 이끌 수 있다. 적을 알고 나를 알면 100번 싸워 100번 이긴다고 했는데 논쟁도 싸움의 일종이라면 이것이 곧 적(논쟁 상대방)을 아는 과정이다.

결국 이것은 마음가짐의 문제고 태도의 문제다. 상대방을 잘 이해하려는 마음, 그런 열린 마음을 갖는 것이 논리적인 사람이 될 수 있는 손쉬운 방법이다. 이것이 이 책에서 강조한 점이다. 상대방이 합리적인 사람이라고 생각하고, 그가 옳은 주장을 하고 있을지도 모른다고 생각하고, 그가 왜 그런 주장을 하는지 자비롭게 생각하라. 그런 열린 마음을 먹는 것은 어려운 논리학 책을 읽는 것보다는 훨씬 쉬운 일이다. 누구나 할 수 있다. 법을 몰라도 착하게 살기 위해서는 착하게 살겠다는 마음을 먹는 것이 중요한 것처럼, 논리를 몰라도 논리적인 사람이 되기 위해서는 자비로운 마음을 먹는 것이 중요하다.

논리적인 사람이 된다는 것은 결국 마인드의 문제다. 이 책은 왜 그런 마인드를 갖는 것이 중요한지, 어떻게 하면 그런 마인드를 갖게 되는지, 그런 마인드를 실제 상황에 어떻게 적용하는지를 설명한다. 다른 사람을 논리적으로 설득하고 싶은 사람, 논리적인 사고와 글쓰기가 필요한 사람, 토론에 참여해야 할 사람이 머리를 싸매고 읽지 않아도 술술 읽고 도움을 받을 수 있는 책이 되도록 했다. '변호사 논증법'이라는 명칭의 네 가지 원칙을 제시한 것은 그런 이유 때문이다. 논리학 책의 복잡한 논증 규칙이나 오류 목록 대신 자비로운 해석의 원칙을 위시한 네 가지 원칙을 염두에 두고 대화와 논쟁에 임했을 때 훨씬 논리적인 사람이 될 수 있을 것이다. 또한 이 책이 당장 써먹을 수 있는 논리 책이 되도록 노력했다. 그러나 한 번 보고 마는 책이 아니라 두고두고 참조할 수 있도록, 논리학의 연구 성과를 많이 반영했다. 그렇지만 그것들도 '변호사 논증법'의 네 가지 원칙으로 설명되고 이해되는 것들이다.

《논리는 나의 힘》을 쓴 후 꽤 시간이 지났다. 전작이 아무래도 교과서의 성격이 강하다 보니 일반인이 논리적인 사고를 익히는 데 도움이 되는 책을 쓰고 싶다는 생각이 있었고, 주변의 요구도 있었다. 이제야 이 책이 나오는 것은 필자가 게으른 탓이 제일 크지만 손에 잡히는 비법을 찾기가 쉽지 않았던 까닭도 크다. 이 책을 읽고 바로 논리적인 사람이 되지는 않으리라. 착한 사람이 되기 위해 마음만 먹어서는 안 되고 끊임없이 마음을 닦아야 하는 것처럼 논리적인 사람이 되기 위해서도 그런 마음을 닦는 과정이 필요하다. 이 책은 그 이전에 마음을 먹게 하는 계기가 될 것이다. 더 나아가 어떻게 해야 논리적인 마음을 닦는지도 알려줄 것이다.

'변호사 논증법'이라고 해서 법정에서 쓰이는 논쟁 방법을 배우는 것은 아니다. 변호사의 마인드를 배우는 것이다. 변호사야 논리적인 토론과 설득에는 둘째가라면 서러운 사람이지만 그것보다는 의뢰인을 이해하려는 마음가짐이 이 책에서 강조하는 자비로운 해석의 원칙에 딱 들어맞기 때문이다. 아무래도 '변호사 논증법'이다 보니 법정이나 법률에 관한 사례가 많이 나온다. 법에 관한 전문가가 아니다 보니 잘못된 곳이 많이 있으리라 생각한다. 기탄없는 지적 바란다. 필자는 다른 사람 말을 귀기울여 듣는 사람이니까.

책을 쓰면서 많은 분들의 도움을 받았다. 격려를 해주시고 아이디어를 주시며 도움말을 아끼지 않은 모든 분들께 감사의 말씀을 드린다. 특히 기꺼이 토론에 응해주신 강원대학교 신중섭 교수님과 〈12명의 성난 사람들〉을 소개해준 최승기 선생께 감사드린다. 좋은 편집자는 야구의 포수와 같다고 한다. 타자의 장단점을 파악하여 투수에게 전달하고, 투수가 가장 잘 던질 수 있는 공을 요구하고, 어이없는 공을 던져도 몸으로 막아주리라는 믿음을 주는 존재가 좋은 포수다. 편집자도 독자의 궁금증을 잘 파악하고, 필자가 가지고 있는 능력을 최대한 뽑아내고, 필자의 오류도 바로 잡아준다. 이 책을 쓰면서 좋은 포수와 같은 듬직한 편집자를 만나는 행운을 누렸다. 웅진지식하우스의 신동해 주간과 윤동희 씨의 노고에 감사드린다. 그러나 실투는 전적으로 투수 잘못이다. 마지막으로 가족들의 격려와 배려가 없었으면 책을 완성할 수 없었을 것이다. 사랑하는 아내와 딸에게 이 책을 바친다.

2010년 8월

최 훈

인명 찾아보기